광덕스님 시봉일기 · 8

佛光香風 8

광덕스님 시봉일기 8

-인천(人天)의 안목-

지은이 · 松庵至元
펴낸이 · 김인현
펴낸곳 · 도서출판 도피안사

2003년 1월 25일 1판 1쇄 발행
2006년 9월 30일 1판 2쇄 발행

영업 · 혜국 정필수
관리 · 법해 김대현, 혜관 박성근, 원명 안영희
인쇄 및 제본 · 동양인쇄(주)

등록 · 2000년 8월 19일(제19-52호)
주소 · 경기도 안성시 죽산면 용설리 1178-1
전화 · 031-676-8700
팩시밀리 · 031-676-8704
E-mail · dopiansa@kornet.net

ⓒ 2006, 송암지원

ISBN 89-90223-12-1 04220
　　　89-951656-0- x (세트)

眞理生命은 깨달음(自覺覺他)에 의해서만 그 모습(覺行圓滿)이 드러나므로
도서출판 도피안사는 '독서는 깨달음을 얻는 또 하나의 길'이라는 믿음으로 책을 펴냅니다.

佛光香風
8

광덕스님 시봉일기 8

인천(人天)의 안목

글·송암지원 편

DOPIANSA 到彼岸社

獻　辭

일생을 보현행자로 살았고 반드시 이 땅에 환생하여
반야바라밀결사 구국구세운동을 다시 이을 것을 서원하신
金河堂 光德大禪師의 환생 후신전에
삼가 이 책을 바칩니다.

傳　法　五　誓

글씨 / 석주(1986년 作)

왼쪽은 先師께서 매월 포살 때 대중에게 다짐받은 포살 계목 중의 하나이고,

오른쪽은 매주 법회 때마다 동참 대중이 함께 다짐한 傳法五誓임.(필자)

그림 / 석정

普賢身相如虛空	보현보살	미묘한몸	형상이없어
依眞而住非國土	어느 때나	법신광명	두루 비추네.
隨諸衆生心所欲	일체중생	원하는바	이루기위해
示現普身等一切	보현원왕	일체처에	현전하시네.

'보현행원으로 보리 이루리!'

"보현행원 수행하는 보살들이여"

1. 모-든- 부처님께 예경할지라
2. 일체여래 모든공덕 찬탄할지라
3. 시방세계 일체불께 공양할지라
4. 무시이래 지은업장 참회할지라
5. 모든여래 지은공덕 기뻐할지라
6. 일체불께 설법을- 청할지로다
7. 일체제불 주세간을 청할지로다
8. 어느때나 여래따라 배울지로다
9. 온갖형상 일체중생 수순할지라
10. 중생에게 모든공덕 회향할지라

'허공계가 다하고 중생 다하고
중생의 번뇌가 다할지라도
보살의 행원은 다하지 않아.'

眞　影

1996년 7월, 범어사 서지전에서

金河堂 光德大禪師는
1927년 4월 4일(정묘년 3월 3일) 경기도 화성에서 출생.
1950년 가을, 24세 때 부산 범어사 입산. 그 이후 오직 爲法忘軀 傳法度生으로 이 시대의 횃불이 되다.
1999년 2월 27일 오후 2시경 불광사 법주실에서 세수 73세,
법랍 48세로 사바 세연을 조용히 거두고 대원적 무상(無相) 삼매에 들다.(연보는 뒷면)

　　　　　　　　　　　　　　　　　　　　　　- 門人 松菴至元 謹抄

울려서 법계를 진동하여 철
위산이 밝아지고 잠잠해서 겁
전봉소식이 겁후에 찬란해라
일찍이 형상으로 몰 형상을
떨쳤으니 금정산이 당당하여
그의 소리 영원하리

근하 광덕 대선사 열반송을 쓰다
기묘년봄 법진 정웅 쓰

글씨 / 법진

眞　影

1996년 7월, 범어사 서지전에서

金河堂 光德大禪師는
1927년 4월 4일(정묘년 3월 3일) 경기도 화성에서 출생.
1950년 가을, 24세 때 부산 범어사 입산. 그 이후 오직 爲法忘軀 傳法度生으로 이 시대의 횃불이 되다.
1999년 2월 27일 오후 2시경 불광사 법주실에서 세수 73세,
법랍 48세로 사바 세연을 조용히 거두고 대원적 무상(無相) 삼매에 들다.(연보는 뒷면)

- 門人 松菴至元 謹撰

용생룡(龍生龍)이요, 봉생봉(鳳生鳳)이라

無住淸華 │ 성륜사 조실 · 조계종 원로

금하당(金河堂) 광덕 큰스님은 한국불교사에서 찬연히 빛나는 불멸의 횃불이시다.

큰스님은 복잡한 서울, 그 한가운데서 문수의 투철한 반야지혜(般若智慧)와 보현의 훈훈한 자비행원(慈悲行願)을 몸소 실천하신 대비보살이셨음은 비단 우납(愚衲)만의 찬탄이 아닌, 모든 불자의 위대한 의호(依怙)로서 앙모(仰慕)하여 마지않는 불세출(不世出)의 선지식이시다.

큰스님 유별(有別)의 청수(淸秀)하고 고결(高潔)한 풍모와 이십여 성상을 두고 불광지를 통하여 베풀어 주신 시기상응(時機相應)한 사자후는 모든 불교인들의 가슴마다에 뜨거운 감격으로 오래오래 메아리치게 될 것이다.

고인(古人)의 격담(格談)에 용생룡(龍生龍)이요 봉생봉(鳳生鳳)이라 하였는데, 큰스님의 문하에 수많은 용상대덕들이 나오신 가운데 특히 송암당(松庵堂) 지원화상은 철두철미(徹頭徹尾) 지성일관(至誠一貫)하여 은법사(恩法師)이신 광덕 큰스님의 고매한 유지를 받들어 『광덕스님 시봉일기』라는 책을 펴냈을 뿐만 아니라, 도피안사의 대작불사를 발원 진행 중이시니 실로 사자상승(師資相承)의 귀감으로서 우리 불가의 희유한 수범(垂範)이 아닐 수 없다.

　본시 우납은 평소 도회은거(韜晦隱居)로 지내왔기에 광덕 큰스님과 배면(拜面)의 연(緣)은 없었으나 큰스님의 출천고풍(出天高風)은 이심전심으로 경모하여 마지않았다.

　이번 송암화상의 간곡하신 부탁을 과분하게 생각하며 다만 성긴 말 몇 마디를 보태어 추천사를 대신하는 바이다.

辛巳年 부처님 오신 날을 앞두고
聖輪寺 禪窓에서

無住 淸華 合掌

기도하면서 썼고, 쓰면서 기도한 스승 존경의 길잡이

원성 김종서(圓成 金宗西) | 문학박사 · 서울대 명예교수

불과 얼마 전에 있었던 일이다. 내가 교직생활을 처음 시작할 무렵에 가르쳤던 제자 십여 명과 오랜만에 저녁식사를 같이 하였다.

그때 그들 중 몇 명이 방밖 출입이 잦았다. 아마도 담배를 피우기 위하여 드나드는 것 같아서 나는 이를 눈치채고 "담배를 밖에서 피우지 말고 여기서 피우지"라고 말하였더니 그들은 "스승님 앞에서 어떻게 담배를 피웁니까?"라고 대답하는 것이었다. 그때 나는 "지금 몇 살이나 되었지" 하고 다시 물었더니 머리를 긁적이며 "일흔셋입니다"라고 말하는 것이었다.

이것이 원래 우리의 '스승과 제자' 관계였다. 그러나 최근에 와서 이러한 전통적인 관계는 땅에 떨어지고 스승이 체벌을 한다고 학부모나 학생이 선생님을 고발하고 심지어는 폭행까지 하는 현상까지 나타나고 있으니……

아, 이 어찌된 일인가?

'군사부일체(君師父一體)'니 '스승의 그림자는 밟지도 않는다'는 말은 이미 옛말이 되고 말았는가? 참으로 비감(悲感)한 생각마저 드는구나!

이때, 홀연히 한줄기 희망의 빛이 비쳤으니 바로 송암지원(松庵
至元) 스님이 지어낸 『광덕스님 시봉일기』이다. 이 책은 스승과 제
자의 관계를 올바르게 정립하는 지침서이며 시금석(試金石)이기도
하다.

살펴보면 오늘날의 사회는 급격히 변하고 있다. 이 급변하는 사
회에 사는 현대인은 두 가지의 가치관(價値觀)을 동시에 추구해야
한다. 그 하나는 변하는 사회에 적응하기 위한 '변하는 가치관'의
추구이며, 다른 하나는 사회가 아무리 변하여도 변해서는 안 되는
'항구적 가치관'의 추구이다. 스승 존경의 가치관은 후자에 속한다.
왜냐하면 사제지간의 올바른 관계의 설정이 이 사회를 발전시키는
근간이고 원동력이 되기 때문이다.

인류가 쌓아 놓은 문화유산의 전달자는 스승이며 이를 전수받은
제자는 이를 보다 확대 발전시켜 다음 세대를 위한 전달자가 되어
야 한다. 이러한 스승 존경의 훌륭한 전통은 특히 우리 불교에서
더욱 뚜렷이 나타나고 있다.

도(道)를 구하기 위해 자신의 팔을 끊어 스승인 달마대사(達磨大

師)에게 바쳤던 혜가(慧可) 스님의 이야기는 비록 불자가 아니라고
해도 모르는 사람이 없을 정도로 널리 알려져 있다. 이리하여 '역
대전등 제대조사(歷代傳燈 諸大祖師)'가 부처님 가르침의 정법(正
法)을 면면히 이어나가고 있다.

  송암스님이 쓴 이 책,『광덕스님 시봉일기』는 스승을 어떻게 받
들어야 하는지를 우리의 마음과 몸 속에 깊숙이 스며들도록 제시
하고 있다. 또 이 책은 저자인 송암스님이 다년간에 걸친 관찰과
체험과 감동을 통하여 스승이신 광덕대선사의 불교사상과 수행 실
천의 모습을 실상 그대로 예리한 필봉으로 부드럽게 표현한 스승
존경의 길잡이 책이다. 여기에는 저자가 평소 스승이신 광덕스님을
얼마나 절대시하였고 존경하였으며, 진심으로 받들었는지가 구구
절절이 잘 나타나 있다.

  특히 시봉일기 중에서 처음 두 권은 저자가 스승께서 입적하신
뒤 백일 추모재를 올리는 날, 제1권을 상재(上梓)하고 바로 티베트
수미산과 인도 부처님 성지(聖地)를 돌며 스승의 환생기도를 올렸
다고 했다. 그때 깨닫는 바가 있어 스승의 1주기 재를 올리는 날,

천일기도를 입재하고 그날부터 집필에 들어가 정확히 367일 만에 제2권을 세상에 내놓았다. 이제 또 저자는 집필에 착수하여 천일기도가 끝날 무렵 나머지 책을 마저 출간할 예정이라고 한다.

즉, 이 책은 저자인 송암스님이 천일기도를 하면서 썼고, 쓰면서 기도하였기 때문에 글 하나하나가 살아 있어서 책을 읽는 독자의 피부를 뚫는 느낌을 받게 된다.

아무쪼록 이 책이 스님들은 말할 것도 없고, 학교 교육자, 사회 교육자, 학부모, 사회인, 학생 등 모든 사람들에게 널리 읽혀 스승과 제자의 본래 면목을 각기 되찾아 스승 존경의 풍토가 이 사회에 다시 가득 차기를 바라는 간절한 마음에서 이 책을 추천한다.

2001년 스승의 날을 앞두고

圓成居士 金東西 합장

차례

제1장
인천(人天)의 안목

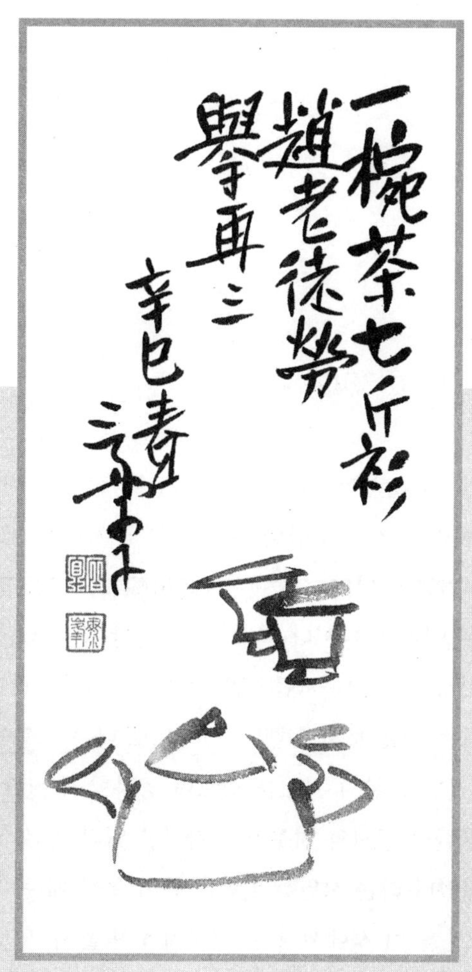

一椀茶七斤衫　　　한 사발의 차, 일곱 근 적삼
趙老徒勞擧再三　　　조주옹의 공연한 말일세.

스승이 간 길 그대로 가리라

愚岩慧山 | 부안 내소사 회주

1. 나의 선지식론(善知識論)

불조(佛祖)의 혜명(慧命)을 이어받는 일만이 출가자 이전에 '사람'으로서 할 일이라 여기고 입산한 지 어느덧 근 40년이 흐른 지금, 마음에 가장 큰 기쁨은 나의 스승이신 해안(海眼) 스님을 만난 일이다. 이러한 사실은 언제 어디서나 자신 있게 말할 수 있다.

과문한 탓이겠으나, 그분처럼 자비롭고 고구정녕(苦口叮嚀)하게 후학을 지도하시는 분은 보지 못했다. 그러므로 나는 그분을 만나 출가할 마음을 내었고 그분의 지도를 받으며 공부할 수 있었던 것에 출가자로서의 무한한 긍지와 자부심을 가지고 있다. 단지 스승 살아생전에 '이제, 되었다'라는 시원한 말씀을 듣지 못한 게 큰 회한으로 남아 있으나, 그분을 이 생에서 뵙고 가르침을 받을 수 있었기에 '성불(成佛)할 수 있다'는 확고한 신념을 가질 수 있었고, 지금껏 그 생각엔 변함이 없고 또 자신감을 견지할 수 있었다.

불법에 귀의한 사람에게 가장 필요한 존재는 선지식(善知識)이다.

생사를 해탈할 수 있는 체득(體得)된 지혜를 얻을 수 있는 것은 선지식과의 만남에 있기 때문이다.

앎에는 두 가지가 있다. 지식으로 아는 것과 체득해서 아는 것이 그것이다. 지식으로 아는 것은 삼촌(三寸) 학설에 불과하다. 눈으로 보고 귀로 듣고 말해서 아는 것이 세 치, 곧 삼촌학설이다. 이는 상식으로 아는 것일 뿐 체득된 앎이 아니다. 세상의 많은 사람들이 거의 이 상식에 머물러 있다. 그리고 그 소용없는 앎을 가지고 세상을 보고 살아간다. 그래서 미숙할 수밖에 없고 시비가 그치지 않는다. 적어도 수행자라면 체득된 앎을 추구해야 한다. 체득해서 아는 것은 마치 차(茶)를 마셔보고 차 맛을 아는 것처럼 체험에 의해서 얻는 것이다. 그러기에 상식으로 아는 것과 체득해서 아는 것은 하늘과 땅 차이다. 상식으로 아는 사람은 가다가 돌아서고 가다가 돌아서기를 반복하지만, 체득해서 아는 사람은 알고 있는 것을 곧바로 실천하며, 동요 없이 오직 한길로 매진한다. 그러므로 수행자가 추구해야 할 일은 부처님의 경지를 체득해서 아는 것이다.

팔만대장경을 다 외우고 있다 하더라도 생사(生死)에 임해서는 이를 헤어나지 못하나, 선지식을 만나 도를 체득했을 때는 생사에서 해탈할 수 있게 된다.

그러므로 출가 수행자의 길에 있어 올바른 선지식을 만난다는 것은 큰복이 아닐 수 없고, 그러기에 '바른 스승을 만나는 것은 수행의 전부다'란 말이 있는 것이다.

우리의 생명은 영원한 것이다. 인생 또한 무한한 것. 그 끝없는 인생의 여정에서 방향 설정이 제대로 되어야 불제자의 최종 목적지인 '성불'에 이르지 않겠는가. 길을 아는 선지식을 만나야 가야 할 방향을 설정하고 어떠한 역경을 만나더라도 주저하지 않고 중심을 잃지 않을 수 있는 것이다.

2. 광덕스님의 따뜻했던 말씀

광덕 큰스님과 맺은 인연을 돌아보는 자리에서 선지식에 대한 서론이 길었던 것 같다. 광덕스님이야말로 이 시대를 선지식으로 살다간 진정한 출가자였다는 생각에 그리 되었다면 양해가 될지 모르겠다.

오래 전부터 송암스님의 간곡한 원고 청탁을 받으면서, '꼭 청탁에 응해야 하겠다'는 생각을 가지고 있었으나, 막상 스님과의 인연을 추억하자니 마음이 편치 않다. 항상 마음속으로는 존경하며 가르침을 받고 싶은 선지식이라 생각하고 있었으나, 몇 번 뵈온 것 외에는 스님과 가까이 할 인연이 이뤄지지 않아 남길 만한 풍성한 얘기가 없기 때문이다.

인연이란 본디 우연히 생기거나 하루아침에 생기는 게 아니다. 스님과의 인연이 이 생에선 몇 번의 만남으로 그쳤지만, 아마도 수없이 걸어왔을 저 먼 생의 인연은 깊었으리라 생각된다.

나와 광덕스님의 인연은 마치 견우와 직녀 같은 인연이었다고 할까, 언젠가 스님께서 안성 도피안사에 계신다는 말을 전해 듣고 우정 찾아갔는데 계시지 않아 뵙지 못했다. 와병 중에 계실 때는 두 번 찾아뵙고 문병한 일이 있었으나, 뒤에 열반하셨다는 소식을 듣고도 무슨 일이 있어 참석하지 못했다. 49재에도 가 뵙지 못하여 늘 죄지은 사람처럼 있다가, 일주기 때 송광사 방장스님이신 보성스님을 모시고 참석하여 마음의 짐을 조금이나마 덜었으니, 생각할수록 아쉽기만 하다.

스님께서 왕성하게 활동하실 때 나는 선방에 있었으므로 가까이에서 뵐 인연이 없었다. 그러다가 내가 조계사 주지로 있을 때, 스님께서 종회부의장을 하고 계셔서 간간히 뵐 수 있었다. 그때 스님을 뵈면서, '개혁적인 사상을 지니고 있되 과거를 돌아보고 또 미래를 설계하는, 여러모로 갖추어진 분이시구나' 하는 생각을 했다.

광덕스님 하면 가장 먼저 떠오르는 기억은, 언젠가 종로구 관내 기관장들이 모인 집회장에서 내가 법문을 한 적이 있었는데, 그 법문이 다 끝난 후 스님께서 나에게 해준 말씀이다. 집회가 끝나자 모두들 흩어져 돌아갔으나, 종회의장 자격으로 그 집회에 참석하신 스님께서 유독 남으셨다가 청중석에서 일어나 나에게로 다가오셨다.

그리곤 말씀하셨다.

"수고하셨어요. 참, 명연설이었고 훌륭한 법문이었습니다."

평소 존경의 마음을 보내고 있던 선배 스님께서 그리 격려해 주시니 무한히 고마웠고 한편으론 송구스러운 마음이 들었다. 내가 감사하다고 말씀을 올리자, 스님께서 조심스럽게 말씀을 하셨다.

"그런데, 아까 말씀하시며 칠판에 적었던 한자 하나가 틀렸더군요."

그러시면서 스님께선 '혼연일체(渾然一體)'의 한자 중 혼연(渾然)의 '혼(渾)'자를 '휘(揮)'자로 잘못 썼던 사실을 일러주셨다.

나는 그때 스님의 섬세함과 후학을 아끼는 따뜻함을 절실히 느꼈다. 이미 지난 일이기도 하거니와 '실수로 그랬겠지' 하고 지나면 그만인 일을, 그냥 돌아가시지 않고 남아 있다가 일부러 가르쳐 주시는 자상한 모습을 대하며 얼마나 고마웠는지, 참으로 감동하지 않을 수 없었다. 아주 사소한 일로 보일 수도 있으나, 내겐 커다란 가르침으로 각인되어 있다. 삼십여 년 전의 일인데도 그 장면이 마치 한 폭의 수묵화처럼 생생하게 기억 속에 남아 있다.

아마도 스님께선 후학들에게도, 아니 스님이 접했던 모든 사부대중에게 그리하셨을 것이다. 그렇듯 섬세함으로, 간곡함으로, 따뜻함으로 다가셨으리라 짐작된다.

보살의 대원(大願)으로 이 땅에 오셨고, 가난한 일생을 통하여 오직 선정(禪定)을 벗으로 하고 대중교화와 후학 지도에만 혼신을 다하셨던 나의 스승 해안스님 또한, 한시도 제자는 물론 대중 곁을 떠나지 않고 일거수 일투족을 세심하게 관찰하셨다. 잠시라도 방심하는 기색이 보이면 금방 꿰뚫어 보시고 갑자기 질문을 던지거나 벽력같은 할을 하셔서 방심을 하지 못하게 하셨다. 스승의 마음과 눈길이 우리에게 늘 머물러 있었으니, 어찌 눈동자를 함부로 움직였겠는가. 어찌 감히 마음을 함부로 어지러이 했겠는가. 오로지 화두 참구에만 마음이 집중될 수밖에 없었다.

스승이 제자는 물론 공부하려는 대중에게 그리도 고구정녕하게 마음을 온전히 주기란 쉬운 일이 아니다. 무릇 스승은, 선지식은 사부대중에게 그러해야 할 것이다. 외람된 표현이 될지 모르나, 내 스승이 그런 선지식이었고 광덕스님 또한 그런 선지식으로 살다 가신 분이라 생각된다. 이사(理事)에 능통했던 광덕 큰스님께선 우리 불교사에 길이 고승으로 남을 스승이요 선지식이 아니었나 하는 생각이 다시금 든다.

3. 스승이 간 길 그대로 가리라

불조의 혜명을 잇기 위해서 출가한 수행자의 생명은 수행에 있다. '화두참구'라는 수행을 통해 잡념을 없애야 영원한 생명인 불성(佛性)

이 드러나기 때문이다. 불조의 혜명을 잇는다는 것은 무엇인가. 부처님의 진리를 화두참구해서 견성하는 것이다. 화두참구 수행에는 반드시 필요한 세 가지 마음이 있으니, 신심(信心)과 분심(憤心)과 의심(疑心)이 그것이다.

석가모니 부처님께서 인간으로 태어나 각고의 노력을 다해서 정각을 이루시었듯, 나도 그렇게 부처님처럼 노력하면 성불할 수 있다는 확고부동한 신념을 가져야 한다. 정각을 이루신 부처님에 대한 믿음과 부처님처럼 성불할 수 있다는 자신에 대한 확고부동한 믿음이 있어야 한다.

하룻밤에도 만 번 태어나고 만 번 죽는 게 인간이다. 왜 우리는 석가모니와 똑같은 인간으로서 하룻밤에도 만생만사(萬生萬死)해야 하는가. 생각해 보면 참으로 억울하지 않는가. 부처님은 확철대오해서 '천상천하에 유아독존(唯我獨尊)'이라 사자후하셨는데 똑같은 인간으로 태어나서 나는 왜 그러지 못하는가 하는 억울한 마음, 즉 분심을 내야 한다.

그리고 다음은 의심이다. 화두에 대한 철저하고도 간절한 의심이다. 문제는 신념이다. 반드시 노력하면 된다는 확고한 신념, 그 문제를 해결하지 않고는 중생고를 탈피하지 못한다는 믿음이 확고해야 한다.

그러나 신념이 생길 수 있는 정신적 기반이 있어야 하는데, 그 기반의 형성은 선지식을 만나는 것에 있다. 그래서 선지식과의 만남이 수행의 전부라고 하는 것이다.

송암스님이 『광덕스님 시봉일기』에서 "나는 이제 더 알 것이 없다. 스승이 가르쳐준 대로 살기만 하면 된다"라고 말하고 있는 것을 보았다.

선지식은 그와 같은 존재이다. 후학에게 확고부동한 신념을 심어주고 실천방법을 일러주는 분인 것이다. 그러므로 견성하기 위해서는 진리에 어둡지 않은, 전체를 보는 안목이 훤한 선지식이 일러준 대로 따라가면 된다.

나의 스승께선, 평소 "아무리 못난 놈이라도 칠 일이면 깨칠 수 있다. 내 경험에 의해 장담한다"라고 말씀하셨다. 나는 그 말씀을 믿고 재가자 신분으로 '21일 특별정진'에 참가했다가 21일 동안 깨치지 못한 것이 부끄럽기도 하고 분하기도 해서 그 자리에서 머리를 깎았다. 그것이 엊그제 같은데 삼십대에 머물렀던 세월이, 어언 오늘 칠십에 이르렀다. 생각할수록 원통하고 분하기도 하다.

그러나 나는 느긋하다. 송암스님의 고백처럼 스승이 일러준 대로, 그분이 갔던 길로 가면 되는 것이다. 이제 곧, 불사에 매달렸던 그간의 분주함에서 벗어나 명실공히 운수납자로 돌아가 대중과 함께 정진할 것이다. 스승 밑에서 '공부하지 않으면 죽는다'는 생각으로 매진했던 저 초발심 시절로 돌아갈 것이다. 그리하여 불조의 혜명을 잇고자 확철대오하리라 다짐하고 있다.

그렇지 않더라도 남은 세월, 정진하다 죽으면 여한이 없으리라. 이 모두가 이 생에서 선지식을 만날 수 있었던 청복(淸福)이 아니고 무엇이겠는가.

상구보리 하화중생을 완성시킨 수행자

碧牛岩度 | 前 조계종 교육원장·백양사 청량암 주석

고백하건대, 나는 광덕 큰스님을 처음 뵙는 그 순간부터 짝사랑했다. 내 나이 스물여덟인가 아홉일 때, 젊은 출가자들 오륙십 명과 함께 해남 대둔사로 수련회를 갔을 때다. 스님께선 그때 대불련 학생들을 데리고 와 수련회를 하고 있었다. 탄허스님께서 특강을 해주시는 것을 보았는데, 철야정진할 때 직접 죽비를 잡고 학생들과 함께 1080배를 하시던 스님의 모습이 그렇게 보기 좋을 수가 없었다.

그때 나도 스님의 죽비에 맞추어 함께 절을 했는데, 깨끗한 외양에 엄해 보이기도 했던 스님의 모습을 지금도 잊을 수 없다. 스님의 위엄 당당한 모습을 보고, '나도 저렇게 큰스님이 되었으면 좋겠다'라는 생각과 함께 제대로 사는 수행자가 되고자 발심을 했다. 뭐라 할까, 같은 출가자로서 선망의 대상이었다고 할까, 그분을 모시고 싶은 충동이 일어남을 느꼈던 것이다.

그것이 스님과 첫 인연이었다. 그때는 내가 말을 붙일 처지도 아니고 해서 말 한마디 없이 그냥 헤어졌으나, 스님에 대한 내 짝사랑은 그때부터 시작되었던 것이다. 그뒤 내가 서른여섯이 되었을 때 종단에서 감찰국장으로 일하게 되었다. 그때 스님은 총무부장으로 일하면서 종단의 대소사를 몸소 챙기고 있었다.

나는 그때 스님이 종단을 위해서 일하시는 모습을 보며, '애종심(愛宗心)이란 바로 저런 거로구나' 하고 속으로 감탄을 하며 배우려고 했다. 그 당시 종단과 동국대와의 사이에 마찰이 생겨 총무원을 아예 동국대로 옮겨 일을 본 적이 있다. 그때 스님은 큰 수술을 받은 후여서 밥도 제대로 못 드시는 어려운 시기였는데, 어느 날 사무실에 갔더니 깡통에 든 오렌지 주스를 드시고 계셨다. 춥고 을씨년스러운 건물의 사무실에서, 홀로 찬 주스 한 병으로 끼니를 때우며 종단을 위해 부종수교(扶宗樹敎) 하시는 모습을 보고 정말 '대단하구나' 하고 다시 한번 스님의 충정을 가슴 깊이 느꼈다. 나는 그때, 대둔사 수련회에서 스님의 모습을 보고 발심을 했듯, 종단에 몸담고 일하면서 스님의 헌신을 바라보며 재발심을 했다. 떠돌이 수행자에 불과했던 나는 큰 선지식이 되어 부처님의 은혜를 갚아야겠다는 결심을 다시 하게 되었던 것이다.

사실, 종단 일을 한다는 것은 그리 수월한 일이 아니다. 몇 년 전, 교육원장으로 있을 땐가 동국대 역경원장이신 월운스님의 칠순연에서 축사를 한 적이 있다. 종단 일을 오래 보았던 내가 그 당시 모든 게 내 맘 같지 않아 매우 울적할 때여서 축사를 하다 그만, 시 한 수를 읊고 말았다.

청산은 나를 보고 말없이 살라 하고
창공은 나를 보고 티없이 살라 하네.
탐욕도 벗어놓고 성냄도 벗어놓고
물같이 바람같이 살다가 가라 하네.

울적한 심사를 담아 잠깐 부른 노래였는데, 나중에 어떤 이가 그때 일을 상기하면서, "스님, 그때 마음이 아주 울적하셨나봐요" 했다. 아마 종단의 이런저런 일로 울적했던 내 마음이 다른 사람에게 그대로 전달되었던 모양이다.

종단 일을 하다 보면 모든 것 다 내려놓고 말없이 티없이 살고 싶은 때가 많은 게 사실이다. 광덕스님께서 종단을 붙들고 애종심으로 순수하게 몸 바쳐 일했던 것은 위법망구(爲法忘軀)의 보살정신이 없었으면 안 되는 일이고, 또 아무나 그렇게 할 수 있는 일도 아니라고 본다.

내가 종회의원을 할 때 보니까, 스님은 아주 이상주의적인 생각을 가지고 있었다. 너무 이상적이라 하여 스님을 좋게 보지 않는 사람들도 있었으나, 밤을 새워가며 조계종 종헌·종법의 기초를 만들어 놓고 손질을 다한 것은 오로지 스님이었다. 말 그대로 종단의 기초를 형성한 것이고 그 일은 역시 스님이 아니면 아무나 할 수 있는 일도 아니었는지도 모르겠다. 나는 종회가 열릴 때마다 스님이 발언하시는 것을 유심히 들었다. 그때마다 '참으로 멀리 내다보시는구나' 하는 속 감탄을 하곤 했다.

스님의 속을 잘 모르는 어떤 사람들은 스님께서 너무 이상적이다 하여 몰아붙이기도 했으나, 종교라 하는 게 본디 현실에서 보면 이상적인 것이 아닌가. 나도 그런 이상을 가지고 있었기 때문에 부지불식간에 스님의 생각을 지지했고, 또 그런 높은 이상을 건지하면서도 현실적으로 종단 일을 도맡아 능숙하게 처리하셨던 스님이 무척 좋게 보였다. 아마 평소 스님을 흠모하고 따르다 보니 모든 게 좋아 보였던 까닭도 있었을지 모르겠지만, 그보다는 스님의 헌신적인 종단 사랑이 내게 그대로 전달되었기 때문이었을 것이다. 다시 고백하지만,

이런 여러 가지가 어우러져 스님을 따랐고 짝사랑한 게 사실이다.

내가 총무국장을 한 뒤 조금 쉬다가 교무부장으로 다시 종단에 나갔을 땐 스님께선 종단 일선에서 물러나 종로 대각사에서 불광법회를 창립하여 포교에 몰두하고 계셨다. 가끔 종단 일을 자문하러 가면, '나는 종단 일 모른다'라고 한마디로 거절하면서도 금방 애종심이 발동해 자세히 가르쳐 주곤 했다. 나를 좋아해서 그렇게 친절하기도 했겠지만 그보다는 스님의 종단 사랑이 유난했기 때문이라고 본다. 내가 종단 일을 오랫동안 하면서 스님처럼 큰 일 한 것은 별로 없으나, 실수한 것도 없었던 것은 이렇듯 스님께 자문을 구하며 가르침을 받았기 때문으로 생각한다.

스님께선 설이나 명절 끝에 인사를 드리러 가면, 별 말씀은 없었으나 좋아하시는 눈치가 역력했다. 물론 그 어른이 싫어하는 사람은 없었으나, 나를 대했던 눈빛이 따뜻했던 것을 잊지 못한다.

언젠가 갈매리 보현사에 계실 때 찾아갔다가 부재 중이시라는 말만 전해 듣고 돌아온 적이 있다. 어딘가에서 두문불출하고 '천수주력(千手呪力)'을 하신다는 얘길 전해 듣고, 편찮은 몸을 이끌고도 끊임없이 수행정진의 끈을 놓지 않고 계시는구나 하고 감동했던 기억이 지금도 새롭다.

고금을 막론하고 수행자의 본분은 상구보리(上求菩提) 하화중생(下化衆生)에 있다 할 것이다. 먼저 수도(修道)해서 자기완성을 하고 다음에는 중생을 교화하는 것이 수행자의 사명이다. 상구보리는 자기완성이요, 하화중생은 사회완성이다. 출가 수행자의 길은 상구보리 하화중생을 철저히 실현하는 데 있다. 스님은 수행자의 사명이자 의무인 상구보리와 하화중생을 철저하고 열렬히 실현했던 이 시대의 참다운 선지식이시다.

잠실 불광사에 계실 때 정초에 세배를 하러 가거나, 오며가며 들러 보면 몸이 편찮아 누워 계시면서도 원고를 받아쓰게 하는 모습을 뵙곤 했다. 스님의 하화중생에 대한 열정과 헌신을 느낄 수 있는 또 하나의 장면이 아닐 수 없다.

내가 포교원장 시절에 가끔 들르면 전보다 더 살가운 눈빛으로 맞곤 했다. 당신이 직접 포교현장에 있으면서 느낀 것도 많았을 것이니, '종단의 포교를 맡았으니 잘하라'는 말씀을 잊지 않으셨다. 그것은 스님이 종단 일선에서 밤낮을 가리지 않고 종무에 임할 때, 참신하면서도 포교에 역점을 둔 종단을 꿈꾸었던 지난날의 생각이 떠올라서였을 것으로 짐작했다.

스님은 말할 수 없이 다정다감하다가도 때론 무섭도록 차가웠다. 공적인 일로 대할 땐 차가웠고, 사적인 일로 마주했을 땐 어머니처럼 부드러운 성품을 지니고 있던 분이었다.

몇 번의 큰 수술을 거쳤던 터라 몸은 말할 수 없이 약해 보였으나, 스님은 언제나 깨끗한 학체(鶴體)의 모습을 지니고 있었다. 스님께서 당신이 지녔던 모진 병고를 초월해서 수행과 포교를 겸해 시중에 불광사를 지어 한국 불교의 새 물줄기를 형성했던 것은 전생의 인연과 금생의 수행력으로 뚫고 나간 용맹정진으로 이룩한 불사라고 본다. 어떤 일이든, 본디 인연이 없으면 아무것도 못하고 인연이 있어도 수행력이 없으면 아무것도 못하는 것이 세상사 이치다. 우주와 내가 하나라는 동체대비(同體大悲)에 흠뻑 빠졌다 나오지 않으면 그렇듯 중생을 향한 뜨거운 자비가 나올 수 없는 것이고 보면, 스님의 도(道)에 대한 체증(體證)을 가히 짐작해 볼 수 있다.

스님은 진정 이 시대의 선각자요 불법의 주인공이었던 분이다. 종단의 일을 하면서도 그랬고, 서울 강남의 지역 인구를 흡수해서 불교

신도를 새로운 차원으로 교화하여 우리 불교에 새 길을 열고 가신 것을 보면 더욱 그런 생각이 든다.

스님은 또 혁명가적 기질을 다분히 가지고 계셨던 분이다. 종단 정화세력의 중심에 있다가 홀연히 길을 바꾸어 포교로 완전히 탈바꿈한다는 것은 혁명가적 기질이 없으면 안 된다. 그만큼 순수했고 뜨거웠기 때문이 아닐까 하고 생각해 보기도 했다. 종단에 연연하지 않고 딱 물러서서 시중 한가운데 서서 그 약한 체력에도 불구하고 온몸으로 포교에 헌신하셨다는 것은 이 시대를 주인공으로 살다 간 분의 궤적이라 아니할 수 없다.

나는 얼마 전 안성 도피안사 개산 10주년 때 법사로 초청을 받아 가보고 나서 깜짝 놀라지 않을 수 없었다. 가람을 새로 일구어 스승을 개산조로 모셔 놓고, 부처님처럼 스승을 모시는 송암스님을 보고, 광덕스님께선 정말 복과 지혜를 함께 구비한 분이었다는 것을 새삼 느꼈다. 내 오랜 경험으로 보면 스승을 잘 만나는 것도 큰복이지만, 좋은 제자를 만나는 것도 스승의 입장에서 보면 큰복이 아닐 수 없다. 훌륭한 스승을 만나기도 어렵지만 제자를 잘 만나기도 참으로 어려운 일인 것이다. 송암스님의 스승을 모시는 모습을 보면서, '이 시대 모든 젊은 스님들의 귀감이 되겠구나' 하는 생각을 했다.

훌륭한 삶을 살다간 사람은 죽어서도 짙은 향기를 낸다.

상구보리 하화중생이라는 수행자에게 부과된 의무와 사명의 삶을 완성시켰던 스님의 향기는, 그분이 우리 곁을 떠났어도 여전하다. 그것은 스님이 남기신 지혜의 향기요, 스승을 부처님처럼 받들어 모시는 한 제자의 스승에 대한 흠모와 존경에서 빚어진 향기다. 세간과

출세간을 막론하고, 참된 스승과 제자의 관계를 돌아보게 하는 아름
다운 향기가 아닐 수 없다.

　나무마하반야바라밀.

불기 2546년 여름 안거 후 백양사 청량암에서

암도 분향

스승이 없으면 모든 것을 잃은 것

鶴蓮惠民 | 아산 인취사 주지

세상 사람들은 눈을 잃으면 세상 모든 것을 잃은 듯 불행해 한다. 그리고 다리가 하나 없거나 코나 귀가 하나 고장나 쓸 수 없는 것을 또한 불행하다고 말한다. 참으로 그것이 불행인가. 귀 하나 없으면 귀 하나 잃은 것뿐이요, 눈이 없으면 눈 하나 잃은 것뿐이다. 그러므로 눈 먼 자가 할 수 없는 일이 무엇이며, 다리를 잃은 자가 할 수 없는 일이 또 무엇인가.

그러나 스승이 없으면 모든 것을 다 잃어버린 것이다. 그 모든 것을 다 잃어버린 육신을 가지고 과연 무엇을 할 것인가. 세상 사람들은 스승이 부재한 시대에 살고 있으면서, 그리하여 모든 것을 잃어버린 육신을 이끌고 살면서도 자신이 불행한 것을 인식하지 못한다. 또한 스승을 찾으려 애쓰지도 않는다. 애석한 일이다.

우리 인생에 있어 스승은 무엇인가. 스승은 거친 항로를 가는 데 반드시 필요한 나침반과 같은 절대적인 존재다. 그러므로 스승 없이는 언제 어디서 좌초할지 모르는 게 우리네 인생이건만 스승의 중요함을 자각하는 이들은 매우 드문 것 같다. 그래서 이 세상엔 좌초한 채 살아가는 사람들로 넘쳐난다.

스무 살 안팎, 나는 내 인생의 방향을 정확히 잡아줄 스승을 만나기 위해 출가의 길을 택했다. 그 길에서 나는 이 생에서 다시는 만나기 어려운 스승을 만났고, 그 스승을 시봉하며 내가 걸어야 할 길을 발견했다.

내 스승 설봉스님은 구김살 하나 없이 순수한 분이었다. 몇날 며칠을 좌선삼매에 빠져 있어 엉덩이 살이 썩어 있거나 곪아 터져 있을 만큼 수행에 매진하셨는가 하면, 내외 경전에 거침이 없었고 선(禪)에 관한 중요한 어록은 다 통하다시피 한 특별한 분이었다.

그런가 하면 곡차 한 잔에 시 한 수가 물 흐르듯 거침없이 나왔던 무애자재한 분이었으니, 말하자면 시공(時空)을 격의 없이 넘나든 분이었다.

돌아가실 때 플라스틱으로 된 바릿대 하나 남기셨을 만큼 한평생을 무소유로 일관하셨던 내 스승을 두고 광덕스님께선 생전에 이렇게 말씀하셨다.

"다시는 태어날 수 없는 선지식이야."

강아지 한 마리에게도 최선을 다해 선지식으로 대했고, 나이 어린 사미에게도 아주 깍듯이 예를 갖추어 대했던 내 스님을 광덕스님 또한 지극히 신(信)했고, 받들었다.

곡차 드시기를 즐겨하셨던 내 스승에게 광덕스님은 때때로 곡차 값을 챙겨드렸고(무척 이례적인 일), 어디 나가면 으레 노잣돈 드리는 것도 잊지 않으셨던 기억이 난다.

범어사에서 내가 행자 신분으로 스승을 시봉하고 있을 때 광덕스님도 범어사에 계셨는데, 두 분이 마치 친 사제처럼 지내던 모습을 뵐 수 있었다. 우리 스님은 광덕스님의 은사스님인 동산스님과도 각별히 지내셨다.

수덕사 말사인 향천사에서 우리 스님을 시봉하고 있을 때였다. 우연히 라디오에서 흘러나오는 뉴스를 듣다가 '동산스님께서 열반하셨다'는 소식을 접했는데, 우리 스님께서 주르르 눈물을 흘리시면서 "걸망 싸라, 가자" 하셨다. 그리고 바로 범어사로 갔던 기억이 엊그제처럼 새롭다.

동산스님은 한마디로 원력보살이셨던 분이다. 범어사에서 가장 먼저 새벽에 일어나시던 분이었고, 언제나 솔선수범하며 도량 청소에 앞장섰으므로 대중이 전부 빗자루를 들었던 기억도 잊을 수 없다.

예전에 우리가 공부하던 시절엔 스승으로부터 매를 많이 맞았다. 스승과 제자 사이에 무언으로 오갔던 가르침이요 사랑이었을 것이다. 스승이 내린 매를 누구도 감히 거역하지 못함이 절 집안의 법도였으니, 반항이란 있을 수 없는 일이었다.

나도 내 은사스님의 매를 무수히 맞곤 했다. 분명 잘못한 일이 아닌데도 매를 내리시면, 주위에서 '도망가지 왜 맞고만 있느냐'고 했으나 나는 맞는 게 법이고 도리라고 생각했다. 무슨 이유가 있어서 그러실 거라고 생각했지 부당하다고는 생각지 않았다. 아, 얼마나 그리운가! 그렇듯 매를 들었던 스승이 말이다.

광덕스님도 당신의 스승이신 동산스님으로부터 각별한 훈도를 입은 것으로 안다. 광덕스님께선 당신의 스승을 지극정성으로 모셨던 효상좌였다.

그 스승에 그 제자 아닌가. 아마도 광덕스님께서 그리도 효상좌이셨기에 오늘날 송암스님과 같은 효상좌를 두셨을 것이다. 제자란 무릇 스승의 언행 하나하나를 뼛속 깊이 새기고 또 새기는 자가 아닌 가.

원력보살이셨던 동산스님이셨으니, 그런 스승 밑에서 배우고 익힌 광덕스님 또한 원력보살이 아니 될 수 있었겠는가. 이 시대 보현보살로 사시다 간 것도 스승의 영향이 컸으리란 생각이 아니 들 수 없다. 또한 송암스님이 스승은 가셨으나 그분의 가르침을 세상에 펼치고자 힘쓰는 것도 원력보살이 아니고 이 무엇이겠는가!

내 스승이 돌아가시고 내가 이곳 인취사 허름한 절에 둥지를 틀고 얼마 되지 않았을 때, 광덕스님께서 몇몇 분과 찾아오셨다. 예나 지금이나 가난한 절의 사정을 어찌 아셨는지 라면 몇 박스와 그 밖에 필요한 생필품을 들고 찾아오셨던 것이다.

그리곤 다음에 한번 더 올라오셨는데, 그땐 법당에 둘 불전함을 하나 만들어 가지고 오셨다.

"지난번에 오니 법당에 불전함이 없어서 내가 하나 준비해 왔어요."

그때 스님께서 만들어 오신 불전함이 지금도 법당에 세월과 함께 자리하고 있다.

내 은사스님인 설봉스님께선 가끔 내 이름을 부르셨다.

"혜민아."

"예."

그리 대답하고 스님을 바라보면 거두절미하고 그러셨다.

"인정이 덕이니라."

그 한마디뿐 다른 말씀이 없으셨다. 그리곤 잊을 만하면 내 이름을 부르고 또 그 말씀을 하시곤 했다. 어렸을 땐 그 말씀의 진의를 헤아릴 수 없었으나, 나이 들어 세월을 살다 보니 스승의 말씀은 만고의 진리였다.

수행자의 가슴속엔 넓은 강이 흘러야 하고 푸른 숲도 있어야 한다. 해서 중생의 마음을 감싸주는 인정이 흘러야 한다. 그래야 덕이 쌓이는 법이다. 수행자에게 덕이 없다면 어찌 자비 문중의 권속이라 할 수 있겠으며, 중생제도는 또한 무엇으로 하겠는가.

나는 오늘 생각해 본다. 한 생을 보현보살로 중생 포교에 전념하시다 가신 광덕스님이야말로, 가슴 한복판에 깊은 강이 흐르고 드넓은 숲을 지녔던 분이 아닌가 하고 말이다.

아픈 육신을 근근히 일으켜 세워

雪谷禪宗 | 부산 나무정사 주지

은사이신 일타(日陀) 스님을 처음 뵙고 시봉을 일 년 남짓 한 것은 스님께서 태백산 도솔암에서 6년여의 두타고행을 끝내고 해인사 지족암에 거처를 정하신 후였다. 그 당시 지족암은 오랫동안 방치되다시피 하여 폐사(廢寺) 직전이었다.

절이나 집이나 사람이 살아야 하고 또 자꾸만 가꾸어야 빛이 나는 것 같다. 그런데 오랫동안 빈 절이었으니, 아무튼 그런 퇴락하여 보잘것없는 절을 스님이 맡아서 살게 되었다. 그 당시 지족암은 공양주를 따로 둘 형편도 아니었지만 스님의 근검 절약이 너무나 철저하여 모든 운력이나 공양은 남의 도움을 받을 수가 없었다.

스님과 나는 해가 뜨면 밖에 나가 하루 종일 축대를 쌓고 개울을 새로 내고 기와를 바꾸는 등 집안 곳곳을 손질하였다. 가람을 수호하기 위해 그야말로 옆도 뒤도 돌아보지 않고 낮에는 노동 참선의 땀 흐르는 정진을 줄곧 했다. 그리고 비가 오거나 밤이 되면 스님과 함께 법당에서 좌선을 했다. 옛날 선비들이 주경야독을 했다고 하더니만 그 시절 스님과 나는 '하루 일하지 않으면 밥을 먹지 않는다'는 선문(禪門)의 청규(淸規)에 따라 살았다. 그러니까 밤낮으로 정진하며 살았던 시절이다.

부득이 건물의 전문적인 기술을 요하는 일은 전문 일꾼들의 도움을 받았지만 그렇지 않은 일들은 전적으로 스님과 나의 몫이었다. 일꾼들에게 맡기면 일을 해주어서 고맙기도 했지만 나에게는 고마운 것만도 아니었다. 왜냐하면 그들에게 공양을 해주어야 했기 때문이다. 그러다 보니 어떤 때는 밖에서 일하랴, 시간 맞추어 일꾼들 공양 준비하랴, 사실 몸이 열 개라도 부족한 실정이었다.

그 중에서 아무리 바빠 설령 잠을 못 자는 일이 있어도 법당 청소하고 부엌 살림 깨끗이 하는 것은 도저히 소홀할 수 없는 중대사 중의 중대사였다. 그러기에 정신을 바짝 차리지 않으면 당연히 스님으로부터 엄한 훈도가 떨어지곤 했다. 거기다가 가장 큰 난감은 스님께 올릴 반찬이 떨어질 때였다. 어쩔 수 없이 살그머니 비구니 처소인 약수암에 가서 밑반찬 몇 가지 얻어다가 스님께 올렸다. 지금 와서 다시 생각해 보면 송구스럽기 짝이 없는 조악한 공양이었다. 때로는 밥에 돌도 있었고 미도 많았고, 국맛은 이맛 저맛도 아닌, 끓인 내가 먹으려고 해도 차마 먹지 못할 때도 있었다. 그렇지만 스님께서는 조금도 개의치 않으시고 오히려 나를 위로하시느라 가끔 유머를 곁들여가며 맛있게 잡수셨다. 스님의 지혜 자비 참으로 한량없다는 것을 이제야 다시금 느끼게 된다.

그런데 어느 날, 스님 방 청소를 하다가 우연히 방바닥에 놓여 있는 편지 한 통을 발견하게 되었다. 스님께서 보시다가 일하러 나가셨기에 편지는 펼쳐진 그대로였다. 나도 모르는 사이 그 편지로 눈길이 갔다. 어린 나이에 보았는데도 대단한 필체였다. 워낙 뛰어난 글씨여서 아는 글씨보다 모르는 글씨가 많았지만 나는 무조건 한숨에 주르

르 읽어보았다. 발신인이 누구인지 편지의 뜻이 무엇인지 그 당시에
는 잘 몰랐으나 나중에 알고 보니 광덕 큰스님께서 보낸 편지였다.
지금 내 기억에 남은 내용 중 일부를 옮겨본다.

　'스님을 뵙고 서울에 돌아오고 보니, 스님께서 살아가는 모습이
너무나 부럽게 느껴졌습니다. … 중략 … 저는 이곳 서울이라는 도
시에 갇혀서 마치 소모품처럼 하루하루 살아가고 있습니다.'

　아마 당시가 1970년대 중반 무렵이었는데, 그때 광덕 큰스님께서
는 도심 포교의 선구자로서 헌신하신 시절이었음을 나중에야 알게
되었다. 이 구절을 그 당시 어린 나는 이해하지 못했지만 무슨 까닭
인지 지금까지 내 머리에서 떠나지 않고 남아 있다. 그러나 요즘 들
어서 가만히 생각해 보면 한편 이해가 가기도 한다. 나는 광덕 큰스
님의 그 짧은 편지 구절에서 너무나 절실한 인생의 모습과 교훈을
느끼게 되어, 세월이 흐를수록 더더욱 소중하다는 느낌을 받고 때때
로 떠올리게 되는 것 같다. 아무에게도 말할 수 없는 속사정 이야기
를 도반에게 털어 놓는 심정도 이해가 되었고, 하루하루를 열렬히 살
아가고자 하는 마음의 자세와 그 쓸쓸함이도 느껴졌다. 또 어떤 수행자
든지 자신의 내부의 고뇌가 있기 마련인데 그것을 엿보게 된다는 것
은 바로 내 자신을 살피는 데 두고두고 좋은 귀감이며 거울이다. 비
록 짧은 한 구절이지만 어느 경구 못지 않게 나를 되새겨 보게 하기
때문이다.
　나는 스님을 모시고 있다가 군에 입대하기 전 선방에서 한 철 지
내려고 인천 용화사로 가게 되었다. 스님 곁을 떠나는 내 마음은 허
전했지만 스님께서는 오히려 그것을 원하셨기에 아무런 말없이 스님

시봉 일 년 만에 지족암을 떠났다.

선방에 한 철 있었던 그 덕분에, 양구 최전방에서의 삼 년여 군대 생활에서 힘들 때는 늘 스님께서 이르시던 염화미소의 화두의문을 떠올렸지만 세존께서 꽃을 잡으신 뜻에 가섭의 미소는 어디에도 보이지 않았다. 군대생활 시작하여 한 해가 다 지나갈 무렵, 은사스님께서 '아송구 군영신(我送舊 君迎新, 나는 묵은 것을 보내고 그대는 새로운 것을 맞으소서)'의 글을 손수 써서 보내 주시기까지 하셨다.

그러나 나에게 군대생활도 멋진 신세계는 아니었다. 어쨌거나 그럭저럭 세월은 흘러 제대를 하게 되었고 새로운 공부를 해볼 요량으로 동국대학교로 직행했다. 거기서 송암스님을 만나게 되었고, 우리는 동국대학교 비구 기숙사인 수유리 백상원에서 2학년 1학기까지 함께 지냈다. 그 무렵 광덕 큰스님께서 잠실에 불광사를 짓자 송암스님은 불광사 은사스님 곁으로 가게 되었다. 송암스님은 그 당시에도 은사스님에 대한 효성이 매우 남달랐고, 또 일을 얼마나 책임감 있게 잘 하는지 매사에 사뭇 출중했다.

돌아보면 내 나이 열아홉 살부터 은사스님을 시봉하였는데, 어언 이제 나도 그 당시 스님의 연세에 도달하고 말았다. 실로 눈 깜짝할 순간이었는데 말이다. 그 당시 은사스님께서는 선교(禪敎)에 밝으신 분으로 종단 내외의 존경을 한몸에 받았는데, 나는 그러한 스승님에 비교할 바가 아니다. 생각할수록 자괴와 자탄을 금할 수 없는 노릇이 되고 말았다. 바야흐로 그러한 스승님도 가셨고 소모품의 삶이라 겸허하시던 원력보살, 광덕 큰스님도 가셨다. 어느 날 불광사에서 뵈었을 때 우리가 위로의 말씀을 올리자, 당신은 위가 반밖에 없다고 대답하시면서도 얼굴은 밝고 맑기가 밤하늘에 둥근 달 같았다. 아픈 육신을 근근히 일으켜 세워 우리들의 절을 받으시던 광덕 큰스님, 그러나 그 눈빛은 형형하여 조금도 환자 같지 않으셨다.

분명한 것은 은사스님이나 광덕 큰스님은 끝까지 병약하신 몸을 이끌고 부처님처럼 사셨는데, 나는 오늘도 방일과 나태 속에서 속절없이 아까운 세월만 하루하루 녹이고 있는 것 같다. 아프도록 안타까운 심정이다. 송암스님이 쓴 시봉일기라도 읽으면서 다시 마음을 다잡아야 하겠다.

나무마하반야바라밀.

임오년 5월 초하루
동해바다가 보이는 토굴에 은신한 채, 해가 뜨고 달이 뜨는 시간을
찍고 있는 행자, 설곡선종 분향 합장

열정을 품은 한 마리 학

정법 박광서(正法 朴廣緒) | 서강대 물리학과 교수

1966년 7월, 고등학교 3학년이었던 나는 여름방학을 하자마자 봉은사로 향했다. 방학 한 달을 봉은사에서 지내고 싶어서였다. 대학시험을 준비하는 수험생으로서 웬일인가 의아해 할지도 모른다. 출가? 물론 고1 때 불교를 알고 나서부터 여러 번 심사숙고 해보던 숙제였지만 고3 때는 이미 출가를 일단 보류하고 대학에 진학하기로 맘먹고 있었다. 유학과정을 거쳐 박사과정까지 물리학을 깊이 있게 들여다 본 후에 출가를 다시 생각하기로 한 이상 고3 여름방학은 시험을 대비한 중요한 시간일 수밖에 없었다.

그런데도 굳이 봉은사를 찾아 나선 것은 내게는 그럴 만한 이유가 있었다. 고등학교 다니면서 불교활동을 했던 룸비니 학생회의 법회에서 여러 번 광덕스님의 법문을 들었는데, 지적이면서도 자비로운 인상과 더불어 젊은 불자들의 사명감과 보살행을 강조하시던 모습이 항상 내 머릿속을 맴돌고 있어서 스님 계신 곳 언저리에서 머물고 싶다는 생각이 무엇보다 강했던 것 같다.

그때만 해도 봉은사는 뚝섬에서 나룻배를 타고 강을 건너 배밭을 끼고 황톳길을 한참 걸어야 갈 수 있는 절이었으니 지금의 강남 지형으로는 감을 잡기조차 어렵다. 지금도 그렇지만 봉은사는 도심에 있는 다른 절과는 달리 주위의 넓은 경관과 시원스럽게 뻗은 나무들 때문에 탁 트인 느낌을 주었다. 다래헌(茶來軒)은 1970년대 초반 법정 스님께서 머무시던 집으로 별 볼품은 없었지만 내가 대학생 시절에 즐겨 찾아갔던 정겨운 곳이었는데, 지금은 봉은선원(奉恩禪院)이 들어서서 옛 모습을 찾을 수 없어 무척 아쉽다.

절 바로 아래 동네, 사하촌(寺下村)에는 개가 문턱에서 졸고 있는 한가한 구멍가게도 있었고, 술을 파는 곳도 있었던 것으로 기억나는데, 이것 역시 수 년 전 아셈 때문에 사라졌다. 일주문을 나서서 논밭과 소나무 숲 사이를 20여 분 걷다 보면 왕릉이 나오는데 그것이 지금의 선릉이리라.

나는 광덕스님께 다짜고짜 한 달만 살게 해달라고 말씀드렸고, 스님께서도 조용히 바라보시더니 절 생활을 잘 해내겠느냐고 물으셨고, 내가 할 수 있다고 말씀드리니 별 이의 없이 받아 주셨다. 며칠 후 나는 그 당시 서울 시내의 한 달 하숙비에 해당하는 금액인 쌀 일곱 말 값을 마련하여 봉은사 생활을 시작했다. 주로 대웅전 왼쪽에 있는 운하당(雲霞堂)에서 기거를 했지만, 가끔은 심검당(尋劍堂)에서 잠을 자기도 했다.

나는 그저 절에 사는 게 좋았다. 졸음이 가시지도 않은 채 스님들 사이에 끼어 하는 새벽예불도, 조용하고 한가로운 경내를 산책하는 것도, 가끔 스님들로부터 듣는 절집 애기도, 스님들과 함께 채소 다듬고 불 때는 일도, 채식공양도, 설거지도 모두 내겐 왠지 익은 일들이고 즐겁기만 했다. 마치 전생에 출가했던 인연이 있었던 것처럼.

광덕스님께서는 가끔 내게 지내기가 괜찮은지, 공부는 잘 되는지 물어보시곤 하면서 보살펴 주셨고, 어떤 때는 불교 얘기도 자상하게 들려 주시면서 푸근한 미소로 내 마음을 편하게 해 주셨다.

그때 광덕스님께 친구 한 명을 데리고 와서 함께 지내도 좋으냐고 여쭸는데, 그 학생도 나처럼 믿어도 되겠느냐고 물으시기에 속으론 불안했지만, 그렇다고 얼버무린 뒤 함께 절로 들어와 지내게 되었다. 그 친구 역시 고3이었는데, 신심 있는 불자도 아니었고 모범생은 더욱 아니었지만, 중학교 시절부터 친했던 친구이고 그 부모님과 누님께서 나와 여름 한 달이라도 같이 지내면, 그것도 절에서 지낼 수 있게 한다면 불량기가 조금은 빠지지 않을까 싶어 내게 신신당부한 결과이다.

나도 사람 하나 만들어 보려는 욕심에 여러 가지 궁리하면서 마음을 잡아보려고 애를 썼다. 그러나 내 친구는 처음엔 뭔가 달라지기도 하고 어떻게든 차분히 공부하면서 지내보려고 노력하는 모습을 보이더니, 며칠 못 가서 밤이 되면 아래 동네에 내려가 술을 한 잔 걸치고 들어오기도 하는 등 나를 몹시 당황하게 만들었다. 절에서 술까지 마시고 밤늦게 몰래 들어올 때마다 광덕스님께 면목이 없어서 혼자 애만 태우곤 했는데, 그래도 스님께선 아시는 것 같은 눈치였는데도 한번 약속한 것을 서로 신뢰해 보자고 생각하셨는지 아무 말씀 안 하시고 끈기 있게 기다리셨던 같다. 결국 그 친구는 열흘도 못 넘기고 지루하다면서 스스로 집으로 돌아가 버리고 말았지만, 지금도 그 생각만 하면 스님께 죄송한 마음이 들고 한편 그 너그러움에 감사할 따름이다.

봉은사에 한 달 가량 있으면서 안 봤으면 좋았을 일을 겪기도 했다. 그것은 봉은사 총무스님과 취객과의 싸움이었다. 매미소리만 경내에 가득한 나른한 주중 어느 날 오후, 갑자기 절 마당에서 큰 소리가 나

기에 나가보았더니 두 부부 포함 네댓 명의 사람들이 웅성거리고, 그
중 한 명은 대낮인데도 얼굴이 벌겋도록 술을 마신 상태로 아예 선
불당(選佛堂) 마루에 큰 대자로 벌렁 누워서 고래고래 소리를 지르고
있는 게 아닌가. 젊은 스님 한두 분이 이러시면 안 된다면서 달래기
도 해보았지만, 막무가내라 어쩔 줄 몰라하고 있었다.

　오가는 얘기로 대충 짐작해 보니 친구 부부끼리 뚝섬을 건너 봉은
사로 놀러왔고, 아마 일주문 안으로 들어와서 술자리를 펴고 준비해
온 고기 안주에 술을 마시며 시끄럽게 떠들어댔던 모양이다. 젊은 스
님이 말렸지만 듣지 않았고, 나중엔 사찰의 실무책임자격인 총무스
님이 나서서 경내에서 이러면 안 되니 돌아들 가시라고 해도 오히려
점점 큰 소리로 중이 사람 무시한다느니, 하면서 되지도 않는 떼를
쓰다가 서로 좋지 않은 말이 오간 것 같고, 드디어는 선불당까지 와
서 마루에 벌렁 누워버린 것이다. 물론 같이 온 일행 중 말리는 이도
있었지만, 또 어떤 이는 스님네가 자비롭게 봐주지 않고 성질을 돋군
다는 말로 더 부채질까지 했다. 그런데 그 다음이 문제였다.

　여러 번 일어나 가라고 하는 총무스님의 말에 "중이 사람을 내쫓
아? 내가 누군지 알아? KCIA도 몰라, KCIA?" 하면서 더욱 화를 북돋
우는 게 아닌가. 여기가 어딘데 함부로 눕느냐고 목소리를 높이던 총
무스님은 더 이상 참지 못하고 누워 있는 취객의 어깨를 발로 살짝
걷어찼는가 보다. 그러자 기다렸다는 듯이 "중이 사람을 찬다? 내가
그냥 갈 줄 아느냐. 어디 또 한번 차보시지?" 하더니 스님의 가사장
삼을 붙잡고 마루에서 끌어내려 밀고 밀리면서 마당까지 내려와 옥
신각신하였다. 참 난감하다 싶었는데, 그 순간 총무스님은 선불당 마
당을 가로질러 건너편에 있던 조그만 창고에서 삽을 하나 들고 나오
더니 그 취객의 팔뚝을 내리치는 게 아닌가. 취객의 팔에선 피가 낭

자하고 모두가 놀라서 우왕좌왕하고 있는데, 그 총무스님은 방에 들어가더니 승복을 벗고 신사복으로 갈아입은 뒤 빵모자까지 쓰고 금방 사라졌다. 모든 게 순식간의 일이었고 어떻게 이런 일이 있을 수 있는지 나로선 도저히 이해할 수 없었다.

알 수 없는 일이다. 아무리 사찰 경계가 명확하지 않았다 해도 분명 일주문을 들어왔으면 경내인데, 일반인이 절 안에서 고기안주로 술을 마시면서 떠들어대다니, 선불당이면 19세기 불교 건축양식이 잘 보존된 서울시 유형문화재인데 그 유명한 건물 마루에 취한 채 누워 고래고래 소릴 지르다니, 그리고 당시만 해도 군사독재시절이라 중앙정보부라면 모두가 숨죽이던 시대라고는 하지만 스님께 KCIA 운운하면서 윽박지르다니…… 모든 게 잘못 돌아가고 있었다. 사찰과 스님에 대한 생각이 그 정도밖에 안 되는 사람들이 어쩌면 지금보다 더 많았던 시절이 아닌가 싶기도 하다.

그리고 더 놀랐던 것은 그 총무스님의 실체이다. 도대체 스님이라는 분이 아무리 싸움이라고는 하지만 어떻게 삽으로 사람을 칠 수 있는가. 며칠 있는 동안 내가 본 그 총무스님은 키도 나보다 작은 체구였고 말이 거의 없던 조용한 스님이셨는데, 어디서 그런 포악한 행동이 나올 수 있었는지, 어떻게 그렇게 당황한 기색도 없이 날렵하게 옷을 갈아입고 내뺄 수 있었는지…….

그러나 나중에 들은 얘기지만, 그 총무스님은 보통 스님이 아니었던 것 같다. 태권도 몇 단에 합기도 몇 단 되는 유명한 조직폭력배 중간 보스였다는 소리를 듣고 깜짝 놀랐다. 그러니까 5·16 군사정변 후 사회정화를 기치로 깡패소탕을 한 적이 있는데 그때 많은 조직폭력배들이 산 속으로 들어왔고 일부는 머리를 깎고 출가자 노릇을 하면서 숨어 살았다. 몇 년 지나 분위기가 누그러지면서 대부분

속세로 돌아갔지만, 일부는 출가생활이 익숙해져 그대로 절에 남아 있는 경우도 있었다. 물론 그런 이력의 스님들 중 일부는 정말 세속의 인연이 덧없다, 불교의 가르침이나 수행생활이 더 멋있게 사는 길이라고 받아들인 경우도 있었을 것이고, 또 일부는 세상으로 나가봐야 살기가 더 힘들 뿐더러 절 생활 해보니 모두들 와서 절하고 공경하지, 용돈 주지, 뭐 이렇게 한 평생 사는 것도 나쁘지 않겠다 싶어 눌러 앉은 경우도 있었을 것이다. 후자의 경우 극소수는 자신의 이익을 위해 폭력의 전력을 활용하여 교단을 어지럽히는 무리가 생겨났으니, 사찰에 일만 생기면 폭력으로 해결하려는 풍토가 생겼고 심지어는 돈 많이 들어오는 절을 접수하는 데 직접 관여하는 배후세력이 되기도 했으니, 그 후유증은 우리가 익히 알고 있는 대로 현재도 뿌리가 완전히 뽑히지 않고 늘 불교발전의 발목을 잡고 있지 않은가 싶다. 과연 불교계의 이 업은 언제 끝나려는지……..

그 총무스님은 평소 말이 적고 편안한 느낌을 주던 스님이었던 것으로 보아 그런 대로 전자의 정상적인 스님의 모습이었다고 기억한다. 하긴 머리 깎은 지 5년이 넘었으니 이제 차분히 절 생활이 몸에 뱄음직도 하지 않은가. 그런데도 어떤 경계에 다다르면 역시 업(業)과 습(習)을 떨치지 못하는 것일까? 지금도 그때 총무스님을 생각하면 업력이 무섭다는 생각을 떨칠 수가 없다.

아무튼 그날 저녁에 서울 시내에서 돌아오신 광덕스님의 반응이 몹시 궁금했다. 화를 내실까, 한숨을 쉬실까, 아니면 모른 체 하실까? 역시 큰스님답게 내색은 안 하시는 것 같았지만, 속으로는 여러 가지 착잡한 마음이시라는 걸 느낄 수 있었다. 불교인 모두의 업보가 두렵고 마음이 아프신 것이다. 그럴수록 더 열심히 바르게 사시면서 불교의 진수를 널리 펴야겠다고 다짐하셨을 게다. 그것만이 우리의 공업을 지우고 새로 태어나는 유일한 길이라고 확신하셨고, 그러기에 나머지 일생을 중생교화에 진력하실 수 있지 않았을까.

봉은사에서의 인연 이후 대학시절에도 가끔 종로에 있는 대각사에서 법문을 들을 기회가 있었지만, 그후 다시 뵙게 된 것은 1980년대 후반 송파 불광사에서였다. 외국에서의 9년 생활을 포함하여 실로 20여 년이나 뵙지 못해서 혹시 기억하지 못하시지 않을까 했는데, 스님께서 나를 알아보시고 불자 교수로서 해야 할 일이 많다 하시며 좋은 일을 꾸준히 해가라고 역시 자상하게 격려해 주셨다.

그동안 내 기대보다 훨씬 큰 불사를 일구시고 많은 불자들의 공경을 받고 계셔서 반갑기도 했지만, 건강이 많이 약해지신 모습을 뵈니 마음이 저려왔고, 도심포교의 문을 활짝 여신 큰스님의 뜻을 과연 누가 그 뒤를 이어 더욱 융성하게 해갈 지 걱정되기도 했다. 그후 나도 재가불교운동을 한답시고 애를 써오기는 했지만, 그래도 광덕스님 같은 큰 어른께서 가까이 계시다는 것 때문에 언제든지 찾아뵙고 좋은 말씀을 들을 수 있다는 것만으로도 힘이 되곤 했는데, 이제 막상 이 세상에 계시지 않는다고 생각하니 생전에 더 자주 찾아뵙지 못한 것이 못내 아쉽다.

그러나 어쩌랴, 큰스님의 원력을 이어가는 것은 우리 불자 모두의 몫으로 남겨진 것을. 오늘도 보현행원의 사표이신 광덕스님의 그림자라도 닮아가도록 하는 것 외에 무슨 다른 길이 있으랴.

내가 불교를 접하고부터 광덕 큰스님을 가까이서 뵐 수 있었던 것은 나로서는 큰 행운이자 복이 아닐 수 없다. 학생 시절부터 나의 서원이 우리 불교가 이 사회를 보듬고 이끌어 가는 종교로 새롭게 우뚝 서는 것이었고 지금도 그 원력이 꺼지지 않는 것은, 광덕스님의 중생에 대한 자비심과 불교의 미래에 대한 확신과 끝없는 애정, 그리고 싫증도 지칠 줄도 모르는 보현행에 대한 신뢰와 공경이 깊은 밑거름이 되었음을 부인할 수 없다. 광덕스님은 한때 출가를 생각했던 내게 출가를 하면 어떻게 살아야 하는지를 보여 주신 모델이셨다. 지적이면서도 푸근하셨고 조용하면서도 열정적인 구도자요 포교사로서 많은 불자들에게 꺼지지 않는 큰 등불이셨다.

지금도 우리 불자들의 마음속에 열정을 품은 한 마리의 학으로 살아 계시는 광덕스님을 생각하면서 마음을 다시 추슬러 본다.

2002년 9월 1일

그때 그 시절

지인 김재일(至仁 金在一) | 사찰생태연구소장

1. 30년 전 이야기

30년 전, 그 무렵 나는 경기도 용인군 시골의 어느 중학교에서 국어교사로 있었다. 그해 봄, 학생들을 인솔하여 이웃 안성에 있는 칠장사로 소풍을 갔다. 마침 절에 와 있던 객스님 한 분과 잠깐 한담을 나누게 되었다. 불교에 대해 전혀 문외한이었던 나에게 들려준 객스님의 몇 마디 부처님 말씀(色卽是空 空卽是色)은 나에게는 평지풍파요 청천벽력과도 같은 것이었다. 그 말씀은 여름 가고 가을까지 나를 잠 못 들게 하였다.

그 무렵, 나는 학부형 집에서 하숙을 하고 있었는데, 마침 10월 1일 '국군의 날' 휴일이라서 하숙집 동료교사들과 사과밭에 놀러 가기로 되어 있었다. 그런데, 나는 그 약속을 어기고 몰래 집을 빠져나와 칠장사로 들어갔다. 나의 출가는 그렇게 시작되었다. 그때 나이 스물하고 다섯, 벌써 30년 저쪽의 일이다.

2. 손가락 튕기기

행자를 1년 살고 나서 계를 받고, 한동안 서울 대각사에 머물렀다. 당시 대각사에는 대중들이 많았는데, 모두가 범어사 권속 스님들이거나 손위 사형스님들이어서 일거수 일투족이 조심스러웠다. 더욱이나 총무스님을 비롯하여 모든 대중이 큰방에서 같이 생활했기에 초심자인 나는 여간 조심스러운 것이 아니었다. 그리고 은사인 금하당 광덕대선사의 시봉을 드는 일은 적이 긴장된 일이었다.

그 무렵 내 바랑 안에는 칠장사 주지스님이 중노릇 잘 하라고 준 「사미율의」가 고이 들어 있었다. 큰절에서 지낸 경험이 일천했던 나는 정말 시봉 노릇 한번 잘 하려고 그 책을 달달 외다시피 했고, 그대로 실천에 옮겼다. 내용 중에 "어른 방을 들어갈 때는 문 앞에서 손가락을 세 번 튕겨 소리를 낸 다음 방안에서 허락이 있은 연후에야 방문을 열어야 한다"는 대목이 있다.

한번은 사형스님의 심부름으로 은사스님 방으로 무엇을 가지러 갔다. 그런데, 방문 앞에서 손가락을 몇 번이나 튕겨도 안에선 도무지 기척이 없었다. 조심스럽게 용기를 내어 또다시 튕겨보았지만, 여전히 기척이 없어서 스님께서 출타하신 줄 알고 문을 드르륵 열었더니 참선 중인 스님께서 적이 놀라셨다. 그러나, 스님은 나직하고 온화한 목소리로 타이르셨다. "앞으로는 노크를 하고 들어오너라"고 하셨다. 만약 다른 스님 같았으면 "속가의 상식도 모르는 막된 놈!"이라고 버럭 화를 냈을지도 모를 일이었다. 그후, 살펴보니 다른 스님들은 '손가락 튕기기'가 아니라 노크를 하고 스님 방을 드나들고 있었다.

3. 『금강경』을 발치에 놔두다

또, 어느 날이었다. 스님의 부름을 받고 얼른 갔더니 스님께서 두 툼한 책 한 권을 건네주셨다. 백봉 김기추 거사가 쓴 『금강경 강송』이었다. 백봉거사님이 은사스님께 '惠存'으로 드린 책으로, 펴낸 지 며칠 되지 않는 '따끈따끈한' 책이었다.

"백봉거사님은 부산에 살고 계시는데, 특히 『금강경』에 깊으신 분이다. 이번에 수정본을 찍어 나에게 보내준 것이다. 이 책은 본문을 구문별로 나누어 번역을 하고, 또 뒤에다 알기 쉽게 강송을 풀었어. 그리고, 강송 뒤에 그 깨달음을 시송(詩頌)으로 달아서 책의 품격을 높인 것이 아주 색다르다. 아직은 좀 이르겠지만, 공부가 깊어지면 큰 도움이 될 거야."

삼배하고 책을 받으니 의발(衣鉢)을 받을 때만큼이나 감격스러웠다. 『금강경』은 의식집(儀式集) 말고는 출가 후 처음 받아든 경전이었다. 너무나 감격스러워 틈만 나면 매일같이 달달 외우고 다녔다. 내 딴에는 애지중지 여긴답시고 잠을 잘 때도 머리맡에 두고 잤다.

그런데, 어느 날 새벽예불을 하고 돌아오니 사형스님이 방바닥에 놓인 『금강경』을 보고는 호통을 치셨다.

"경전을 발치에다 함부로 놔두다니, 지인스님, 정신 나갔어? 이 책이 소설책인 줄 알아? 도대체 행자를 어떻게 살았어?!"

머리에 이고 다닌다는 그 소중한 경전을 대중들이 드나드는 방바닥에다 함부로 놓아 두었으니, 절집에서 퇴출당하고도 남는 과오가 아닐 수 없었다.

4. 옴 살바 못자 모지 오징어 사바하

당시 대각사 총무스님은 지금 목동 법안정사에 회주로 계시는 효경 큰스님이었다. 대중생활에서 자상하고 솔선수범에는 남이 흉내내지 못할 전형적인 수행자다. 아마 명절날이었을 것이다. 밤이 으슥했는데, 함께 살고 있던 사무장이 마른 오징어를 몇 마리 갖고 들어와서 눈치를 보며 슬며시 내놓았다. 그러면서 하는 말이 "오늘 저녁 잠 자면 눈썹이 하얗게 된대요. 이것 드시면서 잠 쫓으세요." 대중들은 사무장의 재치어린 농담과 표정에 별 탓하지 않고 둘러앉아 심심풀이 밤참으로 오징어를 뜯으며 한담을 나누었다. 스님들이 육식과 다를 바 없는 오징어를 뜯고 있는 것이 초심자인 내 눈에는 너무나 파격적이었다.

나는 오징어 조각을 받아들고, 이걸 먹어야 하나 말아야 하나, 잠시 햄릿의 고민에 빠졌다. 그러다가 남들이 먹는 걸 보니 구미가 당겨서 얼떨결에 질겅질겅 따라 씹었다.

그런데, 먹고 나니 영 속이 편치 않았다. 그래서 안절부절하고 있는데, "자네는 오징어로 먹었냐? 난 상추쌈으로 먹었는디" 하고 옆에 있던 사형스님이 말했다.

그날 밤, 몰래 대웅전으로 올라가 홀로 참회를 하였다.

옴 살바 못자 모지 오징어 사바하.

5. 뭘 안다구 함부로

그 무렵 은사스님께서는 종회 부의장 소임을 맡고 계셨다. 경산 큰

스님이 총무원장(?)으로 계셨을 때였다. 당시 종회는 동국대학교에서
있었고, 종회가 열릴 때마다 시봉으로 따라다녔다. 은사스님은 어디
서나 온화하고 합리적이셨다.

한번은 이런 일이 있었다. 안건이 무엇이었는지, 물고 물리는 지루
한 토론이 계속되었다. 지금은 기억에 없지만, 당시 내가 지켜보기로
는 '매우 답답한 논쟁'이었다. 그래서 무심중에 "저 스님들 왜 저래?"
하고 투덜댔다.

그러자, 동행했던 사형스님이,

"지인스님, 잠자코 있어요. 뭘 안다구 함부로……" 하고 나무랐다.

그 후부터는 종회에 따라가면 그저 고개만 푹 떨구고 쥐죽은듯이
있었다. 장님 3년, 벙어리 3년, 귀먹어리 3년은 비단 시집살이에만 해
당되는 규범이 아니었다.

6. 쯔쯧, 우째 저런고

그 무렵 은사스님께서는 대각사 말고 경기도 남양주 보현사에서도
자주 머무르셨다. 시봉차 따라가서 보현사에서도 한 철을 살았다. 그
무렵 대학생 불자들이 정기적으로 보현사를 찾아와 스님의 법문을
듣고 가곤 했다. 나도 가끔 스님의 수발을 들며 대학생들의 끝자락에
앉아 스님의 법문을 듣곤 했다. 대각사에 있을 때는 잡다한 일을 하
느라 단 한번도 스님의 법문을 듣지 못했다. 그런 나로서는 너무나
소중하고 감격스러운 자리였다.

한번은 '깨달음'을 주제로 한 법문이 있었다. 법문을 마친 다음에
질문시간이 있었는데, 내가 맨 먼저 손을 번쩍 들었다. 질문의 내용
은 칠장사 대웅전 불사 백일기도 때 체험한 기도삼매에 대한 것이었

다. 나로서는 몸과 정신이 분리되는 난생 처음의 묘한 체험이었지만, 지금 생각하면, 그건 질문이 아니라 은근한 '자랑' 같은 것이었다. 스님은 묵묵부답으로 빙그레 웃으시더니 "다음 사람!" 하고 다른 학생의 질문을 받으셨다. 아마 스님께서 속으로 "쯔쯧, 우째 저런고!" 하셨을지도 모를 일이었다.

7. 배은망덕한 놈

그리고, 그 무렵 은사스님께서는 종단 안팎으로 매우 바쁜 나날을 보내셨다. 특히 불광회를 조직하고, 월간 「불광」을 창간하는 일은 스승과 상좌 모두에게 큰 불사였다. 그래서 창간호 「불광」을 내느라고 몇몇 사형스님과 함께 교정도 보고 신흥인쇄사도 드나들었다. 중학교 국어교사 출신에다 소설로 등단해 글줄깨나 긁었던 나로서는 「불광」 간행에 적임자(?)였다.

그러나 왠지 내키지 않았다. 초발심자로서 글 쓰고 책 만드는 일에 붙잡히다 보면 출가의 큰 뜻을 이룰 수 없겠다는 나름대로의 얄팍한 계산을 했던 것 같다. 그래서 창간호가 세상에 나오던 날, 은사스님과 사형스님들에게 한마디 의논도 없이 바랑을 메고 대각사를 훌쩍 떠나버렸다.

그렇게 나간 '천하에 배은망덕한 놈'은 땡초가 되어 다시는 은사의 품으로 돌아가시 못했다.

인천(人天)의 안목, 보현보살이신 큰스님

보현 이종린(普賢 李鍾麟) | 홍익소아과의원 원장

그리운 큰스님(1)

제 인생의 봄날에 봄꽃처럼 화사하게 저에게 오셨던 스님, 보현행
원을 외치시며 내 생명 다하도록 부처님께 내 모든 것 공양 올리고
자 한 스님, 오늘처럼 화창한 봄날이면 환한 웃음 머금고 오시던 우
리 '광(光)'자 '덕(德)'자 큰스님이 너무 보고 싶습니다.

저는 큰스님을 세 번 만났습니다. 첫번째는 형상으로서의 만남, 두
번째는 보현행원을 통한 만남, 그리고 세번째는 큰스님 열반을 통한
만남이 그것입니다.

큰스님을 형상으로 만나 뵌 것은 불과 서너 번에 불과하지만, 큰스
님의 맑은 모습은 너무나 깊이 제 가슴에 남아 있습니다. 이제는 가
고 아니 계신 광덕 큰스님! 큰스님께 공양 올리는 마음으로 저의 작
은 그리움, 이렇게 돌아봅니다.

첫번째 만남―어둠은 어둠으로 사라지지 않는다

스님을 처음 만나 뵌 것은 제가 갓 대학에 입학하였을 때였습니다. 그때가 아마 지금과 같은 화사한 꽃피는 사월 봄날이었으니, 불교학생회 첫 수련회 갔을 때 온 산에 꽃 냄새 가득한 법당 문을 활짝 열고 힘차게 들어오시던 스님이 기억납니다. 얼굴에 어두운 구석이라고는 하나 없이, 한없이 밝고 자비로우신 빛을 온몸에 가득 담고 스님은 저에게 그렇게 오셨습니다. 잠깐 그렇게 뵈었던 스님은 그해 초겨울, 대각사에서 다시 뵙게 됩니다.

유신 치하이던 당시, 호국불교라는 우산 아래 고통 받는 민중의 아픔을 외면하던 불교계에 경종을 울리고자 서울대 불교학생회 임원진들이 반정부 집회를 가지려는 것도 모르신 채, 이날 스님은 '어둠은 어둠으로 사라지지 않는다, 등불을 밝힐 때 어둠은 저절로 사라진다'라는 법문을 하셨습니다. 그후 학생들이 종로 거리로 나가려 할 때 그제서야 사실을 아시고 학생들이 다칠까봐 온몸으로 막으시던 스님. 약하게 보이던 스님의 그날의 또 다른 모습은 저에게 강한 인상으로 남았습니다.

다음 해 선배를 따라 스님 뵈러 대각사에 한두 번 더 갔던가? 환하게 웃으시며 제 이름은 안 불러 주시면서(당연하시죠, 스님은 저를 모르시니까) 제 옆에 있던 선배 이름을 부르며 잘 왔다고 하시며 환히 웃으시던 젊은 날의 큰스님! 그 웃음 환하시던 스님의 모습이 제가 이생에서 뵈었던 형상으로서의 스님의 마지막 모습입니다.

그후 고뇌가 일 때마다 잠실로 옮기신 스님을 뵈러 그 당시만 해도 허허 벌판이던 불광사로 몇 번 더 찾아갔으나, 병환 중이어서 만나 뵙기 어렵다는 시봉 스님의 말씀을 듣고 그때마다 아픈 가슴을 안고 그냥 발길을 돌려야 했습니다. 제 선배님들 중에는 스님과 친한 분도 있었고 심지어 갈매리 보현사에서 스님을 모시고 학교를 다닌 분도 있었지만, 저는 그런 복을 짓지 못해 열반하실 때까지 다시는 스님을 뵙지 못하게 됩니다.

두번째 만남—보현행원으로 보리 이루리

스님을 두번째 뵙게 된 것은 행원을 통해서입니다. 큰스님이야 제 가슴에 진한 감동으로 남아 계셨던 분이고 「보현행원품」을 번역하신 것도 알고 있었지만, 저는 스님이 평생 행원을 당신 수행의 근간으로 하셨는지는 전혀 알지 못하고 있었습니다.

저는 행원을 통해 다시 부처님을 만나게 됩니다. 행원은 제가 이때까지 만났던 어떤 수행보다 뛰어난 수행법이었습니다. 행원은 일체 중생을 부처님으로 만들며 부처님 같은 삶을 우리가 직접 살게 합니다. 섬기고 공양하는 보현행원을 통해 우리는 부처님 무량공덕의 바다에 들어가게 되며 깨달음은 소리 없이 우리에게 찾아오게 됩니다. 제게 있어 행원은 이토록 뛰어난 수행이었던 것입니다.

그런데 행원을 수행하면서 한 가지 의문을 지울 수 없었는데, 그것은 행원이 제가 생각하는 것만큼 뛰어난 수행이라면 선지식들이 행원을 말씀하시지 않을 리가 없을 텐데, 제가 과문(寡聞)한 탓이긴 하겠지만 주위에 보현행원을 설하시는 선지식들을 볼 수 없었던 것입니다. 이름난 선지식들께서 행원을 말씀하시지 않는다면 그 이유는 당연할 것입니다. 즉 행원이 별로 뛰어난 수행법이 아니기 때문일 것입니다. 그렇지만 보현행원은 예로부터 뛰어난 수행법의 하나로 알려져 왔고 저 역시 행원을 함으로써 그 공덕을 온몸으로 체험하고 있던 터라, 행원을 말씀하지 않는 우리 불교계의 모습은 이해가 되지 않았습니다. 이렇게 뛰어난 수행법을 선지식들이 설하지 않을 리가 없는데, 정말 내가 잘못 알았나? 정말 나는 잘못된 수행을 하고 있는 것은 아닐까? 내가 느끼는 환희는 단지 경계에 불과한 것이 아닐까? 저는 이런 의문을 지울 수 없었습니다. 그런데 이 의문을 확실히 풀어 주신 분이 바로 큰스님이십니다.

저는 어느 날, 우연히 큰스님의 '보현행원으로 보리 이루리'라는 법문을 보게 되었습니다. 그것은 저에게 마치 우레와 같은 큰 법문이었습니다. 그리고 행원을 말씀하시는 분이 다름 아닌 우리 '광덕 큰스님'이라는 사실은 제게 늘 떠나지 않던 행원에 대한 의문을 한꺼번에 모두 날려(?) 버렸습니다. 큰스님 같으신 분이 행원을 말씀하신다는 사실은 더 이상 행원을 의심할 필요가 없게 만들었습니다. 저는 이 이후로 화두를 타파하지 못하더라도, 출가 고행을 하지 않더라도, 내 비록 번뇌 많고 어두운 범부 중생에 지나지 않지만 '보현행원으로 세간 속에서도 해탈을 이룰 수 있으며, 일체의 보현행을 모든 부처님께 공양함으로써 반드시 깨달음을 이룰 수 있다'는 사실을 추호도 의심치 않습니다. 누가 뭐라 하더라도 저는 보현행원으로 꼭 보리 이룰 것입니다.

세번째 만남-금정산이 당당하여 그의 소리 영원하리

마지막으로 스님을 뵈온 것은 불광사 보광당에서입니다. 스님의 열반을 알린 조간신문은 저에게 청천벽력 같은 소식이었습니다. 황급히 불광사 보광당에 달려갔을 때 한눈에 들어온 스님의 영정……. 그 환한 모습은 제가 이십여 년 전 봄날에 보았던 바로 그 모습이셨습니다.

"스님! 이제야 제가 왔습니다!"

스님은 제가 누군 줄 아실 리도 없고 저 또한 스님에게 있어서야 있어도 좋고 없어도 좋을 그런 사람이지만, 삼배를 드리며 저는 그렇게 스님께 말씀을 드렸습니다. 삼배를 드리는 도중에 어찌나 눈물이 솟아 나오는지……. 그것은 다름 아닌 아쉬움과 통한의 눈물이었습니다. 내가 좀더 일찍 발심했더라면! 내가 좀더 일찍 행원을 알았더라면! 하는 아쉬움과 후회가 제 가슴을 후려쳤던 것입니다.

그럴 것입니다. 제가 조금만 더 일찍 철이 들었더라면 큰스님께 행원을 공양 올릴 수도 있었고 큰스님의 깊고 크신 가르침을 직접 받을 수도 있었을 텐데, 제가 어리석고 게으른 탓에 그냥 스님을 보내드리고 말았습니다. 아니 스님을 놓쳐버리고 말았습니다. 제 나이 마흔이 넘어서야 겨우 발심하고, 또 발심한 후에도 정진을 게을리 한 탓에 행원을 늦게 알아 큰스님께 공양 한번 못 올리고 그냥 떠나 보내드리고 말았으니 어찌 그 회한이 깊지 않을 수가 있겠습니까. 인연은 부질없는 것이라, 한번 헤어지면 다시 만나기 어려운 법. 언제 어느 회상에서 다시 스님을 만나뵐 수 있으며, 언제 또 스님 모시고 큰 가르침을 들을 수 있단 말입니까.

다행히 아직은 이른 때라, 오신 분들이 많지 않아 저는 큰스님께 청정수 한 잔은 올려 드릴 수 있었습니다. 정성을 다하여 한 잔의 청정수를 올리며, 다시는 못 만나 뵈올 '광(光)'자 '덕(德)'자 큰스님께 저의 작은 원을 공양 드렸습니다.

"큰스님! 금정산이 당당하여 그의 소리 영원하듯, 반드시 보현행원으로 보리 이루어 이 땅에 큰스님 못다 하신 행원의 노래, 꼭 울려 퍼지게 하겠습니다."

그때 올린 저의 원은 비록 작고 보잘것없으나, 내 생명 역시 부처님과 조금도 다름없는 똑같은 무량공덕 생명! 내가 더 큰 보리심으로 더 큰 정진 이룰 때, 금정산이 울리도록 크고 당당하신 큰스님의 모습은 우리 앞에 다시 현현하게 될 것입니다.

그리운 큰스님(2)

깨달음을 중생 속으로

큰스님의 불광운동은 당시로서는 획기적인 사건이었습니다. 지금이야 포교당이 많지만 그 당시만 해도 큰스님들께서 시중에 거주하시며 포교활동을 펴는 것은 아주 드문 일이었습니다. 이런 사실 외에도 큰스님께서는 불광운동을 통해 현대 불교가 나아가야 할 새로운 모델을 제시하셨는데,

첫째는 재가불교를 '수행하는 불교'로 만들었다는 것입니다.

저도 그렇습니다마는 우리 불자들은 수행을 참 안 하는 것 같습니다. 그저 지식적인 접근 아니면 기복적인 마음으로 만나는 것이 대부분인데, 스님은 그런 불교, 그런 저희들을 '수행하는 불교, 수행하는 불자'로 만드신 것입니다. 목탁 치는 법을 가르치시고 기도하는 법을 일러 주시며 직접 수행하도록 하셨습니다. 저는 큰스님을 직접 모시지 못했던 불행한 불자 중의 한 사람이지만, '반야바라밀 염송'이라든가 '전법오서' 등을 보면 어떡하든 어린 중생들에게 부처님의 가르침을 '행'을 통해 하나라도 더 전해 주시려 하셨던 큰스님의 따뜻하고 애틋한 마음이 가슴 아리도록 느껴집니다. 큰스님은 어린 저희들을 일깨우기 위해 참으로 부단한 노력을 하셨던 것입니다.

둘째는 회향과 자비행을 통해 '깨달음을 중생 속으로' 가져왔다는 것입니다.

우리 주위에는 개인적으로 보면 수행도 열심히 하시고 도(道)는 참

으로 높은데 중생의 일에 무관심한 분들이 종종 계십니다. 중생이 무슨 일을 하든, 중생의 마음 상태가 어떻든 그분들은 알 수 없는 옛 선사들의 게송을 읊으시고 자신의 깨달음만 추구하며 열반을 노래하시는데, 저는 나날이 불교 신도 수가 줄어드는 이유 중의 하나가 바로 이런 모습 때문이 아닐까 생각합니다. 그러나 불법은 선택받은 자, 근기가 출중한 몇몇을 위한 것이 아닙니다. 진실로 부처님 가르침이 필요한 사람들은 고통 속에 하루하루를 보내고 있는 범부 중생들입니다. 사실이 그러할진대 그들의 고통을 외면하고 개인적으로 아무리 높은 도를 이룬들 무슨 소용이 있겠습니까? 그런 안타까운 현실을 혜안으로 꿰뚫어 보시고 깨달음을 중생 곁으로 가져오신 분이 바로 큰스님이십니다.

불광운동을 통해 깨달음은 먼 삼천 년 전의 일이 아니요 중생 속에서 생생히 현실로 살아 숨쉬게 됩니다. 그런 의미에서 보면 큰스님의 삶 자체가 바로 반야행입니다. 제법이 공한 것을 보신 분, 일체가 환이요 꿈이 아닌 것이 없는 것을 온몸으로 똑똑히 보신 분만이 할 수 있는 지극한 반야행을 스님은 우리에게 그렇듯 밝게 보여 주시고, 그리고 우리에게 직접 나눠 주시고 가신 것입니다.

큰스님은 왜 우리 곁에 머무르셨는가?

큰스님은 범어사 시절을 제외하면 거의 대부분의 생애를 저희들 곁에 머무르셨습니다. 스님 정도의 법랍과 법력이라면 유명 사찰에서 어른 스님으로 대접받으며 아무런 불편 없이 지내실 수 있었을 것입니다. 번뇌 중생을 만날 일도 별로 없으며 따라서 어리석은 중생으로 인하여 같이 가슴 아플 일도 없고, 그저 열심히 공부하시다가 오가는 납자들을 가르치시고 때때로 법회 날 대중을 상대로 꿈같은 법문을 설하시면, 스님의 수행은 깊어만 가고 명성은 온 세상을 뒤덮을 것입니다. 그렇게 사셨더라도 하등의 허물이 될 수 없었을 것입니다. 그런데 스님은 그렇지 않으셨습니다.

풀 냄새 가득한 깊은 산사를 등지고, 스님은 저잣거리로 내려오셔서 저희들과 똑같은 삶을 사셨습니다. 시멘트 가득한 거리에서 그저 법주실이라는 작은 공간에 의지하신 채, 저희들과 똑같이 아파하며 그렇게 지내시다 가셨습니다. 혹자는 스님이 산보다는 저잣거리를 더 좋아하셨기 때문에, 또는 포교활동을 하시려면 어쩔 수 없어서 그러했던 것이라고 당연하게 생각하기 쉬우나 저는 그렇게 생각하지 않습니다. 오직 스님의 원력이 그렇게 우리 곁에 머무시게 하셨을 것입니다.

불교 수행을 하는 분들은, 아니 사람이라면 누구나 가릴 것 없이 산을 그리워합니다. 일반적인 스님들 모습도 사실 깊은 산사에서 뵈올 때 그럴 듯하지, 도시에서는 좀 어울리지가 않습니다. 우리 스스로를 두고 보더라도 한시 바삐 이 속세를 떠나 깊은 산에서 공부를 실컷 하고 싶지 매일 이렇게 중생으로 살고 싶지는 않습니다. 하물며 큰스님이야 오죽 하셨겠습니까. 저는 스님께서 불편하신 몸에도 자주 불광사 주위의 석촌 호숫가를 거니셨다는 말씀이 참 아프게 제 가슴에 와 닿습니다.

스님인들 어찌 삭막한 시멘트 거리가 좋았겠습니까? 스님인들 어찌 물소리 바람소리가 그립지 않으셨겠습니까? 스님인들 어찌 모든 것 버리고 깊은 산사에서 다른 큰스님들처럼 그렇게 공부하며 살고 싶지 않으셨겠습니까?

하지만 스님은 저희 곁을 떠나실 수가 없었습니다. 어리고 어린 저희들을 두고, 우리 스님같이 자비로우신 분이 어찌 산으로 가실 수 있었겠습니까.

스님은 그래서 산으로 갈래야 가실 수가 없었던 것입니다. 단 한 명의 중생이라도 성불하지 않은 이가 있고 고통 속에 가슴 아파하는 중생이 단 한 사람이라도 있는 한, 스님은 오직 당신을 위해 모든 것을 나 몰라라 하고 산으로 가실 수가 없었던 것입니다.

그런 비원(悲願)이 아마 스님께서 석촌 호숫가를 그렇게 거닐도록 하였을 것입니다.

큰스님의 본래 면목―금강경과 보현행원

큰스님께서 우리 곁을 떠나신 이후 큰스님 찬탄하는 글을 많이 봅니다. 큰스님을 뵈온 분들의 느낌은 아마 한결같을 것입니다. 어찌 저리도 밝고 자비로우실까? 하는 것이 모든 분들의 공통된 느낌일 것입니다.

수행을 많이 하신 선지식이라 하더라도 출세간 일에는 밝으시나 세간 일엔 상대적으로 어두운 분들이 적지 않습니다. 그러나 큰스님은 출세간뿐만 아니라 세간 일에도 밝고 막힘이 없으셔서 하나를 맡기면 열을 해결하고, 리더쉽도 있으셔서 많은 사람들의 존경을 한 몸에 받으셨습니다. 그런데 스님 가신 지 2년이 지난 지금, 이제는 일방적인 찬탄보다는 좀더 다른 방향으로 스님을 기려야 할 것 같습니다. 즉, 무엇이 스님을 저리도 밝고 자비롭게 만들었으며 우리 또한 스님처럼 되려면 어떻게 수행해야 할 것인가를 진지하게 생각해 봐야 하리라 봅니다.

스님의 사상은 한마디로 반야바라밀과 보현행원으로 요약할 수 있을 것입니다. 그 중에서도 보현행원은 스님을 말할 때 빼놓을 수 없으며, 행원이야말로 스님을 저리도 밝고 자비롭게 만든 가장 근본적인 스님만의 독특한 수행이라 생각합니다.

　보현행원은 본디 그렇게 밝은 법문입니다. 부처님 위신력이 곳곳에 넘칩니다. 부처님이 그대로 나에게 오시게 하는 수행이 바로 행원이요, 부처님에 대한 믿음, 부처님에 대한 그리움이 곳곳에 묻어나는 것이 행원의 소식입니다. 행원은 나에게 어둠을 사라지게 하며 절망을 벗어나게 하며 한없는 부처님의 밝은 기운이 온 누리 곳곳에 퍼져가게 합니다.

　그리하여 나의 생명이 부처님 생명이요, 내 생명이 부처님 생명과 조금도 다르지 않은 무량공덕으로 예나 지금이나 넘치고 있음을 깨닫게 합니다. 내가 미혹할 때나 미혹을 벗어난 지금이나, 과거나 현재나 미래나 그 어느 때든 내 생명의 무량공덕은 조금도 더하거나 덜함이 없이 그렇게 내 마음의 밤하늘을 비추고 있습니다. 스님이 늘 말씀하시던 '내 생명 부처님 무량공덕 생명'도 아마 이런 행원의 소식에서 나온 것이 아닌가 생각해 봅니다.

　그런데 행원을 함에 있어 빼놓을 수 없는 것이 바로 『금강경』입니다. 그것은 행원에 『금강경』의 밝은 지혜가 더해지면 더할 나위 없는 광명이 현실에서 구현되기 때문입니다.

　이와 같이 말씀드리면 혹시 어떤 분은 이렇게 생각할지 모릅니다. 행원은 어디까지나 실천을 강조하는 것이므로 지혜의 완성에는 『금강경』이 필요한 것이구나 하고 말이지요. 하지만 그것은 제가 보기에는 바른 견처〔正見〕는 아닙니다.

　부처님은 그 자체가 광명이라, 부처님을 닮고자 하는 그 어떤 수행도 광명 아님이 없습니다. 행원도 마찬가지입니다. 행원은 본래로 밝은 가르침입니다. 행원 그 자체가 태양처럼 아니 비치는 곳 없는 지극히 밝은 가르침입니다. 그런데 이에『금강경』의 밝은 가르침이 더해지는 것은 부족한 무엇을 보충하는 차원이 아니라, 밝은 가르침에 환한 기운을 더해주는 것입니다. 밝은 기운이 더 뻗어 나갈 수 있도록『금강경』은 행원을 한층 더 밝혀주는 것입니다.『금강경』의 밝은 빛이 온 누리에 가득할 때, 행원은 그 밝음과 함께 더욱더 눈부시게 부처님 법계를 노래하는 것입니다.

큰스님께서 세간·출세간을 막론하고 그리도 밝으셨던 것도 이에 기인합니다.『금강경』의 밝은 지혜 위에 행원의 눈부신 가르침이 현실에서 살아 숨쉬기 때문에 출세간뿐 아니라 세간 살림도 어두워질 수가 없었습니다. 그러므로 큰스님을 뵈려는 이는 반드시『금강경』과 행원을 공부하여야 합니다. 큰스님께서 젊은 날『금강경』을 만나고 다시 행원으로 지혜를 밝히신 것은 바로 이런 오묘한 인연의 결과라 할 것입니다. 이런 연유로 큰스님께서는 평생을 반야바라밀 염송과 행원을 저희들에게 설하신 것이라 저는 생각합니다.

보현행원으로 보리 이루리〔以普賢行悟菩提〕

이제 글을 맺을 때가 되었습니다. 저는 스님을 생각할 때마다 스님께서 남기신 '보현행원으로 보리 이루리'란 말을 잊을 수가 없습니다. '보현행원으로 보리 이룬다'는 말은 앞서도 말씀드렸듯 제가 행원 수행에 깊은 회의가 일었을 때 큰 가르침을 주었던 게송입니다. 이 게송은 스님이 아니었다면 그 누구도 이렇게 간결하고 감동적인 말로 번역하지 못했을 것입니다.

큰스님께서 가고 없으신 지금, 저희들이 해야 할 일은 자명합니다. 그것은 우리도 큰스님처럼, 내 생명이 부처님과 똑같은 생명임을 믿으며 끝없는 정진으로 기어코 보리를 이루는 일입니다. 스님이 그토록 좋아하시고 온 생명을 다 바쳐 이룩하시려고 했던 행원의 노래가 이 땅에 울려 퍼지게 하는 일입니다. 그리하여 우리의 다함 없는 원행(願行)의 노래가 온 사바세계에 울려 퍼지는 날, 우렁찬 금정산의 그 소리와 함께 큰스님께서도 환한 미소와 끝없는 자비로 다시 우리 앞에 현현하실 것입니다.

나무마하반야바라밀 나무대행보현보살마하살.

잡지사 풋내기 기자와 발행인 고병완

보리장 권경희(菩提藏 權敬姬) | 소설가·심리상담가

1979년은 내게도 국가에도 커다란 변화가 있던 해였다. 나라에서는 박정희 대통령이 시해되는 10·26과 군부의 하극상인 12·12 사태 등 굵직한 사건이 연달아 터졌고, 중앙대학교 문예창작학과 1학년에 재학 중이던 나는 가난한 가정 형편에 집까지 철거되는 바람에 대학을 중퇴했다.

이후 복학을 하기 위해 고급 술집의 바에서 칵테일을 만드는 것으로 아르바이트를 했다. 꽤 비싼 수강료를 내고 전문 학원을 두 달 동안 다닌 후 학원에서 소개해 준 곳으로 취업을 나간 것이다. 두 달만 일하면 한 학기 학비를 벌 수 있을 정도로 소득이 높았지만 일터가 술집이라는 것이 마음에 걸렸다. 때마침 불교학생회에서 만난 대학 선배가 잡지사에 취직하지 않겠느냐고 권유해 왔다. 그 잡지사가 바로 광덕 큰스님이 발행하고 있는 월간 「불광(佛光)」이었다. 나는 고소득의 바텐더 생활보다 수입은 적더라도 잡지사 기자가 되는 게 훨씬 낫겠다 싶어서 흔쾌히 일터를 옮겼다.

당시 불광출판부 인원은 발행인으로 광덕 큰스님(당시에 나온 「불광」지의 판권 난에 발행인 '高秉完'이라는 속명이 기재돼 있다), 주간으로 지범스님, 편집장 1명, 경리 1명, 총무부에 현재까지 근무하고 있는 법월거사 김희증 불자, 그리고 영업부에 역시 현재도 근무하고 있는 지웅거사 허성국 불자가 있었다. 큰스님은 불광법회가 열리는 종로 봉익동 대각사에 계시고 사무실에는 기자인 나까지 합하여 모두 6명이 있었으나, 내가 기자로 들어간 지 한 달 만에 편집장이 다른 출판사로 가버리는 바람에 5명으로 줄어들고 말았다. 주간이 따로 있었으나 운영만 맡아 잡지 편집과 제작은 기자 초년생인 내가 전담하게 되었다.

당시 불광지(佛光誌)의 규모는 현재와 같은 판형인 4×6판에 124쪽, 세로쓰기 편집이었다. 현재 발행면이 154면이니 지금보다 약간 부피가 적은 분량이었다. 당시는 컴퓨터 조판은커녕 사진식자조차 많이 보급되지 않던 시절이라 활판 인쇄로 책을 펴냈다. 따라서 작업 절차가 매우 복잡하고 시간이 많이 걸렸다. 우선 편집 기획안이 만들어지면, 면 배정을 하고, 그에 맞추어 필자들에게 원고 청탁을 하였다. 그때만 해도 전화로 부탁드리는 것은 예의가 아니라 하여 일일이 필자를 찾아가 그야말로 정중하게 '청탁'을 했다. 원고료가 다른 잡지사에 비해 현저히 적으므로 매우 미안한 마음으로 원고를 부탁하곤 했다. 그 다음에는 원고를 받으러 다시 한번 일일이 필자를 찾아 뵈었고, 잡지를 내고 난 다음에는 원고료를 드리기 위해 또다시 찾아갔다. 원고를 한번 불광지에 싣는데 필자를 무려 세 번 혹은 네 번이나 만나다 보니 자연히 친분이 쌓이게 되고, 업무를 떠나 개인적인 교분을 갖는 경우도 많았다.

원고가 다 모이면 원고지 위에 교열과 교정을 미리 보고, 원고 상태가 지저분하면 다시 베껴 쓴 다음 인쇄소에 넘겼다. 그러면 문선에서 활자를 뽑아 정판에서 판을 짜고 1차 교정쇄를 냈다. 그걸 찾아와서 교정을 본 다음 다시 넘기고, 수정을 거쳐 재교지가 나오면 재교를 봐서 넘긴 다음 정판에서 판을 제대로 짜서 지형을 뜬 다음 납으로 판을 구워 인쇄기에 걸었다.

그러는 동안 화가에게 컷을 부탁하고(컷은 동도중학교 미술 교사이며 동양화가인 고소 방국진 선생이 맡았다), 컷을 찾아와 동판 집에 맡겨 동판을 뜬 다음 인쇄소에 갖다 주었다. 그러면 동판을 활판에 붙여 활자와 함께 인쇄하면 그림이 인쇄되어 나오는 것이었다. 당시에도 표지와 화보는 옵셋으로 컬러 인쇄를 했다. 표지와 화보용 사진을 사진작가(불상과 절 사진만 전문으로 촬영하는 안장헌 선생이 표지 사진을 제공해 주었다)한테서 받아와 색 분해 집에 맡겨 색 분해를 한 다음 인쇄소에 넘기고, 표지에 들어가는 글자는 사진식자 집에 맡겨서 치게 한 다음 찾아와서 역시 인쇄소에 넘겼다. 이런 모든 과정을 나 혼자서 직접 오가며 모두 해야 했다.

마침 사진식자를 해주는 회사가 「자비의 소리」란 소책자를 만들어 대중불교 포교에 앞장선 반영규 선생이 운영하는 곳이었다. 반 선생은 청년불교 지도자, 불교학자, 불교단체 법사, 불교음악 작사가, 불교연극 연출가 등 다양한 방면으로 불법을 전하고 있었다. 덕분에 나는 사진식자를 하러 가서 과외로 불교도 배우고 잡지 편집에 관해서도 조언을 구하곤 했다.

인쇄소 역시 불광법회의 열심 신도인 박충일 거사가 운영하는 신흥인쇄소였다. 서대문 로터리에서 독립문 방향으로 가다가 오른쪽에 위치해 있었다. 「불광」이 월간지이므로 제때에 내려면 시간이 늘 촉박했다. 다른 잡지사들에 밀려 교정지가 늦게 나와도, 인쇄가 늦게 들어가도 여간 낭패가 아니었다. 그럴 때마다 나는 인쇄소 문선부터 정판, 그리고 인쇄실을 오가며 일을 독촉했다. 그래도 안 될 때는 사장실에 찾아가서 박충일 사장님께 직접 하소연을 하기도 했다. 그러면 박 사장은 다른 어떤 잡지보다 「불광」을 우선으로 해서 일하라고 아랫사람들에게 지시를 해 일하기가 수월했다.

혼자서 감당하기에는 업무량이 너무 많았으나 나는 신명이 나서 일을 했다. 무엇보다 일하면서 배우는 기쁨이 컸다. 「불광」에 싣는 원고를 교정 보면서 읽는 것만으로도 큰 공부가 되었다. 대학에서 배우는 것보다 더 많은 것을 보고 듣고 배웠으니 말이다. 굳이 복학을 해서 대학 공부를 마쳐야겠다는 생각이 들지 않을 정도였다.

특히 큰스님을 모시고 일하면서 가장 많은 것을 배웠다. 큰스님은 일본 잡지 몇 종을 정기 구독해 보면서 「불광」 잡지 발행에 참고로 하였고, 책 만드는 공정을 훤히 꿰뚫고 있어서 어느 단계에서는 어떻게 일하면 되는가 자세히 지도해 주기도 하였다.

큰스님은 매달 많은 양의 원고를 직접 썼다. 「불광」 잡지의 거의 3분의 1에 해당하는 분량을 큰스님이 담당했으니 말이다. 잡지사 재정이 어려운 형편이라 원고료를 아끼기 위해 큰스님이 직접 원고를 쓴 것이었다. 물론 다른 이유도 있었다. 그것은 큰스님께서는 새로운 불교운동을 펼쳐갈 때였기에 큰스님의 사상에 맞지 않은 원고는 실을 수가 없었다. 그래서 직접 원고 쓰는 양이 많기도 했다.

큰스님은 권두언을 쓸 때는 광덕이라는 법명을 썼고, 시나 수필·동화 등 가벼운 글을 쓸 때는 금하(金河)라는 필명을 썼다. 불광법회에서 신도들과 불교에 관해 주고받은 신앙상담의 문답을 정리해서 쓸 때는 '불광회 구도부'라고 했고, 교리 강좌를 쓸 때면 '불광회 교학부'라 했으며, 신도들의 신앙수기도 큰스님이 신도한테서 들은 것을 다시 글로 적어 주었다. 이 밖에 해외 불교 소식이라든가 '불광다

실'이란 칼럼 등을 쓸 때는 필자를 따로 밝히지는 않았으나 글 말미에 반드시 '문책기자(文責記者)'라고 적었다. '글의 책임이 쓴 사람에게 있다'는 뜻이었으나, 독자들 가운데는 '문책기자'라는 사람이 따로 있는 것으로 알고 "문책기자가 대체 누구냐"고 물어오기도 했다. 기자라곤 나 하나밖에 없었으니, 내가 그 글을 쓴 줄 알고 내가 불교에 관해 대단한 경지에 오른 사람으로 오해(?)하는 사람도 있었다. 큰스님이 편집후기까지 손수 쓰셨으니, 초기의 「불광」은 권두언부터 편집후기까지 큰스님의 법음이라 소홀히 여길 부분이 한 군데도 없다는 것을 밝히고 싶다.

큰스님은 불교 전반에 걸쳐 참으로 해박했다. 풋내기 기자인 나로서는 큰스님의 깊고 넓은 학식을 보는 것이 경이(驚異) 그 자체였다. 방대한 불경의 어느 경전에 무슨 이야기가 나오고, 어떤 문구는 어느 경전에서 온 거라는 것을 다 알고 있었다. 원고는 주로 큰스님이 직접 쓰거나 구술하고, 큰스님을 시봉하며 법회에 봉사하고 있는 재가 불자들이 그때그때 받아 적어서 내게 보내왔다.

그때도 큰스님을 방문하는 신도가 워낙 많아 거의 5분에 한 분씩 신도가 방문했다. 그래서 불광출판부의 식구들도 큰스님 한번 뵙기가 여간 어려운 게 아니었다. 오죽하면 큰스님을 가장 가까이서 모시고 있는 법회 봉사자들이 "큰스님을 안 찾아뵙는 게 큰스님께 효도하는 길이다"라고 공공연히 말할 정도였다.

낮에 원고 구술할 시간조차 없을 때면 스님은 한가한 밤 시간에 카세트 녹음기에 원고 내용을 녹음하였다가 다음날 내게 전해 주셨다. 녹음한 내용을 풀어 쓰면 그것이 그대로 원고가 되었다. 문장을 고칠 것도, 자료를 따로 찾을 필요도 없었다. 말씀한 그대로가 완벽한 원고였다. 한번은 마감일이 되도록 큰스님 원고(녹음)가 안 되어서 직접 찾아뵙고 '독촉(?)'을 하였다. 그러자 큰스님은 그 자리에서 받아 적어라 하셨다. 불러주는 대로 받아 적는데, 그 역시 그대로 원고가 되었다. 큰스님은 가끔 원전을 찾느라 책을 뒤적이는 것 외에는 거의 거침없이 구술을 하였고, 그러면 원고 몇 꼭지가 바로 그 자리에서 나왔다.

어느 날, 큰스님이 준 녹음 테이프를 집에 가지고 와서 풀다가 그만 다른 물건을 버리면서 함께 쓰레기통에 버리고 말았다. 서부 이촌동 시민 아파트에 살 때의 일이었다. 9층 아파트에서 쓰레기 투입구를 통해서 버리고 난 뒤 그날 저녁 테이프가 없어진 것을 알게 되었는데, 트럭이 드나들 정도로 커다란 쓰레기통에 들어가 아무리 뒤져도 테이프를 찾을 수가 없었다. 별 수 없이 다음 날 큰스님께 이실직고 하였더니, 아무런 꾸지람 없이 같은 내용을 다시 녹음해 주었다. 그때 생각을 하면 지금도 너무나 죄송하여 아찔하기까지 하다.

큰스님은 매달 잡지 기획을 직접 했다. 나와 주간스님이 함께 기획안을 짜 올리면 큰스님이 살펴본 다음 고칠 것은 고치고 적당한 필자를 선정해 주었다. 큰스님은 잡지 발행인답게 기획에 걸맞는 글을 쓸 만한 필자에 대해서도 훤히 알고 있었다. 당시 '경전의 세계'를 연속해서 특집으로 내보내고 있었는데 어느 경은 누가 공부가 깊고, 어느 경은 누가 전문이라며 필자를 일일이 선택해 주었다. 중견 학자는 물론이고 신진 학자, 그리고 스님들 중에서도 누가 어느 공부를 열심히 하고 있다는 것을 큰스님은 소상히 알고 있었다.

나는 잡지 원고의 재교까지 보고 난 뒤 '오케이'를 놓기 전에 반드시 큰스님께 보여드렸다. 그러면 큰스님이 한 장씩 넘겨가며 하나하나 자세히 검토해 주었다.

"불교 한자는 보통 한자와 다른 게 많아."

큰스님은 한글 교정은 내가 알아서 잘했으려니 믿어주시고 당신은 한자 교정을 봐주었다. 그러면 어김없이 틀린 글자가 한두 자 나왔다. 주로 고승들의 이름에서 틀리는 경우가 많았다. 예를 들면 남전(南泉) 스님의 한글 표기를 남'전'으로 하는 것 등이었다.

그때는 인쇄 용어가 대부분 일본어였다. 나는 뜻도 모르면서 일본어를 따라 쓸 수밖에 없었다. '호부장'이니 '보카시'니 '구구리'니 하는 말 등이 기억난다. 스님 앞에서 그런 말을 쓰면 스님은 일본어로 글자를 써주면서 원어와 뜻을 알려 주었다.

어느 날 큰스님을 찾아뵙고 있는데 불광법회 재무소임을 맡은 중년의 보살(신흥인쇄소 사장 하산거사 박충일 불자의 부인 대륜성 보살)이 출납장부를 갖고 왔다. 한 달을 넘기는 부분에 '이월'이라는 글자를 쓰면서 한자로 '이월(利月)'이라고 적어 놓은 것을 보고 큰스님이 빙그레 웃으면서 나지막이 일러 주었다.

"이월은 다음 달로 넘긴다는 뜻으로 '옮길 이(移)'자에 '넘을 월(越)'자를 써서 '이월(移越)'이라고 해야 해요."

그 보살은 얼굴이 빨개져서 몸둘 바를 몰라 하면서도 큰스님이 적어 준 글자를 장부에 베껴 적었다. 그때 나도 이월이란 글자를 처음 대하던 때라 사전을 찾아보지 않으면 그 보살처럼 틀릴 터였다. 그래서 머릿속으로 글자를 몇 번이고 연습했다. 이렇게 잡지사 일로 대각사 뒤켠에 있는 큰스님 방을 찾아뵐 때마다 무엇이든 하나씩 얻어 배우고 나왔다.

한번은 다른 절에 있는 젊은 스님이 큰스님을 뵈러 왔다. 그 스님은 일부러 누덕누덕 여러 겹 기워 만든 승복을 입고 왔다. 그 모습을 본 큰스님이 낮으면서도 엄한 목소리로 타일렀다.

"무슨 옷을 그렇게 사치스럽게 입었어? 부처님이 분소의(糞掃衣)를 입으신 뜻을 몰라서 그런 옷을 입은 건가? 일부러 오리고 잘라서 기워 입은 옷은 금은보석으로 치장한 옷이나 마찬가지야"

젊은 스님은 얼굴이 벌개져서 고개를 숙였다.

큰스님의 공양상은 말 그대로 조촐했다. 위 수술을 두 번이나 받은 때문인지 큰스님은 늘 소식(小食)을 하였다. 그래도 그렇지, 반 공기도 안 되는 밥에 나물 몇 가지가 전부였다. 큰스님은 그마저 맛나게 들지 못했다. 맨밥에 간장을 찍어서 잡숫는 모습을 여러 번 뵈었다. 저렇게 잡숫고 어떻게 살아나가시나 싶을 정도였다. 그러면서도 법회 꾸려나가고 잡지 발간하고 신도들이 뵙겠다면 마다 않고 다 만나는 것을 보고 큰스님은 초인이다 싶었다.

큰스님이 맛난 음식을 별로 안 드시는 덕분에 혹 신도들이 큰스님을 위해 갖다 드린 귀한 먹을거리를 우리 출판사 식구들이 대신 먹는 경우가 많았다. 내가 갈 때마다 큰스님은 뒷방에 먹을 거 많으니 사무실로 갖고 가서 나누어 먹으라고 했다. 꿀에 절인 인삼이나 잣이나 깨로 만든 강정 같은 것은 물론이요, 당시엔 구경도 못해 본 이름도 모를 열대지방 과일도 큰스님 덕분에 맛볼 수 있었다.

큰스님은 아이들을 좋아했다. 신도들이 어린이를 데려오면 그윽한 눈길로 바라보며 아이들이 보배라는 말씀을 자주 했다. 그런 마음 때문인지 한 보육원과 인연을 맺어 법회에서 보육원 돕기 모금함을 마련해 놓고 매달 모금된 돈을 보육원에 전달해 주곤 했다.

어느 날 큰스님을 찾아뵈었더니 그 보육원 원장이 큰스님께 찾아와 이야기를 나누고 있었다. 원장은 매우 공손한 자세로 큰스님 말씀을 듣고 있었다. 그러나 큰스님 쪽을 향해서는 만면에 웃음을 짓던 그가 내 쪽으로 고개를 돌리는 순간 갑자기 표정이 확 바뀌면서 그의 본 모습이 나타났다. 섬뜩했다. 그 얼굴이 지금도 잊혀지지 않는다. 마치 짐승 같은 얼굴이었다. 순간 인면수심(人面獸心)이란 말이 퍼뜩 떠올랐다. 그러나 나는 얼른 마음을 돌려 좋은 일 하고 사는 사람을 내가 괜히 나쁘게 본다 싶어서 속으로 자책을 했다. 그러나 몇 년 후 그 원장이 보육원 돈을 빼돌려 축재하고, 초등학생인 어린 보육원 소녀들을 성폭행해서 잡혀갔다는 신문 보도를 보고 그럼 그렇지 하는 생각이 들었다. 그 사람의 마음속에 있던 수심(獸心)이 무의식적으로 밖으로 표출된 순간을 내가 포착한 것이 아닌가 싶었다. 지성으로 보육원을 도와주었던 큰스님은 그 일로 충격을 받아 몸져누우셨다는 말을 훗날 전해 들었다. 그때 내가 원장한테서 받은 느낌을 진작 말씀드리고 조심하시라고 할 걸 그랬나 하고 후회가 되기도 하였으나, 사람 얼굴을 보고 느낀 '감'만 갖고 뭐라 말씀드린다는 것은 큰스님께 결례가 되는 것 같았고 또 지금 생각해도 그런 류의 이야기를 큰스님께는 드릴 말이 아니라는 생각이 든다.

큰스님은 참으로 순수하고 순진했다. 그래서 속이려 드는 사람에게는 언제나 속고, 이용하려는 사람에게는 언제나 이용을 당했던 게 아닌가 싶다.

큰스님 방 낮은 문갑 위에는 스승인 동산 대종사의 흑백 사진이 놓여 있었다. 큰스님은 자주 그 사진을 가리키며 "우리 스승님이셔" 하고 자랑을 하곤 했다. 그럴 때마다 큰스님 눈에는 그리움이 듬뿍 담기곤 했다.

한번은 큰스님 방에서 원고를 받아 적고 있는데, 동국대와 관련된 사람이 찾아왔다. 이번에 총장을 새로 선출하는데 그들이 밀고 있는 사람을 큰스님께서도 밀어달라는 청을 했다. 큰스님은 그때 동국학원 이사로서 총장 선출 권한이 있었다. 그 사람의 말을 듣는 큰스님의 표정이 근엄해졌다.

"이렇게 찾아올 필요없어요. 내가 봐서 일 잘하겠다 싶은 사람을 뽑지, 찾아와서 부탁한다고 하여 그 사람을 뽑는 건 아니니깐……"

큰스님은 매몰찰 정도로 정면에 대고 말했다.

방문객은 "예, 알겠습니다" 하고 연신 머리를 조아리고는 하얀 봉투를 내밀었다. 큰스님은 봉투를 내려다보며 정색을 하고 물었다.

"이거, 나한테 주는 거예요, 부처님께 드리는 거예요?"

"부처님께 바치는 겁니다."

그러자 스님은 얼굴을 펴며 봉투를 방석 밑에 밀어 넣었다.

"알았어요. 그럼 우리 불광법당 짓는 데 쓰라고 법회에 전해 주겠어요."

방문객이 돌아가고 나자 스님은 불광법회 재무를 맡은 사람을 불러 방석 밑에 넣었던 봉투를 그대로 전해 주며 법당 건립금으로 쓰라고 주었다. 봉투 속 금액이 얼마인지 확인도 하지 않았다. 당시 방문객이 봉투를 내미는 표정으로 봐서 꽤 많은 금액인 듯싶었으나, 그러나 이것은 순전히 내 추측일 뿐이다.

불광법회는 초기에 법회 장소가 따로 없어서 대각사 대웅전을 빌려서 법회를 가졌다. 그렇게 몇 년을 지낸 후 법당을 마련하기 위한 불사를 벌였다. 어느 절이나 건물 새로 짓는 불사를 많이 하지만, 불광법회는 그 형태가 독특했다. 회원들이 적금을 부어서 건립자금을 마련한 것이었다. 한 사람이 월 1만원에서 몇 만원 수준으로 모아 나갔다. 그때 돈으로 4억 원 정도를 모으기로 목표액을 정했던 것으로 기억한다. 그 큰돈을 몇 만원씩 적금을 부어 마련하자니 보통 정성이 필요한 게 아니었다. 동참하는 회원도 많아야 했고 기간도 오래 걸렸다.

그러던 어느 날 아무개 금융사기 사건이 터졌다. 그때만 해도 아무개는 독실한 불자로 알려져 있었다. 그네는 절에 시주도 많이 했는데, 큰돈을 시주 받은 여러 스님들도 함께 이름이 신문에 오르내렸다. 그런 기사를 본 큰스님이 우연히 말했다.

"아무개 보살이 얼마 전 우리한테도 찾아왔어. 불광법당 건립불사에 1억원을 내겠다고 하기에 내가 거절했지. 그것은 사람을 차별해서가 아니었어. 우리 불광은 어느 큰 사람의 많은 돈보다 모든 대중이 동참하여 절을 짓기로 부처님께 서원했거든"라고 하셨다.

그 말씀에 이어 큰스님은 부처님이 걸식을 할 때 부자나 가난한 집이나 가리지 말고 걸식을 가라고 했다는 말씀을 전해 주었다. 부처님의 제자들 가운데는 가난한 집에 가서 걸식하는 것을 꺼리는 사람이 있었다. 그때 부처님께서는 스님들이 걸식을 하는 이유가 중생들에게 보시 공덕을 짓게 하기 위한 것인데, 가난한 집이라고 해서 가지 않으면 공덕 지을 기회를 주지 않는 것이 아니냐며 골고루 가도록 했다는 것이다. 큰스님은 법당건립 불사도 이런 마음으로, 가능하면 여러 사람이 정성을 모으도록 권선의 인연을 활짝 열어 놓은 것이었다. 지금도 잠실 불광사 지하 법당 앞 벽면에는 그때 법당건립 불사에 동참했던 불자들의 이름이 빼곡히 적혀 있다. 큰스님의 뜻이 그대로 실현된 것이다.

원고를 받아 적다가 나는 가끔 큰스님께 이런 저런 질문을 하기도 했다. 지금 생각해 보면 매우 유치한 내용이었지만 당시 나로서는 절실하게 궁금한 점이었다.

"큰스님은 어떨 때가 가장 기쁘셨어요?"

"스승님께 인정을 받았을 때지. 스승님이 잘했다고 인정을 해주시면 세상을 다 얻은 것처럼 기뻤지. 사람은 누구나 인정해 줄 사람이 있을 때가 행복한 거야.”

“스님들은 흔히 다 버린다고 하잖아요. 출가 자체가 그러하고요. 큰스님께서는 가장 버리기 어려운 게 뭐예요?”

“온갖 욕심을 다 버려도 자기 이름에 대한 욕심을 버리기가 가장 힘들지 않을까. 나도 그렇고 주변을 살펴보아도 어떤 사람은 자신의 이름 높이는 걸 서원으로 삼아서 박사학위를 수십 개 따기도 했다지 않아. 모든 것 다 버린다는 말 속에는 이름마저 버려야 하는데 말이야.”

한번은 역시 원고 때문에 양주 갈매리 보현사로 찾아뵈었을 때 여쭈었다.

“모든 게 다 무상(無常)하다는데, 그럼 열심히 공부할 필요도 없고 높은 자리에 올라갈 필요도 없겠습니다.”

지금 생각해도 유치한 질문이었지만, 그때는 내 나름대로 심각하게 생각하던 점이었다.

“열심히 공부하고 높은 자리에 올라가면 좋은 게 있어. 남을 도울 힘을 얻게 되거든.”

내가 불광에 재직하던 시절의 단골 필자로 국립정신병원의 김종해 박사가 있었다. 정신과 의사였던 이분은 키가 아주 작은 분이었다. 그러나 전문적 능력은 물론 학식이 매우 깊었다. 특히 불교 공부가 깊어 큰스님이 많이 아꼈다. 이분께 처음 원고를 받으러 가던 날의 충격이 지금도 생생하다. 사전에 김 박사에 대한 정보를 전혀 알지 못하고 갔다. 신경정신과 과장실 문을 노크하니 안에서 “예, 들어오세요” 하고 우렁찬 목소리가 들렸다. 그런데 문을 열고 안으로 들어가 보니 아무도 없었다. 이상하다며 고개를 갸우뚱거리는데, 또다시 큰 목소리가 들렸다.

"불광에서 왔다고?"

다시 자세히 살펴보니 커다란 집무 책상에 앞에 놓인 등받이가 높은 의자 위에 '자그마한' 사람이 '얹혀' 있었다. 앉은키가 너무 작아서 집무 책상에 간신히 머리만 올라와 있는 정도였다. 그러니 언뜻 눈에 띄지 않은 것이었다. 그 모습을 발견하고 어찌나 충격을 받았는지 모른다. 그때만 해도 장애인에 대한 배려가 전혀 없었던 터라 김 박사는 덩치에 맞지 않은 커다란 책상과 커다란 의자에 앉아서 일을 한 것이었다.

김 박사는 자신의 장애는 전혀 개의치 않는 듯 성격이 매우 활달했다. 김 박사는 내게 수고한다면서 점심을 사주겠다고 하였다. 그러고는 근처의 깨끗한 일식집으로 데려갔다. 같이 걷는데 김 박사의 머리가 내 어깨 아래로 내려다보였다.

"어이, 마담. 나 왔어."

일식집에 들어서자마자 김 박사는 큰소리로 주인을 불렀다. 일식집 손님들이 일시에 돌아보았다. 당사자인 김 박사는 아무렇지도 않게 행동했는데 괜히 내가 얼굴이 빨개졌다. 김 박사는 사람들의 시선은 개의치 않았고 태도도 매우 당당했다. 그날 나는 난생 처음 생선 초밥을 먹으면서 예기치 않은 와사비의 매운 맛에 눈물 콧물을 줄줄 흘리기도 했다.

원고를 받아와 보니 김 박사의 글씨가 이만저만 악필이 아니었다. 한글을 썼는데도 마치 한자 초서체 같았고, 한자는 아예 무슨 기호 같아 도무지 알아볼 수가 없었다. 원고지 한 장을 정서하는 데 몇십 분이 걸릴 정도였다. 안되겠다 싶어서 큰스님께 가지고 가서 읽어 주십사 하고는 받아 적었다.

"김 박사가 본래 악필이지."

큰스님은 김종해 박사의 필체를 이미 알고 있었던 듯 거침없이 술술 읽어 내려갔다.

원고를 다 받아 적고 난 뒤 김 박사를 처음 '발견'했을 때 놀랐던 일, 함께 일식집 가면서 내 얼굴이 빨개졌던 일을 말씀드리자 큰스님이 조용히 웃으면서 말씀했다.

"그분, 대단한 사람이야. 장애가 아닌 사람도 이루기 어려운 공부를 크게 이루었어."

이후 몇 번 더 원고를 받아 보니 김 박사의 난해한 글씨체도 웬만큼은 알아볼 수 있게 되었다. 그러나 한자를 흘려 쓴 것 가운데는 아무리 가로로 보고 세로로 보아도 도무지 알아볼 수 없는 것이 있어 그런 글자만 표시해서 큰스님께 가지고 가서 여쭈었다.

"김 박사 악필 때문에 고생이 많구만."

그러면서도 큰스님은 중요하고 고마운 필자니까 늘 공경하는 자세로 대하라고 일렀다. 그런 신체를 가진 사람들이 명이 짧다는 말이 맞는지, 김종해 박사가 몇 년 후 세상을 떴다는 안타까운 말을 들었다.

김 박사의 원고 중에 지금도 기억나는 것은 살생에 대한 개념이다. 김 박사는 살생의 예를 이렇게 들었다. 농부가 소에게 먹이려고 꼴을 베어 오는 것은 살생이 아니지만, 길을 가다가 심심풀이로 풀을 뽑아 버리는 것은 살생이라는 것이었다. 또한 산 생명을 죽이는 것만이 살생이 아니라, 쓸 수 있는 물건을 쓰지 않고 버리는 것도 살생이라고 했다. 쓸 수 있는 물건을 쓰지 않고 버리는 것이 살생이라는 개념을 널리 퍼뜨리면 환경운동, 자원절약운동이 저절로 되리란 생각이 다시금 든다.

한때 불교계와 문단에 '승려시인'이란 호칭이 유행했다. 스님들 가운데 시를 쓰는 분들이 무슨 붐이 인 것처럼 문단에 많이 등장한 것이다.

그 무렵 동시집을 낸 젊은 스님이 「불광」 잡지 사무실에 왔다가 큰스님을 뵙고 싶다고 하기에 내가 안내해서 대각사 뒷방으로 모시고 갔다. 큰스님은 젊은 스님의 동시집을 한 장 한 장 넘기며 읽더니 고개를 끄덕였다.

"시가 좋군, 이렇게 동심으로 돌아가 시를 쓰기가 쉽지 않은데 말이야. 게다가 부처님 뜻도 담겨 있고……."

그러나 큰스님은 격려만 하고 넘어가지 않았다.

"수행자와 시인 중에 어느 것이 본업인가?"

갑작스런 질문에 젊은 스님이 답을 못하고 있자 큰스님이 스스로 대답했다.

"출가 수행자는 어떤 경우에라도 수행이 본업이 되어야 해. 그걸 잊어서는 안 돼."

훗날 승려시인이라는 명칭으로 활동하던 스님들 가운데 몇 분이 환속한 것을 전해 들으면서 그때 큰스님이 '승려가 본업이라는 것을 잊어서는 안 된다'고 단호하게 말씀했던 뜻이 무엇인지 알 수 있었다.

필자 중에 또 한 분의 정신과 의사가 있었다. 고령이지만 지금도 현역에서 활동하고 계시는 이동식 박사다. 큰스님은 이동식 박사도 무척 좋아하셨다. 이 박사는 가끔 부인과 함께 불광 사무실에 들렀다. 두 분은 행동에 거침이 없고 호기가 있었다. 자화자찬이라 할 만한 표현도 잘하고 스님들을 만나도 별로 공경하는 자세를 취하지도 않았다. 어느 날 큰스님께 이런 일을 고해 바치며 흉(?)을 봤다. 그러자 큰스님이 소리내어 웃으면서 말씀했다.

"잘난 사람이니까 당연히 잘난 척을 해야지. 잘난 사람이 잘난 척하는 데 누가 뭐래?"

그 말씀에 일리가 있어 나도 그만 따라 웃고 말았다.

이동식 박사는 큰스님에 대해서만큼은 공경을 다했다. 그 큰스님이 내는 잡지이기에 적은 원고료를 드리는데도 바쁜 시간 쪼개어 수년간 연재를 했던 것이다.

한번은 큰스님이 지방의 어느 큰절에 다녀왔다. 우리 큰스님과 비슷한 연배의 그 절 주지스님을 만나고 오는 길이라 했다. 큰스님은 가사장삼을 벗어 걸면서 혼자 말처럼,

"아무개 스님은 자기 방을 아방궁으로 차려 놓았어" 하였다.

큰스님은 마음에 들지 않는다는 듯 말을 하면서도 빙긋이 웃었다. 출가 수행자의 처소가 너무 화려한 것이 영 마음에 걸리는 듯싶었다.

대각사의 큰스님 방에는 가끔 너무도 초라해 보이는 노스님들이 다니러 왔다. 머리만 깎고 승복을 입어서 스님인가 싶지 마치 속가의 노인, 그것도 거렁뱅이 같은 느낌을 주는 분들이었다. 그런 분들이 찾아오면 젊은 스님들이 좀 박대를 하는 분위기였다. 그러나 큰스님은 그분들을 일부러 당신 방으로 모셔오라 하고, 돈봉투를 걸망에 넣어드렸다. 그런 모습을 몇 번 목격한 뒤 여쭈었다.

"저 노스님들은 왜 저렇게 불쌍하고 초라한 처지가 되는 거예요?"

"공부를 안 해서 그렇지. 출가만 했지 공부를 게을리 하다 보니 늙

어 갈 데가 없고 후진들도 업신여기게 되는 거야. 그렇지만 출가한 공덕만 갖고도 큰일을 이룬 분들이니 공경해 받들어야 해."

큰스님은 스승 밑에서 공부하던 시절의 이야기를 할 때면 눈빛이 촉촉해졌다. 그날도 문갑 위의 스승님 사진을 보더니 함께 공부하던 다른 스님의 이야기를 했다. 공부하던 그 시절이 마냥 그리운 표정이었다.

당시 「불광」의 단골 필자가 여러 분 있었다. 한 분은 직장불교에 관해 오랜 기간 연재한 김경만 법사(불광법회 회장, 훗날 출가한 한탑 스님)이고, 또 한 분은 청소년 법회의 개척자라 할 수 있는 동덕여고 의 김재영 법사, 그리고 동국역경원의 박경훈 역경위원이었다. 또한 불광법회의 열성 신도이며 훗날 동국대 총장이 된 송석구 박사, 동국 대에서 불교학을 가르치던 목정배 교수, 정병조 교수, 불교 대중화에 앞장선 반영규 선생도 단골 필자였다. 이분들은 아무리 바쁜 일이 있 어도 불광에 원고 써 달라고 부탁하면 거절하지 않았다. 적은 원고료 를 드리면서 부탁 말씀드리기조차 어렵던 터라 이 필자들이 얼마나 고마웠는지 모른다. 특히 박경훈 위원은 고정 연재 외에도 다른 필자 가 원고를 펑크내면 '대타'로 원고를 써주기도 하였다. 그렇게 할 수 있는 것이, 박 위원이 경전이나 불교학, 문장력 등 모든 분야에 학식 이 깊었던 때문이기도 했지만 큰스님과의 우정 때문이었음을 나중에 야 알았다.

"큰스님, 어떤 필자가 마감에 임박해서 원고를 못 쓰겠대요. 어떻 게 하죠?"

필자가 원고를 펑크내면 나는 몸이 달아서 큰스님께 달려갔고, 큰스님은 어떤 주제인가를 물은 후 "그 분야라면 박경훈 거사한테 대신 부탁하면 돼" 했다. 큰스님의 말씀대로 박 위원은 주제에 맞는 원고를 날짜에 맞추어 써주곤 했다.

당시 「불광」 잡지에 '노사(老師)의 운수시절'이란 연재물이 있었다. 노스님들이 젊은 시절 운수행각을 하면서 보고 느낀바, 자신의 스승에 대한 회고록이었다. 주로 큰스님이 노스님들로부터 이야기를 듣고 나중에 원고로 정리해 주었는데, 한번은 내게 속리산 법주사에 있는 어느 노스님을 찾아뵙고 해주시는 이야기를 녹음해 오라 하셨다. 큰스님이 그 노스님께 미리 부탁을 해두어서 나는 가서 이야기를 들으며 녹음만 하면 되는 쉬운 일이었다.

그 노스님 법명이 기억나진 않지만 인상은 뚜렷이 기억난다. 작은 체구에 얼굴이 작고, 연세가 우리 큰스님보다 20년은 위로 보였다. 경전 공부를 많이 하여 법주사 강사(講師)로 후학들에게 경을 가르치고 있었다.

시외버스를 타고 법주사로 가서 노스님을 찾았다. 노스님은 광덕 스님이 보내서 왔다고 하자 반색을 했다.

"손님이 왔는데 곡차라도 나누어야겠네."

노스님은 방안에 있는 낡은 고철 같은 철제 캐비닛을 열었다. 그 안에는 책과 이런저런 물건들이 잔뜩 들어 있고, 양주 몇 병도 들어 있었다. 노스님은 양주를 꺼내 잔에 따라 주면서 "곡차 한 잔 하라"고 하였다. 엣 스님이 막걸리를 곡차라 하면서 먹었다는 말은 들어 봤지만, 양주를 곡차라고 하는 노스님을 대하자니 당황스러웠다. 노스님은 홀로 곡차 잔을 기울이며 신나게 이야기를 풀어나갔다. 처음 스승을 만나던 이야기, 수행하던 이야기, 운수하던 이야기가 줄줄 쉴 새 없이 쏟아져 나왔다. 그러다가 가끔,

"광덕스님, 참 훌륭한 분이지."

노스님은 이야기 중간 중간에 고개를 끄덕이며 우리 큰스님을 찬탄했다.

"젊은 시절 죽을 각오를 하고 정진하는 바람에 몸이 약해지고 말았지만……"

말 그대로 경탄과 찬탄이었다. 그런 말투에선 뭔가 아쉬움 비슷한 것도 배어 나왔다.

출장을 마치고 돌아와서 녹음을 푼 뒤 큰스님께 보여 드리며 노스님에 관해 여쭈었다. 캐비닛에서 양주를 꺼내 드시더라는 말을 하자 큰스님은 어린애같이 웃었다.

"곡차를 좋아하시지."

나는 노스님의 얼굴에 비치던 아쉬움이 너무도 궁금해서 그에 관해서도 여쭈었다.

"그 스님이 재주가 많으신데 오히려 그게 공부에 장애가 됐어."

큰스님의 말씀 속에는 뭔가 함축된 부분이 많은 것 같았다. 머리가 좋고 아는 게 많다 보니 정진을 게을리 하게 되어 그저 학식이 높아지는 경지만 이루었을 뿐이었다는 말씀으로 나는 해석했다. 꾀가 많고 먹물이 많이 들면, 미욱하더라도 분발심을 내어 맹렬하게 뛰어드는 것만 못하다는 뜻이었던 걸로 기억한다. 역시 큰 공부는 머리로만 하는 것은 아니라는 느낌을 받았다.

한번은 우리 큰스님이 텔레비전 심야 대담 프로그램에 나갔다. 텔레비전 화면을 통해서 보니 큰스님 모습이 그렇게 고울 수가 없었다. 요즘 표현으로 치면 '꽃미남'이라고나 할까? 정갈하게 밀어 올린 두상도 예쁠 뿐더러 이목구비의 선이 뚜렷하면서도 여린데다 마른 편이어서 텔레비전 화면에 썩 잘 어울렸다. 피부가 곱고 티 하나 없어서 마치 투명한 구슬처럼 느껴졌다. 청아하다는 단어가 저절로 떠오르는 모습이었다.

텔레비전에 비친 큰스님 모습은 내게만 그렇게 보인 게 아닌 듯했다. 방송에 나가고 난 뒤 우리 큰스님의 인기가 대단해졌다. 큰스님이 방송에서 한 말씀보다 모습 그 자체가 사람들을 감동시킨 듯했다. 불광법회와 잡지사로 연신 큰스님을 한번 뵙고 싶다는 전화가 걸려왔다. 그리고 실제로 친견을 오는 사람도 있었다. 큰스님을 적극 뵙고 싶어 찾아온 사람들 중에는 천주교 수녀들도 여럿 있었다.

한번은 큰스님이 어떤 비구니 노스님께 원고를 부탁드리라면서 전화번호와 법명을 적어 주었다. 명문 여대 출신의 스님으로, 늦게 머리를 깎았다고 했다. 그 비구니 스님은 절에 기거하지 않고 삼선교 근처의 허름한 아파트에 홀로 살고 있었다. 사는 곳은 누추했지만, 70이 넘은 얼굴에도 기품이 서려 있었다. 속가에 있을 때 귀한 대접을 받고 살았던 분 같았다. 그러나 이런 속가의 삶이 오히려 장애가 됐는지 머리를 깎고 나서도 절에서 대중들과 어울리지 못하고 홀로 은거하다시피 살고 있었다. 원고를 받아다 보여 드리자 큰스님은 내게 이렇게 일렀다.

"원고료 잘 챙겨 드려요."

아마 홀로 살아가는 비구니 노스님이 생활비가 궁할까봐 적은 원고료로나마 도와드리고 싶었던 마음인 듯했다.

큰스님은 가까이서 일하던 우리들을 아들이나 딸처럼 대했다. 나 역시 큰스님을 딸 같은 심정으로 모셨다. 직장을 옮기면서 자주 못

뵙게 될 때에는 마치 친정을 떠나온 것 같은 기분이 들었다. 그러면서도 자주 찾아뵙지를 못했다. 자주 찾아뵙지 않는 게 늘 불자들에게 '시달리는' 몸 약한 큰스님을 돕는 길이라는 생각에서였다. 그러면서도 불광법회 식구들을 통해 큰스님이 편찮으시다는 말을 전해 듣는 날이면 나는 꼭 큰스님 꿈을 꾸었다. 돌아가실까봐 애타 하는 꿈이었다.

보육원 사건으로 돌아가실 뻔 했다는 말을 들은 직후 찾아뵈었을 때였다. 큰스님은 나를 부를 때 당신이 지어 준 '보리장'이란 법명으로 늘 불렀다. 그런데 그날은 나를 보더니 고개를 갸웃했다.

"내가 호되게 앓고 나서는 기억이 흐려졌어. 가만 있자, 누구더라?"

내가 삼배를 하고 나자 그제야 생각이 났는지, 큰스님은 "그렇지, 보리장이지" 하며 반가워했다. 그때 늙고 허약해진 큰스님을 뵈며 가슴이 미어졌다.

다시 초창기로 돌아가 본다. 「불광」 잡지에 들어가 한 달이 지나 월급을 받아보니, 술집 바텐더로 일할 때의 삼분의 일도 채 안 되는 적은 금액이었다. 당시 나는 여섯 명이나 되는 가족의 생계를 책임져야 하는 가장의 처지였으므로 그 수입만 갖고는 도저히 생활이 되지 않았다. 그래서 주간스님께 그만두겠다고 말하고 다시 바텐더로 취업을 했다. 주간스님이 큰스님께 그런 사실을 여쭙자 큰스님은 "잡지사 형편이 어렵더라도 급여를 올려 줘라. 어떻게 술집에 다니게 할 수 있느냐"고 하며 도로 데려오라고 하셨다 한다. 그래서 그만둔 지 사흘 만에 다시 「불광」 잡지사로 복귀했다. 올려준 급여도 여전히 적었지만 그래도 최소한의 생활은 가능했다. 그러나 대학 등록금까지 모으기엔 부족했다. 그래서 나는 잡지 만들면서 큰스님께 배우는 게 많으니 대학 공부는 하지 말자고 자위하며 기자 생활에 전념했다. 훗날 직장 다니면서 학업을 계속할 수 있는 방송통신대학을 다니는 것으로 대학 공부를 마쳤다.

불광 사무실은 대각사 근처, 단성사 극장 뒤의 대림빌딩 2층에 있었다. 그때 현재의 송암지원 스님을 만났다. 잡지사 사무실은 마치 사랑방 같아서 전국 각지에 흩어져 있는 큰스님의 제자들이 수시로 찾아오곤 했다. 지원스님은 그 당시 나이가 많았지만 동국대를 들어가기 위해 시내 입시전문 학원엘 다니고 있었다. 그런데 마땅히 거처할 곳이 없었는지 불광출판부 사무실 책상 위에서 잠을 자며 학원엘 다녔다. 아침 일찍 나가기 때문에 우리가 출근하고 보면 이미 떠난 뒤였고, 저녁에는 우리가 모두 퇴근한 뒤에 학원에서 돌아오곤 했다. 잘 만나기가 어려웠지만 가끔 부닥뜨릴 때가 있었는데, 그때 보면 20세 후반의 건장한 청년 스님이었다. 어쩌다가 사무실에서 만나면 남다른 친밀감이 들었고, 스님 스스로도 스님이라는 권위를 별로 내세우지 않아 대하기가 편했다.

그때 절 집안의 사형인 주간스님이 사무실에서 더부살이(?)를 하는 사제인 지원스님을 가끔 구박(?)도 하여 괜히 불쌍하다는 생각도 들었다. 지금 생각해 보면 마치 큰형이 동생을 대하듯 하는 친근감의 표현이었으나, 그때는 안됐다는 생각에 맛난 음식이 있으면 남겨 두었다가 저녁 때 학원을 마치고 사무실로 돌아오는 지원스님이 먹을 수 있도록 했다.

나는 그때나 지금이나 스님들과 일반 음식점(고깃집이나 술집) 가는 것을 무척 싫어한다. 스님들이 고기를 먹거나 술을 먹는 모습을 불자가 아닌 다른 사람들에게 보여 주는 것이 부끄러웠다. 그렇지만 시중에서 활동하는 스님들은 이런저런 이유로 술이나 고기를 파는 음식점에 부득이 가게도 된다. 그럴 때면 함께 간 내가 괜히 남들 시선을 의식하게 되고 마음이 불편하다.

불광에 근무하던 어느 날, 지원스님과 뭔가 긴히 의논할 일이 있어 사무실 부근 지금의 호프집 비슷한 장소에서 만나게 됐다. 약속 시간에 나타난 지원스님, 예비군복을 입고 모자를 눌러쓰고 있었다. 예비군 훈련이 있었느냐고 묻자 스님은 "이런 데 승복 입고 올 수 있나요? 이렇게 차림이라도 바꾸는 게 불자들에 대한 최소한의 예의라고 생각해요" 하고 대답했다. 스님은 피치 못해 어울리지 않는 장소에 가게 되더라도 불자나 불자 아닌 사람들을 위해 옷을 바꾸어 입어주는 배려를 한 것이다. 남이 보든 말든, 불자들에게 반감을 사든 말든 아랑곳없이 유흥음식점을 드나드는 일부 스님들에 비하면 얼마나 '고마운' 태도인지, 그때 지원스님의 예비군복 차림이 늠름하고 상큼한 기억으로 남아 있다.

어느 날, 사무실로 지원스님의 속가 부친이 찾아왔다. 부친은 "지원스님이 가문을 이어갈 독자인데 출가를 했다"며 무척 안타까워했다. 지원스님은 부친이 오셨다는 말을 듣고 어디론가 피해 갔다. 큰스님께서도 제자인 지원스님에게 속가로 돌아가라고 여러 번 타일렀으나 지원스님이 출가의 뜻을 굽히지 않고 있다며 사무실 식구들이 내게 말을 해주었다. 그런 모습을 보며 친아버지의 간청도 뿌리칠 만큼 스님들은 그렇게 '매정'한 사람들인가 하는 생각이 들었다. 그와 함께 출가란 것이 그만큼 어려운 결단이로구나 하는 걸 다시 깨달았다.

그런 어려운 출가를 한 분이기에 큰스님은 그다지도 병약한 몸을 지탱하면서 그렇게 위대한 삶을 살다 가신 것이 아니었나 하는 생각이 든다. 보통 사람이 그런 몸을 가졌다면 아마 골방에 틀어박혀 골골하다가 허무하게 인생을 끝마쳤을지도 모를 일이었다.

큰스님의 위법망구, 멸사봉공의 헌신, 이 어려운 세태를 당하여 이리저리 부대끼면서 큰스님의 그런 숭고한 마음과 고고한 자태가 새삼 그립다.

제2장
시봉 이야기

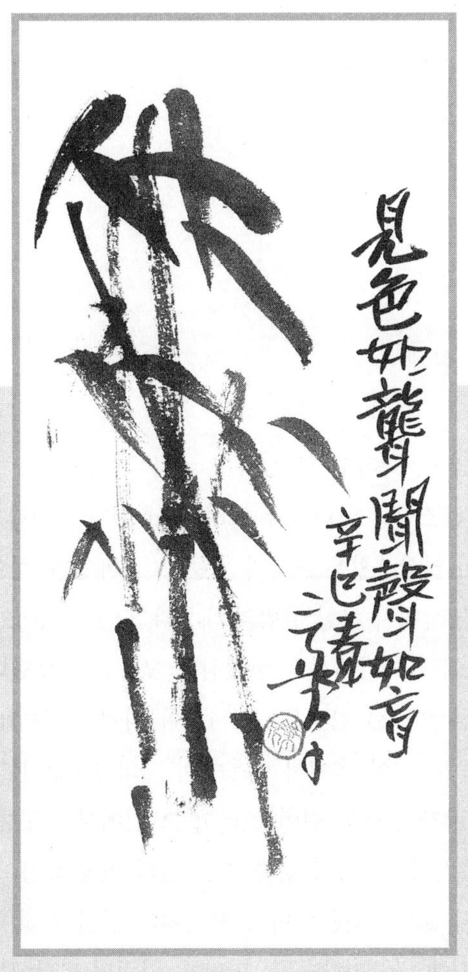

見色如聾	빛을 보니 귀머거리 같고
聞聲如盲	소리 들으니 소경 같구나.

시봉 이야기

구품화(九品華) 석경옥 | 우바이, 불광사

1. 영원한 현재

"나, 죽지 않아. 죽어도 죽는 몸이 아니야."

이 말씀은 큰스님께서 나에게 들려 주신 금생 마지막 법문이었다. 항상 큰스님의 일상생활은 모두가 법문 그 자체였다. 삶이 법문과 다르지 않았고 법상에서 하신 설법의 내용과 조금도 차이가 없는, 말하자면 법상 위에서나 아래서나 한결같은 모습 그대로였다.

사람들의 금생(今生) 만남은 그 사람이 과거 숙세(宿世)에 쌓아온 인연을 바탕으로 현실 속에서 이루어져 나타난다고 본다. 그러기에 만남을 통해 각자 인생의 길이 열리고 그 길에서 누구를 만나고, 또 어떤 삶을 엮어 가느냐가 결국은 그 사람의 인생 내용이 될 것이다. 우리 불교에서 보면 그것은 바로 보살행의 실천 과정이 되기도 할 것이다. 그렇기에 금생의 누구를 만났든, 사람의 만남에는 그 자체로 중요한 뜻이 담겨 있을 것이고, 그 만남 속에는 생의 비밀 코드(보살행의 다짐)가 담겨 있을 것이다.

일반적으로 사람이 서로 만나 애기하다 보면 그 사람이 지닌 인격과 터득한 지식 내지 무엇을 지향하는가의 인생 목표에 따라 각기 서로 같거나 다른 점을 주고받게 되고 느끼고 알게 된다. 그래서 친구도 되고 동지도 되며 존경하는 스승이 되기도 할 것이다.

그러나 큰스님은 내가 오랜 세월 동안(16년) 곁에서 배우고 시봉하면서도 어느 때나 여여(如如)하여 아무런 차이를 못 느꼈다. 그것은 내가 느끼기에는 너무 높았고, 내가 알기에는 너무나 깊었기에 뭐라고 말로 형용하여 표현할 수가 없다. 한없는 크기와 무게를 가진 어마어마한 세계를 접하는 것 같은 외경심만 날이 갈수록 쌓여갔다. 오랫동안 곁에 있으면 더러는 실망스럽기도 하고, 인간적으로 이해해야지 하는 생각이 한두 번쯤은 들기도 할 법한데 전혀 그런 일이 없었다. 그것은 큰스님이 완벽해서 그런 것이 아니었다. 오직 큰스님의 생각과 행동이 같았기 때문이었다고 본다. 그런 삶을 진실이라고 해도 좋을지 모르겠다. 그랬기에 오랜 기간을 존경하며 그 곁에 머물기를 나는 간절히 서원하고 다짐하였다.

그러나 때로는 힘들고 어려울 때도 있었다. 그것은 큰스님께서 나를 힘들게 해서 그런 것이 아니라 내 자신의 문제로 스스로 힘들고 어려웠던 것이다. 그때마다 큰스님은 하얀 빈 종이를 내 앞에 꺼내 놓으시며, '네가 가지고 있는 물감을 여기에 칠해보라'는 듯한 가르침을 주셨다. 나는 주저하여 아무것도 말할 수 없었고 그 어떤 행동도 할 수가 없었다. 흰 종이에 물감을 아무렇게나 칠하는 것은 정말 못할 일이었고 해서는 안 되는 일이었다. 나는 아무것도 칠해서는 안 되며 그대로 두어야 한다는 내면의 명령을 따랐다. 자신을 극복한 사람만이 모든 것을 참고 극복할 수 있으며 더 높은 가르침을 실천해 간다. 큰스님은 그 가르침을 더욱 깊이 심화시킬 수 있고 실천할 수 있다는 믿음이 들었다. 그래서 그 하얀 종이 위에 나의 눈으로 선택한 보잘것없는 색깔을 칠하고 싶지 않았다.

큰스님은 몸은 비록 불편하셨지만 정신은 언제나 유리처럼 투명했다. 맑고 단정하기가 젊은 사람이 흉내내지 못했고 어떤 사람과도 비교가 되지 않았다. 철저하기는 그 무엇에도 견주어 볼 곳이 없었다. 도저히 노인이 아니었고 환자도 아니었다. 언제 어디서나, 대중 앞에서나 혼자 있을 때나 조금도 흐트러진 정신 상태를 볼 수 없었다. 큰스님은 그러한 훌륭한 인격자였고 수행자였기에 한국 불교계의 새로운 사상가였으며 거목이었다는 생각이 들었다. 큰스님은 진리 그 자체로 머물고 진리 그 자체로 살았다. 열반에 당하여 우리에게 하신 말씀이 다시금 그 사실을 증명한다.

"나, 죽어도 죽는 몸 아니야."

이제 큰스님의 그 말씀은 법의 증거자로 한평생을 살았던 삶을 마지막 순간에 다시 우리에게 확인해 보여 주신 것이다. 미욱하기 그지없는 우리들에게 큰스님은 그렇게 대자비를 베풀어 주셨다. 삶과 죽음이 없는 영원한 현재, 바로 그것이었다.

평소 큰스님께서 자주 들려 주신 법문에 의하면,

"영원한 현재의 의미는 부처님은 삼천 년 전에 오셨고, 그 이전에 오셨고, 태초 이전부터 시간과 공간이 벌어지기 전 이미 와 계셨고, 어제도 오늘도 오시고, 내일도 모래도 먼 후일 우주가 멸망한 후에도 상관없이 오로지 와 계시고, 지옥에도 천상에도 지금 여기도 저기도 꽉 차게 와 계신다"고 말씀하셨다.

다만 각자 개인의 업의 무게나 두께에 따라 부처님을 볼 수 있는 눈의 밝기가 다를 뿐이라고 했다. 눈앞에 펼쳐지는 대상들, 사물이나 사람 개개인의 겉모습을 보고 그가 지닌 내면의 고귀성을 함부로 규

정짓고 겉껍데기로만 판단해서는 안 된다고 말씀했다.

사람이 죽고 사는 것, 부처님을 똑바로 볼 수 있는 밝은 지혜의 눈으로 생사를 보면 진리(육신)가 앉고 서는 동작과 같을 뿐, 진리 그 자체에는 전혀 부동하다고 했다. 사람의 죽음은 생이라는 하나의 장르를 통해서, 하나의 과업을 마치고 또 다른 자기 표현을 향해 형태를 바꾸는 준비작업이라고 했다.

예를 들면 죽음에 따르는 병고는 새 출발을 위한 육체가 변화하기 위한 준비운동을 하는 것이고, 그 작업을 시작하는 것이므로 그냥 아프면 아플 뿐이라고, 그리고 순리의 법칙에 따라주는 것뿐이라고 말씀했다. 따라서 '나'라는 깊은 생명 의식은 겁 전부터 겁 후까지 영원히, 바로 지금 여기 이렇게 여법하게 눈부시고 찬란하게 광명 그 자체로 현존(現存)한다고 말씀하셨다. 큰스님은 끝까지 부처님 말씀과 자신의 사상을 증명해 주셨다. 마지막 순간까지.

2. 어머니

"구품화 보살님,"
"네, 큰스님!"
"도포가 뭔지 알아요?"
"네, 알고 있습니다."
"우리 어머님은 그전에 도포까지 만드실 줄 알아시 동네에서 큰일이 있으면 불려 다니시며 바느질도, 음식도 모두 맡아서 동네 일을 돌봐 주셨어요."

누구나 그러하듯 큰스님께서도 어머니를 떠올리실 때면 가뜩이나 맑고 어린이처럼 천진하신 분께서 더욱더 동심으로 돌아가 활짝 웃으며 어머니 이야기를 즐거이 들려 주시곤 하셨다.

겨울에 무김치를 아주 맛있게 넉넉히 담가서 동네 사람들이 모두다 퍼다 먹었다는 일화. 또 손칼국수도 아주 잘하셔서 아들이 오기전 삶아 건져 소쿠리에 담아 놓았다가 국물에 말아주시는데, 어찌나맛이 있던지 포식했다는 어린 시절의 흐뭇한 이야기. 평소 어머니께서는 틈만 나면 책을 읽으셨고 붓글씨를 쓰시곤 하셨다는 정경. 또큰스님이 기억하고 있었던 어머니와의 짧은 대화 한 토막.

"네가 책을 아무리 많이 읽어도 나만큼은 못 읽을 거다."

그 당시 소년이었던 큰스님은 지금의 서울 한국은행 뒤 도서관에서 찌는 듯한 여름 날씨에 옷 위로 땀이 배어 나와 소금이 되어 굳어버릴 정도로 책을 열심히 보셨다고 했다. 그때는 냉방기구는 물론 선풍기마저도 없었던 때였으므로 더우면 더운 대로 묵묵히 책만 읽었던 것이다. 아무리 더워도 더운 것을 전혀 못 느끼고 오로지 독서삼매에 빠져 있었다. 그런 아들이 대견하기도 하고 또 한편 고생하는모습이 애처롭기도 했던 모정의 표현을 그렇게 했으리라고 했다. 실지로 큰스님 어머님께서 보시던 책들은 골방으로 가득 차 있었다고큰스님께서 기억을 살려 말씀했다.

인자하시고 고결하시고 섬세하신 어머님께서 돌아가실 즈음 큰스님은 잠시도 어머님 곁을 떠나지 않고 병간호를 했는데, 하나밖에 없었던 아들인 큰스님께 유언으로 남기신 마지막 말씀은,

"사람은 물질의 노예가 되어서는 안 된다. 사람을 사람답게 소중하게 보고 대하는 훌륭한 인격을 갖춘 사람이 되기를 부탁한다"라고하셨는데 그 교훈을 마음 깊이 새겼다고 말씀했다.

그리고 어머니의 유언을 평생의 좌우명으로 삼았다고 큰스님께서토로하신 적도 있었다. 그러한 어머니에 대한 말씀 중에도 어머니에

대한 자랑스러움이 큰스님 얼굴에 만면한 것을 느꼈다. 그때는 마치 소년 같았다. 도저히 칠십이 넘은 고령의 노인이 아니었다. 그러나 어떤 때는 어머니 생각을 하고는,

　"우리 어머니는……."

하고 목이 메이는 것을 간혹 볼 수 있기도 했다.

한번은 내가 자동차를 운전해서 어디로 모시고 가는 도중에 우연히 라디오를 켰더니 마침 '불효자는 웁니다'라는 대중가요가 흘러나왔다. 큰스님께서 대중가요에 대해 어떻게 생각하실까 하는 약간의 염려도 있었지만, 그대신 소리를 살짝 낮추었다. 그렇게 한참이 지났는데 뭔가 차안 분위기가 심상치 않아서 뒤비치는 거울을 통해 큰스님을 바라보는 순간 나는 당혹스럽고 민망하여 어쩔 줄을 몰랐다.

평소에 위엄 있고 무서웠던 큰스님께서 소리 없이 울고 계셨다. 큰스님의 두 눈에서 굵은 눈물이 주르르 볼을 타고 흘러내렸고, 형언할 수 없는 슬픔에 휩싸여 하염없이 울고 계신 것이었다. 늙고 병든 한 노인이 어머니가 그리워 어린아이처럼 울었고, 평소 근엄하고 엄숙하기만 했던 큰스님이 돌연 어린 소년이 되어 어머니를 보고 싶어하는 사모(思母)의 고귀한 인간 감정을 감추지 않고 있었다. 미처 영문도 몰랐던 나는 라디오 켠 죄로 고개를 숙인 채 앞만 바라보고 운전대만 꽉 움켜쥔 채 달리고 있었다.

3. 생명

어느 여름날, 녹음 울창했던 보현사에서 있었던 일이다.

그날도 여느 날처럼 큰스님께서 원고를 구술하면 내가 원고지에 옮겨 적는 일을 아침부터 하다가 잠깐 쉬는 시간에 마당에서 포행을

하고 있을 때였다. 사마귀를 아이들이 발로 밟았는지 머리와 날개가 끊어져 각각이었는데도 사마귀는 죽지 않고 끈질기게 버둥거리고 있었다. 마당에서 그 광경을 물끄러미 지켜보고 있던 나에게 큰스님께서 지나가시다가 보시고는 말씀했다.

"생명의 신비는 말로 다 할 수 없는 것이지요. 모든 생명 있는 것은 죽음을 거부하고, 따라서 고통을 수반하는 모든 행위, 자기 생명의 방향을 저지하는 모든 장애를 벗어나려 발버둥치는 것이 자아의식의 본능이지요. 그 기초적인 생명의식의 본능을 꺾어 버리고 묵살하는 것은 생명질서에 대한 모독이고 살생이지요. 그것은 나를 제외한 어떤 대상에게 가해지는 응징과 보복으로 생각해서 마땅히 처벌해야 하는 당위성으로 합리화시켜도 마찬가지여요.

인간의 근본적인 존재성과 우주의 근원적인 실재성을 주체적으로 파악할 때, 나라는 개체를 전체로 승화시켰을 때, 다시 말하면 지금 내가 숨쉬고 살고 있는 생명은 진리 생명이며 부처님 생명이며 무한성을 원래로 지니고 있는 큰 생명임을 알고 있을 때만이 그것을 극복할 수 있어요. 생명과 생명은 낱낱이 개체로 보여도 사실인즉 그것은 착각일 뿐이고, 생명과 생명의 사이는 무한의 연속성인데도 그것을 모르고 착각하고 있는 것이지요.

그래서 옛 조사스님께서 말씀하셨어요 '천지는 한 뿌리이고 만물은 한 몸이라고.' 이 하나의 의미를 바로 안다면 세간의 불안과 어둠과 그 속에서 흔들리는 생명들의 처절한 외침은 소멸되겠지요. 그래서 생명은 참으로 위대하고 존귀한 것이 되겠지요. 설령 아무리 보잘 것없는 환경에 처해서 비록 그 모습이 초라해 보여도, 하찮아 보여도, 미물도 길모퉁이에 흔하게 피어 있는 잡초까지도 귀하고 소중한 거지요. 겉으로는 악인인 듯 보여도 누구나 마음속 깊이에서는 진실을 구하고 원만(圓滿)을 구하고 사랑을 구하고 평화를 구하고 있어요.

그러므로 모든 이는 자신감을 갖고 참으로 귀하고 위대한 자신이 본래 갖춘 지혜와 덕성과 아름다움을 드러내야 해요. 보다 큰 자기 앞에, 전체라는 큰 덩어리 속에 작은 '나'를 용해시킬 때 만인은 주인이라는 자긍심과 역사와 사회에 봉사할 수 있는 따스한 자비가 저절로 분출되는 거지요. 나에게 깃들어 있는 넘쳐나는 자신감과 성취감과 능력은 곧바로 진리의 힘이므로 진리에서 와서 나에게서 솟아나는 거지요. 언제나 좌절 없이 용기 있게 진리 생명껏 살고 진리 생명의 대위력을 잊어서는 안 되는 거지요."

언제나 큰스님의 말씀을 들을 때는 열정적인 느낌을 받는다. 그것은 바로 진리에 대한 신심에서 우러나오는 큰스님의 변함 없는 진리에 대한 때묻지 않는 순수한 모습이었다. 사마귀 한 마리의 죽음을 통해 그 자리에서 나는 죽지 않는 진리 실상을 얻었다.

4. 산딸기

칠월 초, 무덥고 햇볕이 강렬한 여름날이었다.

그날은 큰스님께서 보현사(경기도 남양주시 구리읍 갈매리에 있는 작은 절로 신심이 돈독한 보현심 박점모 불자가 창건)에서 계시겠다고 하여 그곳으로 가서 원고 일을 돕는 날이었다. 으레 그러하듯, 내가 도착해야 큰스님께서 오후 늦게 손수 쓰신 밀려 있는 원고정리며, 전화 연락이며 등등의 일상 업무가 시작되곤 했다.

그러나 그날따라 보현사로 가는 길이 꽉 막혀서 평상시보다 훨씬 늦게 절에 도착했다. 부랴부랴 큰스님께 아침 문안을 올리려고 방문을 열었더니 큰스님이 계시지 않았다. 두리번거리며 여기저기 큰스님을 찾아서 돌아다니고 있는데 저쪽 산모퉁이에서 손에 무엇인가 들고 오셨다. 늦게 온 죄송한 마음을 사죄하듯이 깊이 허리를 숙여 절을 올리고 난 뒤, 고개를 숙인 채 큰스님께서 건네주시는 하얀 봉지를 얼른 받았다. 궁금하여 봉지 안을 들여다보았더니 빠알간 산딸기가 가득 들어 있었다.

"내일이라도 비가 오면 저 귀한 것이 땅에 떨어질까 봐 미리 땄어요. 아침마다 산책 나갔다가 보아 둔 것이었는데 아무래도 오늘 따야 할 것 같았어요. 싱싱한 자연산이니까 공양주 보살님과 맛봐요."

너무도 황공하고 분에 넘쳐 어쩔 줄을 몰랐다. 보물 보따리마냥 손에 안아 들고 큰스님 뒤를 따르며 나도 몰래 얼른 하나를 집어 입에 넣었다. 그 순간, 나는 삼킬 수도 뱉을 수도 없는 곤란한 상황에 빠져 버렸다. 다름 아니라 산딸기를 담았던 봉투는 큰스님께서 허리 통증에 붙이는 파스 봉투였던 것이다. 아마 큰스님께서 빈 봉투를 찾다가 마땅한 것이 없자, 파스를 다 쓰고 비어 있는 그 봉투를 산딸기 봉투로 사용하였던 것 같다. 큰스님께서 아침마다 나가서 가꾸고 돌본 산딸기는 그만 파스 냄새로 범벅이 되고 말았다. 우물가로 가지고 가서 몇 번씩이나 씻어도 독한 파스 냄새는 사라지지 않고 오랫동안 버티었다.

큰스님은 평소 물건에 대하여 절약정신이 철저하리 만큼 몸에 배어 있었다. 보통 우리가 상상하지 못할 만큼 절약하고 두세 번씩 활용하고 또 활용했다. 예를 들면 신문에 끼어 들어오는 광고지의 뒷면도 그냥 버리지 못하게 했고, 종이 한 장도 허술하게 쓰지 않고 구석구석 활용하는 것은 기본일 수밖에 없고, 일상생활에서도 철저하기는 어느 것 하나에도 예외가 없다.

젊은 내가 대충 사용하고 버리면 큰스님께서 다시 주워서 활용하는 것을 보고 지독하다는 생각이 들 때도 있었다. 그뿐만 아니라 생활에 필요한 소소한 것들, 예를 들면 손톱깎이도 아주 오래되고 낡아 구닥다리가 된 것이었고 그 밖에 안경, 필기도구, 세면용구 등등, 어느 하나 예외 없이 큰스님의 물건은 모두 고물 중에도 완전 고물에 가까웠다. 오래된 물건이라도 반드시 못쓰게 될 때까지 줄곧 사용했다. 심지어는 운동화도 다 낡고 닳아서 물이 새어 들어오고 천 조각이 너덜거려야 비로소 교환이 가능했다. 조금 낡았다고 해서 주변에서 함부로 바꿔드릴 수가 없었다.

이제 큰스님 열반에 드시고 난 뒤 조용한 시간이 되면 새록새록 일상의 교훈이 새롭기만 하다. 나처럼 경망스럽고 허둥대는 사람이 큰스님을 통해 얻은 보물은 크기만 하다.

5. 지 혜

불광사 경내에는 부설 불광유치원이 있다. 큰스님께서 주석하시는 법주실과 연결된 복도의 문을 열면 바로 유치원 원아들이 초롱초롱한 눈으로 재롱을 부리는 모습을 볼 수가 있다. 어느 날 큰스님께서 맑은 눈동자들이 지켜보는 유치원 복도 쪽으로 지나시는데, 귀염둥이 몇몇이 큰스님을 발견하곤 얼른 그 고사리 같은 손을 모아 합장하며,

"마하반야바라밀" 하고 소리내어 인사했다.

큰스님은 유치원 동자들 앞에서 가던 걸음을 멈추고,

"마하반야바라밀" 하고 마주 서서 합장하고 한참동안 환하게 웃으며 좋아했다.

그때 곁에 있던 용감한 동자가 불쑥 큰스님께,

"반야, 반야, 반야!" 하고 외쳤다.

그러자 큰스님께서 그 동자에게,

"그래 반야다. 지혜로 커라. 건강하고 씩씩하고 용기 있게" 하셨다.

볼 일을 보고 다시 방으로 들어오셔서 내게 이런 말씀을 내리셨다.

"지혜란 참 좋은 거야. 지혜를 몰라 육도(六道)를 윤회하며 돌고 있지. 반야는 참 신령한 약이야. 우리 중생이 반야탕 한 잔만 마시면 단번에 범부가 법성광명 자리에 앉게 되지. 그래서 일체 부처님도 반야에 의해서 성불하셨고, 부처님의 수많은 진리의 말씀도 반야의 빛에 의해서 조명되어진 사실의 설파인 거야. 그렇다고 반야는 누가 있어 만든 것도 아니지. 즉 하느님이나 부처님이 만든 것도 아니란 말이야. 우리가 생각하고 말하기 이전에, 즉 천지개벽 이전에 이미 원래로 본래자리에 훤출히 드러난 채로, 그대로 진리의 빛인 것이야. 다만 중생의 미혹 정도에 따라 반야에 대한 이해와 믿음에 차이가 있고 그래서 각기 다르게 알고 다르게 느껴질 뿐이란 말이야. 우리가 각자 이 몸을 가지고 다만 이 몸을 위해서 사는 삶은 지혜보다는 지식에 편중되어서 육신의 노예로, 잘못된 사상의 노예로 살아가지. 그렇지만 반야를 바로 만나게 되면 즉시 범부에서 성인이 되는 거지.

예를 들어 천년만년 어두웠던 동굴 속도 빛을 비추기만 하면 단번에 그 어둡고 답답하고 앞을 볼 수 없고 분간하기 힘든 상황이 딴 세상이 되듯이, 중생의 업이 아무리 두텁고 질기더라도 지혜를 깨달아 비추기만 하면 순식간에 업이 녹아 내려 본래 자성을 회복하게 되는 거야. 그러므로 우리는 수행이 필요한 거야. 중생의 고난과 분별세계가 본래 없는 바라밀 땅을 향해 가야 되는 거야."

큰스님은 일평생 경전을 손에서 놓으신 적이 별로 없었다고 스스로 말씀했고, 실지로 내가 본 바로도 항상 경을 읽고 손에서 떼지 않았다. 내가 큰스님 곁에서 지켜본 바로는 부처님의 수많은 경전 중에서도 특히 '반야부 경전'들을 자주 대하셨고 법회의 설법도 반야부 경전에 근거한 법문만 하셨다.

6. 현관문

지금은 보현사 요사채를 새로 지어 예전에 살던 낡은 건물은 없어졌지만 몇 년 전 큰스님께서 생활하던 낡은 집은 초라하기가 그지없었다. 수리를 좀 해 보려고 해도 어떻게 손을 대야 할지 엄두를 낼 수조차 없었다. 특히 현관문은 낡고 부서져서 사람이 출입할 때마다 삐걱거리는 소리를 내지르고 있었다. 문을 여닫을 때마다 여간 조심하지 않고는 집이 들썩거릴 정도로 시끄러웠다. 비단 현관문뿐만이 아니었다.

큰스님께서 계시던 요사채 전체가 지은 지 오래되고 햇볕이 들지 않아서 마루에는 여기저기 곰팡이 냄새가 났고, 거처하시는 방은 좁고 어두워서 낮에도 전깃불을 켜고 원고를 쓰곤 했다. 누가 보면 누추하고 초라하다고 생각될 정도였지만 큰스님은 조금도 불편해 하지 않고 오히려 감사한 마음으로 생활했다. 괜히 주변에 있던 사람들이 불만을 하고 불평을 토로했던 것이었다. 큰스님을 빙자해서 말이다.

나는 그날도 좀 늦게 절에 도착해서 대웅전에 참배 마치고 서둘러 큰스님 방으로 향했다. 문제의 현관문을 열고 마루에 올라서려는 순간 큰스님의 불호령이 떨어졌다.

"집이 다 부서지는 줄 알았네. 무슨 문을 그렇게 요란스럽게 열고 들어와요? 방으로 들어오지 말고 다시 현관문 열고 나가서 조용히 들어와 봐요."

나는 순간 얼굴이 화끈 달아올랐다. 부끄러워 어쩔 줄 몰라 달아오른 얼굴을 숙인 채 다시 밖으로 나가서 조심스럽게 현관문을 열었다. 처음보다는 소리가 덜 났지만 이번에도 괴상스런 소리가 내 가슴을 움츠러들게 하고 말았다. 큰스님은 처음과 같은 불호령은 아니었지만 나는 다시 나갔다가 들어오는 연습을 해야 했다. 겨우겨우 몇 번만에야 간신히 그 낡은 문을 소리 없이 여는 기술(?)을 습득했다. 정말 진땀나는 일이었다.

나는 무릎을 꿇고 큰스님께 문안인사와 베풀어 주신 귀하신 가르침에 한없는 감사의 예배를 정성껏 올렸다. 습관에 굳어져 그만 잃어버렸던 조심성과 어른 앞에서 갖추어야 하는 예절을 되찾아 주신 존엄하신 진리의 스승님을 다시 우러렀다.

나이는 들었어도 천방지축으로 생각 없이 엄벙덤벙 살아왔고, 평소 경망스러웠던 성질을 그때서야 또다시 되돌아보게 되었다. 제멋대로 굳어 버린 나의 두터운 껍질을 벗겨 주신 은혜는 아무리 생각해도 비교할 바가 없다. 돌아보면 그때는 무척 당혹스러웠지만 철없이 날뛰던 나를 곡진하신 자비심으로 이끌어주신 것에 대한 감사는 지금 이 순간에도 형언할 수가 없다.

이제 언제 다시 큰스님의 자상하신 보살핌과 인도를 받을 수 있을까. 차라리 큰스님 계실 때 꾸지람이라도 많이많이 듣기라도 했으면 하는 아쉬움마저 솟아오른다. 한번 스쳐 지나가면 다시 오지 않는 소중한 가르침의 나날들이었다.

그래도 경망스럽기 짝이 없던 내가 선세(先世)에 지은 선업(善業)이 조금이라도 있었기에 그렇게 훌륭하신 큰스님 밑에서 배움을 얻었는지도 모른다는 생각이 가득하다.

7. 자 비

어둠이 깔릴 무렵의 초겨울 산사(보현사)에 스산한 바람이 불고 있었다. 법당으로 오르는 계단에는 떨어진 낙엽들이 흩어져 계단 밑으로 구르고, 금방 눈이라도 내릴 듯한 을씨년스러운 날씨, 그 가운데로 바람이 잉잉거렸고, 눈이나 비가 한차례 오면 추위가 몰려올 것 같은 예감마저 들었다.

귀가 인사를 드리기 위해 큰스님께 갔더니 안에 계셔야 할 큰스님께서 장삼을 입으신 채 내 뒤를 따라서 바쁘게 걸어 들어오시는 것이었다.

"큰스님, 늦은 시간에 산책 다녀오십니까?"

"저 아래 큰길가 버스 정류장에 좀 갔다왔어요."

나는 궁금증을 이기지 못해 다시 무슨 일이 있었느냐고 여쭈었더니, "구품화 보살님이 다른 일을 보고 있을 때, 어느 남루한 행색을 한 아낙네가 어린아이의 손을 이끌고 와서, 공양주 보살님께 오늘 저녁 이곳에 좀 머물 수 없겠느냐고 사정하자 공양주 보살님이 한마디로 안 된다고 하는 말을 내가 법당에 예불 올라가는 길에 얼핏 들었어요. 예불 올리고 내려와서 다시 찾으니 이미 그들은 그냥 발길을 돌려 떠나고 없었어요. 내가 그 말을 듣고 어찌나 가슴이 아파 오던지 그 아낙과 아이를 찾으러 곧바로 버스 정류장까지 뒤쫓아갔지만 그들은 이미 어디론가 총총히 사라진 뒤였어요."

나뭇가지만 앙상한 배밭 사이로 찬바람만 싸하게 지나가고 있었다. 나도 큰스님 말씀을 듣고 이리저리 한참 찾아보았지만 그 어디에도 그들의 모습은 볼 수 없었고 찾을 수 없는 허사가 되고 말았다.

지금 다시 생각하면 혹시나 그때 그 여인이 관음보살의 나툼이었는지 알 수 없는 일이라는 생각마저 든다.

큰스님은 방에 들어오시어 무척 힘드는지 숨을 연거푸 몰아쉬면서도 못내 안타까운 표정을 떨쳐버리지 못한 채,

"자비를 맨날 노래하듯이 하는 사람들이 모여 사는 곳에서……."

하시고는 말을 맺지 못하셨다. 얼마쯤의 무거운 침묵이 흘렀다. 그런 다음 큰스님은 천천히 낮은 목소리로 다시 말씀하셨다.

"자비는 누구를 위한다거나 원하는 것을 구하기 위해서, 얻기 위해서 지불 받는 대가가 아니고, 또 양심상 선행을 해야 되겠다는 마음을 일으켜서 행하는 것이 자비라고 축소 해석해서는 안 되는 것이지요. 자비는 마땅히 조건 없는 자연스런 자기 표현이며 실현이어야 해요. 지혜의 눈으로 볼 때 자비는 본성의 체온이지요. 제각각의 개체를 떠나 전체성인 하나이기 때문에 오직 하나로 움직일 때(자비의 실천)만이 본성의 위력은 우리의 상상을 초월하여 불신력(佛神力)을 발휘하게 되고 위대한 창조를 실현하게 된다는 사실을 우리는 신앙으로 확립한 사람이어야 해요. 그렇기에 작은 나, 허상인 나를 버리고 대자유의 해탈자인 모두의 큰 생명인 하나로 살아갈 때, 그가 살아가는 삶의 현장에, 그 시대에, 그 공간에, 그 지옥에 진정한 하나된 나의 세계를 펼쳐 갈 때(자비의 실천) 그곳이 바로 불국토요 청정국토가 되는 거지요."

큰스님의 말씀이 끝난 뒤 집으로 돌아가는 길에도 줄곧 나는 누군가를 찾고 있었다. 혹시나 해서 절을 찾아왔던 그 아이와 엄마를 두리번거리며 찾고 있었던 것이다. 끝내 그들은 보이지 않았고 초겨울 길거리에는 분주히 집으로 돌아가는 사람들의 바쁜 발걸음과 어둠을 밝히는 가로등이 하나 둘 켜지고 있었다.

8. 화 두

　큰스님을 친견하고자 하는 분들은 각 분야에 종사하는 다양한 직업을 가진 분들이다. 불교에 뜻을 두고 공부하시는 분 외에도 개신교, 천주교, 학자, 교육자, 사업가, 정치가 등등 그밖에도 많은 분들의 내방이 끊이지 않았다. 큰스님은 건강이 어느 정도만 허락되면 그 모든 분들을 예외 없이 따뜻하고 친절하게 맞이하셨다. 그러나 큰스님의 건강이 악화되면 부득이하게 내방객들에게 정중하게 양해를 구했고 충분한 설명을 드렸다. 물론 큰스님께서 모르게, 또 허락 없이 몰래 저질러지는 일이었다.

　평소 큰스님은 불광사까지 찾아 주신 분들에 대한 예의와 도리를 갖추기 위해서라도 꼭 만나려고 하셨지만 건강의 악화를 막기 위해 부득이 큰스님께서 바라지 않는 일을 우리는 해야 했다. 무리한 만남으로 인해 큰스님께서 나중에 힘들어하시는 것을 곁에서 안타까운 마음으로 바라보기만 하는 것보다 상좌스님들이나 내가 비록 염려를 듣는 일이 있어도 정중히 방문을 사절하는 것이 훨씬 좋다는 매우 실리적인 계산을 했던 것이다. 우리가 판단하기에 큰스님께서 그 많은 사람을 다 만나기에는 도저히 건강이 따라주지 않기 때문이다.

　그날도 사무실에서 인터폰이 와서 받아보니 가끔 찾아뵙고 인사를 올리는 선방 스님이 큰스님을 친견하고 싶어한다는 내용이었다. 큰스님께 여쭙자 고개를 끄덕이시기에 올라오라고 전했다.

　누구나 그러하듯 그날 찾아온 선방 스님도 큰스님을 찾아뵙고 인사를 올리는 순간 가슴에 뜨거운 느낌을 받는 것 같았다.

　대부분의 사람들 얘기에 의하면 큰스님을 뵙는 순간, 무슨 말씀이 오고가기 전에 큰스님 모습에서 벌써 어떤 법문보다도 더 큰 감동을 느낀다고 했다. 큰스님의 온화하고 자애 어린 모습이 연꽃 같다는 사람, 부처님 같다는 사람, 부모님 같다는 사람, 청초하다고 하는 사람, 자비가 몸에서 주르르 흐른다는 사람 등등이 있는가 하면, 절하면서 자꾸만 눈물만 흘리는 사람들도 있었다.

그날 선방에서 해제하고 찾아온 젊은 스님도 인사 올린 다음, 한동안 아무 말 없이 무릎을 꿇고 앉아만 있었다. 아마 자기를 추스르는 것 같았다. 그러자 큰스님께서 먼저 말씀을 꺼내셨다.

"수좌는 공부 잘 하고 있나?"

"예, 열심히 하고 있습니다."

"그동안 선방에서 몇 철을 보냈나?"

"이제 세 철 보냈습니다."

"결제, 해제를 구분하려고 하다가는 금방 나이 먹고 늙어가는 거야."

그러자 그 젊은 스님은 한참 머뭇거리다가,

"큰스님, 저어 - 사실은 공부하는데 산란심이 자꾸 생겨서 화두를 한번 바꾸어 보려고 큰스님께 화두 하나 주십사 하고 이렇게 찾아왔습니다."

그러자 큰스님께서 곧 다음과 같이 일러주셨다.

"화두에 무슨 가격표가 있다고 바꾸려고 하나. 화두를 바꾼다고 공부가 달라지나? 조주스님의 '뜰 앞의 잣나무'나 약산유엄 선사의 '구름은 청천에 있고 물은 병에 있다'는 화두나 그 밖에 천칠백 공안이 있다고 하지만 문구마다 해석을 하려고 하고 분별을 하려고 하면 도는 십만 팔천 리나 멀리 도망가는 거야. 자네가 가지고 있는 도의 그릇에 도를 통째로 들이붓는 것이 화두야. 화두는 이론이나 상황, 방법을 뛰어넘은 한계 밖의 소식인 거야. 그렇기 때문에 화두를 대하

매 내가 지금까지 얻어들어서 쌓아 놓았던 지식과 알음알이의 철갑
옷을 철저히 벗어 던지고, 내 몸안에 망념의 독소를 내포한 세포 하
나하나까지 몰살시켜서 없어질 때, 화두는 진정한 나와 하나되어 주
체적으로 파악이 되는 거야. 그렇게 되면 눈을 들어 보이는 것, 귀를
열어 들리는 것 모두가 화두 아닌 것이 하나도 없는 거야.”

그 순간 젊은 스님의 눈은 빛났고 예리한 광채를 뿜어냈으며 얼굴
은 갑자기 굳은 의지와 용맹스러움으로 발갛게 홍조를 띄었다.

“큰스님, 법체 불편하신 데도 불구하시고 귀하신 시간에 귀하신
법문 정말 감사합니다. 이제 제 눈이 활짝 열렸습니다. 참으로 감사
합니다.”

하고 그 젊은 스님이 일어서려 하자 큰스님의 말씀이 이어졌다.

“그러나 화두를 받아서 제대로 공부가 되지 않는 사람을 위해서,
혹은 여건상 선방에 가지 못하는 대부분의 대중들에게 나는 ‘마하반
야바라밀’을 염하라고 하고 있어. 어쩌면 평생 화두를 붙잡고 씨름하
다가 세월만 보내는 것보다는 좀더 쉬운 방법일지도 몰라. ‘마하반야
바라밀’을 일심으로 염해서 지혜를 깨달아서 보살행에 이르게 하는
길 말일세.”

“예, 큰스님 대단히 감사합니다.”

여러 번 이마를 땅에 대고 지극한 공경례의 인사를 올린 뒤 그 스
님은 물러갔고 나는 그 젊은 스님 덕분에 많은 은혜를 입게 되었다.

9. 새 싹

어느 이른 봄날, 보현사의 낡은 큰스님 방 창틀에서 작은 꽃밭을
바라보고 있으면, 추운 겨울 내내 꼼짝도 않고 얼어죽은 듯이 숨어

있던 새싹들이 연둣빛 몸치장을 하고 딱딱하게 얼어 있던 대지를 열고 가녀린 얼굴을 삐죽삐죽 내밀고 있는 것을 볼 수 있었다. 누가 씨를 새로 뿌린 것도 아닌데, 지난해에 무성했던 백합꽃나무, 국화, 채송화, 맨드라미 등등 여러 새싹들이 순서를 정한 듯 하루하루 땅을 가르고 고개를 내미는 것을 물끄러미 신기한 표정으로 바라보고 있으면 큰스님께서 자연에 대한 내 부족한 눈을 열어 주신다.

"그래, 진리세계에서는 이미 다 이루어졌고 완전한 채로 다 갖추어져 있건만, 대지를 뚫고 솟아오르는 저 새싹들처럼 우리 인간들도 진리공덕이 현실세계에 나타날 때를 기다리고 있는 거지요. 사실 우리가 눈이 어두워서 가리워져 있고, 업의 구름으로 꽉 막혀 있다고 생각할 뿐이지요.

설령 우리가 살아가는데 장애와 고통이 아무리 많게 느껴져도 저 새싹이 장애의 무거운 흙덩어리를 뚫고 대지 위에 우뚝 솟아오르듯, 우리가 힘들고 어렵더라도 그 고통의 무게는 저 새싹들처럼 자기 힘으로 거뜬히 들고 일어설 힘이 누구에게나 있는 거지요. 그러기에 그가 지고 있는 고통의 무게는 그 사람이 스스로 지탱할 만큼, 견딜 수 있을 만큼 스스로 지고 있는 것입니다.

어느 날 인생의 봄이 오면 저 새싹처럼 무거웠던 업의 짐을 훌훌 벗어버리고 각자 고유한 개성을 이 세상에 연출시키는 거지요. 저 새싹들이 자라서 꽃 피우고 열매 맺듯이 각자가 가지고 있는 특징과 역량을 아낌없이 사회를 향해 역사를 향해 주변 사람들에게 발휘하는 것입니다. 그러므로 지금 불행하다고, 고난받는다고 절대로 좌절해서는 안 되는 것입니다. 항상 나타날 준비를 하고 있는 진리의 싹을 향해 밝고 맑은 마음으로 맞이해야 할 준비가 되어 있어야 하는 거지요."

이와 같이 봄날이면 봄날의 가르침이 있고 가을, 겨울이면 그때의 가르침이 있었다.

10. 음 식

잠실 불광사에서나 남양주 보현사에서나 공양주 보살님들은 항상 큰스님 공양에 대해 정성을 많이 들였다. 새벽 일찍부터 시작되는 절의 일과에 맞추기 위해 누구보다 수고하는 그들의 모습을 볼 때마다 마음속으로 한없이 고맙기도 하고, 거기에 비해 편한 내 생활을 돌아보면 죄스런 마음까지 들 때도 있었다. 물론 본인들이 원해서 하는 봉사이겠지만 때때로 지친 모습과 힘들어하는 표정을 볼 때마다 안쓰럽기도 했다.

큰스님께서도 공양주 보살님들의 노고에 대해서 평소 매우 각별하신 관심을 가지고 있었다. 그러한 점은 큰스님께서 공양상을 대할 때마다 합장하시며 감사하는 표정에서도 충분히 읽을 수 있는 일이다.

큰스님의 공양 순서는 언제나 똑같았다. 정성껏 합장하고 감사기도가 끝나면 공양그릇 뚜껑을 열어 그 뚜껑에 공양의 반은 덜고 나머지 반만 천천히 드셨다. 반 그릇의 공양은 허약한 위 때문에 소량을 드시기도 하지만 배부르게 먹지 않겠다는 각오와 결심으로 음식에 대한 절제를 평생 철저하게 지켰던 것이다. 어느 때는 몸의 중심을 잡을 수 없을 만큼 기운이 떨어졌을 때도 공양하시기 선에는 꼭 지극정성으로 합장하며 감사의 예를 엄숙히 지켰고 또한 소식(小食)을 하셨다.

공양 후에 가끔 들려 주신 말씀 가운데 한 법문이다.

"공양할 때는 누구나 감사한 마음으로 먹겠지만, 그렇지 않고 어떤 사람들이 내가 노력해서 그 대가로 당연히 먹어도 된다고 생각한다면 그것은 매우 부족한 생각이지요. 내 앞에 놓여 있는 이 공양물을 키우고 자라게 한 햇빛에게도, 바람에게도, 공기에게도, 물에게도, 토양에게도, 농부에게도, 중간 역할을 한 여러 사람에게도 진심으로 감사해야 하는 것입니다. 쌀을, 반찬을, 과일을 모두 돈을 주고 샀다고 하지만 가만히 생각해 보면 어떻게 돈만 있다고 다 얻어질 수 있겠어요. 다만 그 물건들이 생산되고 전달되는 과정에서 내가 얼마의 수고비를 보탰을 뿐이지, 공급되어지는 모든 것들은 근본적으로 진리세계의 은혜로운 선물이지요.

그러므로 아껴야 하고 절제해야 하며 당연히 뜨거운 감사를 부처님께 바쳐야 한다고 생각해요. 그 모든 미묘하기 이를 데 없는 작용이 진리의 힘이고 부처님의 은혜라고 말하는 것이지요.

또한 사람이 태어나서 한 생을 살아가는 동안에 수많은 음식물을 먹어서 지구상에 배출해 내는 쓰레기는 또 얼마나 많겠어요? 그렇다면 한 사람이 태어나서 죽을 때까지 자기 육체를 보존하기 위해 끊임없는 욕망으로 취하는 생각 속에 파생되는 오염. 사상적 오염들, 단체나 개인의 이기심으로 야기되는 숱한 오염, 가족 간에, 형제간에, 이웃 간에 서로 뿌려대는 보이지 않는 오염. 그 모든 오염으로 세상은 황폐해지고 있는 거지요. 그러므로 하루 중에 공양시간만이라도 모두 모두에게 진심으로 감사하고 겸허할 때 세상은 조금씩 밝아지지 않을까요?"

이와 같이 큰스님의 생활은 일거수 일투족이 모두 깨달음 아님이 없었다. 이제 큰스님의 은혜에 보답하기 위해서라도 낱낱이 실천하도록 다시 굳게 다짐하고 결심해야 하겠다. 나의 진중하지 못한 경망스러운 언행을 바로잡고 참다운 보현행자가 되도록 간절히 기도해야 하겠다.

11. 예 불

멀리 경상북도 울진에 볼 일이 있어서 큰스님께서 어려운 걸음을
했을 때의 일이다.

서울에서 울진까지는 워낙 길이 멀어서 미처 볼 일도 보기 전에
해가 저물고 말았다. 서울에서 출발할 때는 당일로 왕복을 예정했으
나 막상 도착하고 보니까 너무 안이하게 일정을 계획했던 것이다. 승
용차로 쉬지 않고 달렸으나 워낙 먼 거리였던 까닭에 어쩔 수 없이
하루를 머물게 되었다. 원래 계획으로는 조금 무리해서라도 당일로
서울에 올라가려고 했는데, 큰스님께서 몸도 쇠약하신 데다가 밤길
에 무리하여 모신다면 혹시나 하는 염려도 되었고, 뿐만 아니라 캄캄
한 밤중에 자동차를 운행하는 일도 쉽지 않을 것 같아 계획을 변경
하였다.

그러나 낯선 곳에서 큰스님을 정중하게 모시는 문제도 쉽지 않았
다. 부근에 적당한 사찰을 찾아보았지만 마땅한 곳이 없어서 함께 간
학륜스님과 의논해서 하는 수 없이 깨끗한 여관으로 큰스님을 모시
기로 했다. 사실 큰스님을 모시고 밖으로 나가면 여간 조심스러운 것
이 아니다. 우선 공양도 무척 힘든 문제였고 잠자리도 편치 않아 혹
시 건강이 더 나빠지면 어쩌나 염려가 컸다.

하시만 그날은 어쩔 수 없이 주변 식당에서 된장찌개 백반을 마련
하여 큰스님께 올리고 우리도 저녁공양을 먹었다. 이미 저간의 사정
을 다 아시는 큰스님께서도 별다른 내색 없이 공양을 조금 드신 다
음 잠자리에 드셨다.

나는 하루 종일 운전하여 먼 길을 달려온 피곤 때문인지 자리에

눕자 금방 잠이 들었다. 피곤에 떨어져 한참 곤하게 자고 있는데 꿈결 속에 부르는 소리가 아련히 들리는 것 같았다. 정신을 가다듬어 귀기울여 보니 상좌스님이 방 밖에서 부르고 있었다. 깜짝 놀라 웬일인가 하고 벌떡 일어났다. 혹시 큰스님께서 어떠신가 싶어서 걱정을 앞세우고 문을 열었더니, 상좌스님께서는 가사 장삼을 수하고 나보고 빨리 예불하러 오라는 것이었다.

나는 또 깜짝 놀라서 얼른 시계를 보니까 그때 나의 손목시계는 새벽 3시 30분을 가리키고 있었다. 허둥지둥 세수를 한 뒤 옷매무새를 가다듬고 큰스님 계시는 방문을 열고 들어갔더니 차가운 방바닥에는 담요가 깔려 있고, 그 위에 큰스님과 상좌스님 두 분께서는 예불하실 준비를 다 마치시고 내가 오기만을 기다리며 서 계셨다. 내가 들어가자 곧 '지심귀명례 삼계대사 사생자부 시아본사 석가모니불……' 하고 조용조용한 예불송이 퍼져 나갔다.

경북 동해의 바닷가 울진에 있는 어느 여관, 신새벽에 때아닌 예불 소리가 어둠을 타고 조용히 바다로 하늘로 퍼져 나가고 있었다.

큰스님은 절에서도 예불을 결코 소홀히 하지 않았다. 건강이 허락하는 데까지는 예불에 빠지는 일이 없었다. 법당에 나가지 못할 만큼 건강이 따라주지 않을 때는『금강경』을 빼놓지 않고 독송했다. 항상 수지하고 계신 아주 작은 '금강경 독송 수첩'은 겉표지가 거의 닳아서 반질거릴 정도로 낡아 있었다.

12. 각사상연구소(覺思想研究所)

매년 10월 16일이 불광회 창립 기념일이다. 그날이 되면 각계에서 보내온 축하 화환으로 절 입구 현관부터 법당 안까지 가득 찬다. 창립법회에 동참한 수많은 신도들과 어우러져서 한층 축제 분위기가 고조되고 어느덧 모두가 그 즐거운 분위기에 휩싸이게 된다. 큰스님 방에도 각계에서 많은 분들이 찾아오시는 날이므로 불광사 누구 할 것 없이 매우 분주한 날이다. 오시는 분마다 이구동성으로 오늘날 불교 포교의 대동맥을 이룩하신 큰스님의 업적을 찬탄하고 칭송했다.

그날은 보광당 대법당에서 우리 큰스님과 종단의 여러 큰스님들, 각처에서 살고 있던 상좌스님들, 초청된 내빈을 비롯한 불광의 형제들과 초·중·고·대학생, 유치반 어린이들까지 참석해서 성황리에 행사가 치러진다.

모든 행사가 끝난 오후가 되면 경내에 남아 있는 사람은 거의 없다. 마치 썰물이 빠져나간 다음처럼 고요가 찾아온다. 그래도 아무도 없었던 것 같은 절 안 어느 곳에 남아 있다가 조용한 시간이 되면 홀연히 나타나는 사람들이 있었다. 평소 큰스님과 가까이 지내시던 몇 분이 그때까지 조용히 기다렸다가 조심스럽게 큰스님 가까이 와서 다시 인사를 하고 편안한 대화를 주고받는 것이다. 그때는 큰스님께서도 격식을 떠나 편안하게 맞이한다. 어느 해 한 불자가 큰스님께 여쭈었다.

"큰스님, 큰스님은 내생에는 어느 곳에 태어나시어 무슨 일을 하시고 싶습니까?"

옆에서 보기에 조금은 당돌한 질문이라는 생각이 들었는데도 큰스님은 마치 그 질문을 기다리고 있었던 듯, 얼른 대답했다.

"각사상연구소를 불광에서 다시 시작할 것입니다. 각사상이란 말은 소천 노화상께서 많이 주장하시던 말씀인데, 말 그대로 자기를 깨닫는다는 말이지요. 다시 말해서 본 정신, 제정신을 차린다는 말이어요. 사람이 무엇을 잘못 본다거나 미치지 않고, 제정신 차린다는 말이 있죠. 제정신을 올바로 차려야만 인간이 행위를 통해 그가 속한 사회, 그가 만들어 가는 역사는 거룩하게 빛나고, 그가 처한 국토는 이 상국토가 되고, 바로 그 자리가 '파라다이스'이고 또 극치의 아름다움으로 장엄될 수밖에 없는 것입니다. 내가 반야바라밀 운동으로 여기 불광에 그러한 깨달음의 사상 연구를 하는 연구소를 설립하려고 오래 전부터 생각해 왔고, 어느 정도 구체적이고 가시적인 단계까지 도달하였습니다. 연구 요원의 구성이라든지 연구 방향 등을 설정해 놓았지만, 내 몸이 점점 낡은 수레처럼 되어 버려 이제 몸이 말을 듣지 않아요. 그래서 다음 생으로 미루어야 되겠다고 생각하고 있어요. 우리 그때 다시 만나서 참 불자가 되어 각사상연구소를 한번 멋있게 해봅시다."

큰스님은 천천히 길게 말씀했지만 한마디 한마디에 힘을 주어 마치 다짐하고 맹세하는 느낌이 들 정도였다.

그 후로도 불광에 다시 오신다는 말씀을 누누이 반복하셨다. 나는 이 글을 쓰면서도 반드시 오실 큰스님을 기다리고 있다. 큰스님께서 가장 좋아하는 선물을 준비하여 손에 들고 다시 모실 서원을 세워 본다.

13. 악세사리

큰스님 재세시, 불광사 정기법회 날인 일요일 오전이면 동서남북 각처에서 법우들이 구름처럼 몰려든다. 그야말로 각양각색의 사람들이 법을 듣기 위해 부지런히 찾아든다. 그 중에는 몸에 화려한 장식과 치장을 하고 오는 보살님들도 더러 있다. 귀걸이, 목걸이, 팔찌, 반지 등, 각자의 취향에 따라 치장도 다르겠지만 한두 가지씩 달고 다니는 사람도 있고 주렁주렁 달고 오는 사람들도 가끔 있다.

법회 날 개인적으로 큰스님 방에 인사 오는 분들 중에도 간혹 그런 보살님이 있다. 큰스님께 문안인사를 올리느라고 절을 하면 달그락달그락 소리가 들릴 정도로 달았으니 아마 본인도 절할 때는 무척이나 거추장스러웠을 것이다. 그런 모습을 큰스님께서 가만히 바라보시다가 웃으면서 한마디 하셨다.

"밖에다 장식물을 주렁주렁 달고 여기저기 붙이는 것은 다른 사람들한테 일일이 자기 속을 내보일 수도 없고, 또 말로 모두 설명하기도 힘드니까 '나는 속이 텅 비어서 대신 밖이라도 가득 채우고 다닙니다' 하는 것이지요."

이런 큰스님의 따끔한 가르침을 듣고 가신 보살님은 다음에 올 때는 그 엄청난 장식물들을 다 떼어놓고 홀가분하고 단정한 모습으로 나타났다. 또 한번은 어느 보살님께서 큰스님께 감사의 표시로 금으로 만든 두꺼비를 가지고 와서 큰스님께 내놓았다. 그 보살님께서 금두꺼비를 내놓으면서 대뜸 하는 말이,

"큰스님께서 일러주신 대로 열심히 기도했더니, 막혔던 일들이 잘 풀리고 아이들도 말 잘 듣고 남편 사업도 잘 되어서 감사의 표시로 가져왔습니다. 저의 성의이니 아무런 말씀하지 마시고 그냥 받아 주시기 바랍니다."

큰스님은 아무런 말씀 없이 한참을 물끄러미 바라보시다가 말씀하셨다.

"보살님의 고맙고 따뜻한 마음은 충분히 알겠습니다. 하지만 수도하는 수도승이 이런 것 다 버리고, 속세의 끈질긴 인연의 고리도 모두 끊어 버리고, 먹물옷으로 몸을 감추고, 무명초인 머리카락도 자르고, 몸도 마음도 진리의 문안으로 들어온 까닭이 무엇이겠습니까?

사람들은 이 고깃덩어리인 육체를 나로 알고, 거기에 이로운 일이라면 물불 가리지 않고 덤비고 있지요. 그야말로 그렇게도 아끼는 육체가 늙어가고 있고 속으로 썩어가고 있는데도 그 사실을 모르고 탐욕과 향락만을 일삼고 있지요. 끝내는 그 육체 보존도 못하고 처참한 종말을 맞이하면서까지 말이지요. 우리는 이 육체가 있을 때 육체는 허망하다는 것을 알아야 하고, 살아 있을 때 육체에 대한 애착을 놓는 연습을 해야 해요. 다시 말하면 살아 있으면서 육체를 없애는 수행을 해보란 말이에요. 이 생명이 숨쉬고 있을 때 진정 멸하지 않는 참 생명을 구하는 것은 지금 살아 있는 자의 책임이고 임무인 것입니다. 그것은 누구를 구하는 것이 아닌 진정한 나를 구하기 위한 자기 성찰입니다.

부처님과 통해서 완전 하나가 되는, 부처님과 나와 이웃과 만물과 하나가 되는 공부를 쉼 없이 해나갈 때, 진정한 참회와 용서와 화합이 되는 것이지요. 그런 다음에 과연 내가 누구이며 어떻게 살아야 하나 하는 것이 확연해질 테니까요."

큰스님은 말씀을 조용조용 하셨지만 곁에서 듣고 있는 나에게는 큰 우레소리로 들렸다. 나에게 들려 주신 묘법문이셨다. 그 순간 감격과 감동으로 고개를 숙이고 큰스님의 가르침을 세세생생 받들기로 마음속으로 굳게 다짐했다.

14. 차 한잔

점심공양 후에 가끔은 식곤증을 느껴 졸음이 올 때가 있다. 특히 늦은 봄날 오후 시간이 되면 그 졸음은 더욱 심했다. 그러나 월간 「불광」 원고 마감일이 가까워오거나, 아니면 주보 원고가 밀려 있을 때에는 힘들고 졸려도 쉬는 시간이 거의 없었다. 아무리 졸음이 쏟아져 내려도 내가 먼저 큰스님께 쉬었으면 좋겠다는 말씀을 할 수가 없다.

어느 날, 점심공양 후에 원고를 쓰려고 앉아 있는데 졸음이 쏟아져서 도저히 어떻게 해 볼 수가 없을 정도였고, 또 더 이상 참을 수도 없는 인내의 한계에 도달한 것 같았다. 참으려고 애를 쓰면서 정신을 바짝 차려 큰스님의 구술을 받아쓰는데도 자꾸만 딴 글자를 쓰고 있었다. 아차 싶어 깜짝 정신을 차리면 그것도 그때뿐, 잠깐 사이에 졸음은 감당하기 어렵게 또 퍼부었다. 너무 졸려서 그날은 참다 못해 큰스님께 차 한잔 드시면 어떻겠느냐고 여쭈었더니 큰스님께서 하시는 말씀이

"출가 수행자가 한가하게 차 마시면서 넋 놓고 있을 시간이 어디 있어요" 하시면서 오히려 염려를 하셨다.

사실 평소 큰스님 방에 방문객이 많으므로 자연히 손님에게 차 대접을 하게 된다. 그럴 때마다 큰스님은 으레 찾아오신 손님에 대한 예의로 차를 드시지만 차가 좋아서 맛을 음미하거나 특별히 따로 즐기지는 않으셨다. 내가 큰스님의 흉을 보는 것 같지만 큰스님은 손님과 차를 같이 마셔도 천천히 마시지 못하고 물 마시듯이 얼른 마시곤 하셨다. 그러나 아주 조금만 마시는 경우가 대부분이었다. 큰스님은 그런 점에서 좀 별난 분이시다. 수행하는 데 별 도움이 되지 않을 뿐만 아니라 시간 빼앗긴다고 차를 즐기거나, 붓글씨를 쓰거나, 그림을 그리는 일은 수행자로서 바람직하지 않다고 생각하셨던 것 같다. 나는 나선 김에 서울까지 간다고 나름대로 계산을 하면서 한 말씀 더 올렸다.

"큰스님, 쉬는 시간도 있어야 하지 않습니까? 지속적으로 오래 일 하시기 위해서는 휴식이 매우 중요하다고 생각하지 않으시는지요?"

“부처님 심부름하면서 한 시간을 멍하니 쉬면 부처님께 그만큼 소홀하고 마치 죄짓는 것 같아요.”

큰스님은 다시 두꺼운 돋보기를 쓰고 부처님 경전을 펴시어 구술을 계속해 나갔다.

15. 대학입시

대학입시 철이 다가오면 입시 학부모가 된 신도님들께서 오히려 입시생 자녀보다 더욱 힘든 정진을 하는 분들이 많다. 입학시험인 수학능력고사 일자가 가까워오면 100일 전부터 대학입시 원만성취 기도를 더욱 열렬하게 한다. 시험 날이 점점 임박하면 기도열기는 더욱 뜨거워지고 심지어는 법당에서 밤을 지새며 기도하는 분들도 많다. 큰스님은 열심히 기도하는 입시생 부모들께 가끔 격려의 말씀을 해 주셨다.

“입시기도란 다른 사람을 떨어뜨리고 내가 그 자리를 차지하려는 것이 아닙니다. 어린 자녀들이 성장하는 것은 마치 나무가 자라는 것과 같아서 한마디를 결산하고 또 새로운 마디를 향해서 나아가는 것이지요. 그 새로운 마디는 또 다른 시작이지 남과 경쟁하여 이긴다는 것이 아닙니다. 그런 까닭에 경쟁해서 다른 학생을 물리치고 승리한다는 생각은 접어야 해요. 사람은 생의 여로에 놓인 과정을 이수하려고 시험도 치고 열심히 노력도 하고 때로는 두번 세번 연거푸 반복된 일도 즐거이 합니다.

그것을 좀더 깊이 들여다보면 그가 출연한 인생의 무대에서 필요로 하는 배역에 충실해서 원 작가가 의도하는 작품의 완성도를 달성하기 위한 준비과정인 것입니다. 여기서 원 작가는 누구이겠습니까?

어떤 사람은 조물주라고 말할 것입니다. 그러나 우리 생명은 부처님 생명이고 원 작가는 우리 생명의 근원이신 부처님입니다.

그래서 입시기도 할 때 마음자세는 자녀들의 건강과 학업을 기원해야 합니다. 어느 대학에 합격, 불합격을 떠나 그 아이의 감추어진 재능과 역량을 깊이 믿고 신뢰하는 기도가 되어야 합니다. 자녀들의 비범한 능력을 기도를 통해 순수하게 믿고 받아들이며 한치의 의심 없이 긍정해 주라는 뜻이 됩니다. 그렇게 되면 아이는 엄마와 파장이 가장 잘 통하므로 엄마가 깊이 믿고 인정해 줄 때 설사 합격을 못하고 대학에 못 가게 되었다고 하더라도 그 아이에게 막힐 일은 전혀 없습니다. 그에게 적합한 배역은 원래 있는 것이고 기도를 통해 한층 원만하게 나타나는 것이지요. 사람의 눈으로 보면 막힌 듯 보이지만 그것은 착각인 것입니다. 경우에 따라서는 불합격이 전화위복이 되는 수도 있습니다. 그 아이가 가야 할 길은 이미 열려 있는 것입니다. 다만 집착함 없이, 남을 해롭게 한다는 생각 없이 묵묵히 인정해 주고 격려해 주고 용기를 주고 따뜻하게 감싸줄 때 만사는 형통하게 되어 있습니다."

나는 이러한 큰스님의 설법을 통해 불교는 생명을 육성시키는 숭고한 가르침이고 근원을 밝혀 주는 진리의 모습임을 다시 깨닫는 계기가 되었다.

16. 샛 별

쨍그랑 소리가 날 정도로 차가운 겨울의 새벽하늘에 반짝이는 샛별이 떠 있다. 부처님께서는 6년 고행 끝에 그 샛별을 보고 깨달음을 얻으셨다고 했다.

이른바 납월 팔일, 해마다 맞이하는 부처님의 성도광명일 새벽이다(음력 12월 8일). 불자들은 해마다 그날이 오면 법당에 모여 전날 저녁부터 그 다음 날 아침까지 특별정진에 들어가곤 했다. 그러한 특별정진은 전국의 어느 절이나 마찬가지이고 불광사도 역시 그렇다.

불광법회가 잠실로 옮긴 불광사 초창기에는 성도 철야정진을 새벽까지 한 다음 동참 대중들이 모두 석촌호수로 나가서 동쪽 하늘에 떠 있는 샛별을 바라보았다. 그 옛날 부처님이 깨달으신 장면을 상상하면서 너도나도 하늘을 향해 반짝이는 샛별을 찾고 있었다. 그때였다. 어떤 거사님이 합장한 채로 스님께 다가와서 큰소리로 여쭈었다.

"큰스님, 저도 어제 저녁부터 부처님처럼 용맹정진하고 이렇게 나와서 저 샛별을 뚫어져라 응시해도 깨달아지지가 않습니다. 어찌하면 좋겠습니까?"

큰스님은 빙그레 미소를 지으시며 대답하셨다.

"그래, 거사님에게 저 샛별이 뭐라고 말하던가요? 저 샛별은 3천년 전에도, 어제도, 오늘도 새벽하늘을 찬란히 밝히고 있습니다. 하지만 부처님께서 그 당시에 보신 저 샛별은 샛별이되 이미 샛별이 아니었습니다. 안과 밖에서 일어나는 번뇌를 완전히 놓고 쉰 자리인, 본질의 샛별. 진리 그 자체를 정면 대좌했던 것입니다. 샛별뿐이 아니었습니다. 바람이, 나무가, 새들도, 사슴도, 온 우주법계가 진리를 노래하고 광명으로 너울치고 있었을 것입니다."

큰스님의 법문은 새벽 공기를 타고 하늘에 떠 있는 저 샛별에까지 닿을 정도로 우렁차게 들려왔다. 그 자리에서 함께 경청하고 있던 대중들의 눈동자에서 돌연 빛이 일었고 굳은 신심과 용맹심이 가득 채워지는 순간이었다. 대중들은 다시 열을 지어서 호숫가를 돌며 '마하반야바라밀'을 힘차고 간절히 염했다. 해가 떠오르는 여명이 동녘 하늘에 환할 무렵, 대중들은 밤을 새운 피로감 하나 없이 씩씩하고 늠름하게 법당으로 발걸음을 향했다.

17. 죽을 고비 넘기고

경북 포항에 가면 월포라고 하는 작은 어촌마을이 있다고 큰스님께서 말씀한 적이 있다. 수평선 아득한 바다를 전망으로 한 평화스러운 어촌에 작은 고깃배들이 무시로 오고갔고, 갈매기 나르고 꼬마들이 모래사장에 옹기종기 모여 놀던 곳, 바로 큰스님께서 늘 잊지 못해 했던 월포 해변이었다.

그곳은 큰스님께서 20대 초반에 폐결핵으로 더 이상 학업을 계속할 수 없을 때, 친구와 같이 요양차 석 달간 머무르던 곳으로 친구 형님이 사는 곳이었다. 그때 친구의 형수 되는 분께서 유난히도 친절하여서 불편 없이 편안하게 잘 지냈다고 했다. 사실 그때만 해도 폐결핵은 몹시 무서운 전염병이었기 때문에 사람들은 피하려고 했지 가까이 오려고 하지 않았다. 그런데도 형수 되는 분의 특별한 보살핌은 헌신적이고 매우 이례적이었다. 어떻게 보면 젊은 큰스님의 인품이 처음 보는 사람들을 감동시킬 만큼 대단했을 것이라는 생각도 든다.

아무튼 젊은 큰스님은 어부들의 소박한 인정 속에서 바다 내음이 가득한 해변가를 마냥 거닐기도 했고, 뒷동산에 올라서 바닷물에 잔잔히 퍼지는 달빛을 밤이 깊어 가는 줄도 모른 채 바라보기도 했다. 젊은 큰스님이 그러고 지내는 동안 산으로 들로 다니면서 이름 모를 약초를 캐다가 손수 달여 주는 형수님의 정성 어린 간병으로 큰스님의 몸이 어느 정도 회복될 무렵 한국전쟁이 발발했다.

전쟁 소식을 들은 큰스님은 고향인 경기도 화성에 남아 있던 동생의 신변이 걱정되어서 걸어서 북쪽으로 향했다. 당시는 교통수단이 좋지 않기도 했지만 전쟁이 터졌으니 차를 탄다는 것은 엄두도 낼 수 없을 때였다. 월포에서 경기도 화성까지는 머나먼 거리였지만 걸어서 가는 수밖에 다른 방법이 없었다.

낮에는 침략자인 공산군 때문에 숨었고 주로 밤에만 걸어야 하는 목숨을 건 엄청난 시련과 고행의 길이었다. 결과적으로 포항에서 화성까지 무려 20여 일이나 걸려서 가게 되었는데 그동안 죽을 고비를 여러 차례 넘겼다. 어느 때는 숨어 있다가 공산당한테 발각되어 총부리를 들이대며 "어디 가느냐?"고 닦달을 받으며 엄한 추궁을 당했고, 금방 총이라도 쏠 것처럼 생명의 위협을 받기도 했다.

그런데 이상한 것은 그런 위험이 닥칠 때도 별로 두려운 생각이 들지 않고 오히려 누군가가 뒤에서 보살펴 주고 있다는 느낌만 자꾸 들었다. 어떤 알지 못할 강력한 힘이 큰스님을 보호하고 감싸고 있다는 믿음이 일었다고 했다. 그런 알지 못할 가호를 느끼면서 앞으로 뭔가 꼭 할 일이 있을 것 같은 예감이 들었다는 것이다. 물론 그때까지만 해도 입산하기 전이었고 절에 대해서는 꿈도 꾸지 못할 때였고 그 어떤 생각도 하지 않았을 때였다.

아무튼 그런 위급한 상황에서도 공산군들은 큰스님께 겨누었던 총부리를 갑자기 내리는가 하면, 오히려 친절과 호의를 베풀면서 조심해서 얼른 가라고 재촉하고 격려까지 해주었다. 심지어는 자기들이 장악하여 머물고 있는 관공서에서 잠을 재워 주고 밥을 먹여서 보내는 일도 있었다고 했다. 그때의 일을 큰스님은 이렇게 결론지어 회상하셨다.

"지금 생각해 보면 모두가 부처님 가호였어. 그런 생사기로의 와

중에서 나를 구해준 이유는 부처님 법 열심히 전하라는 부촉(付囑)이
었지. 그 뒤로 화성에 올라왔다가 곧바로 나는 범어사로 향해서 오늘
날까지 살아 있는 거지요."

18. 사 리

종정이셨던 해인총림 방장 성철 대종사께서 열반하셨다는 소식이
도피안사에 급히 전해 왔다. 나는 그 소식을 들은 즉시 큰스님께서
거처하시는 내원으로 달려가서 전해 올렸다.

큰스님은 아무 말씀도 않으시고 가만히 앉아 계시기만 했다. 평소
에 일찍이 볼 수 없었던 큰스님의 특별한 모습이셨고 표정이었다. 등
굽은 큰스님께서 학같이 긴 목을 세워서 앉아 계시는 모습을 뭐라고
표현해야 할지 모르겠다. 망연자실하여 눈의 초점은 허공에 있었고
얼굴색은 침울하여 비감한 기색이 가득했다. 그러면서 간혹 알아들
을 수도 없는 한숨 섞인 몇 마디를 흘리는 것이 전부였다.

종정이신 성철 대종사께서는 종단을 대표하는 어른이기도 했지만
개인적으로 불광의 큰스님과는 사형제지간이셨다. 속인인 내가 잘
모르기는 해도 스님들의 사형제간이라고 해도 모두 친한 것은 아닐
테지만 두 분 사이는 매우 특별한 것 같았고 말로 다 표현할 수 없는
친분이 형성되어 있는 것 같았다. 내가 곁에서 느끼기에도 두 분의
사이는 참으로 남다른 점이 하나둘이 아니었다. 그래서 성철 대종사
님의 갑작스러운 입적 소식을 전해 들으시고는 일찍이 한번도 볼 수
없었던 수연한 표정으로 오랫동안 침묵하셨던 것 같다.

큰스님의 침묵은 성철 대종사님의 다비식이 다 끝나고도 한동안
계속되었다. 그동안 유일하게 하신 한마디는 처음 입적 소식을 전해

올렸을 때였다. 오랫동안 양구(良久)하고 있다가 힘들게, 아주 힘들게 곁에 사람도 들릴락 말락한 혼잣말로 이렇게 운을 떼었다.

"노장님이 가셨으니, 이젠 누구한테 궁금한 걸 의논해야 하나. 안타깝고 답답하구나."

그런 바로 다음 날, 큰스님은 아픈 육신을 겨우겨우 일으켜 세워 생전에 그렇게 각별하게 의지했던 백련암 큰스님과의 영별을 위해 자동차 편으로 해인사를 향했다. 해인사까지는 건강한 사람에게도 짧은 거리가 아니었다. 하물며 큰스님의 건강 상태로는 몹시 힘들고 벅찬 거리였는데도 쉬지 않고 달려 주기를 원했다. 큰스님은 내려가는 차안에서도 줄곧 한마디 말씀도 없었고, 처음 앉은 그대로 똑바로 앞만 응시한 채 돌장승처럼 앉아 있었다. 성철 대종사와의 사이에 있었던 지나간 일들을 회상하시는지, 대종사가 떠나신 뒤의 종단을 염려하고 걱정하시는지 큰스님의 속마음을 나로서는 전혀 알 수 없는 일이지만 눈을 맑게 뜨시고 하염없는 생각에 잠겨 있는 모습만 쳐다보았다.

그해 여름, 큰스님을 모시고 경남 함양에 침을 맞으러 갔다가 올라오는 길에 해인사 백련암에서 대종사를 뵌 적이 있다. 그때 곁에서 두 분의 태도와 표정을 살펴보니 평소 내가 생각하고 듣던 것 이상의 친분과 지음(知音)을 볼 수 있었고, 느낄 수 있었다. 백련암 대종사께서 우리 큰스님을 그렇게 좋아하실 수가 없었다. 속세의 친한 사이에서도 도저히 볼 수 없는 장면이 내 눈앞에 펼쳐졌다. 불성을 서로 대면하는 반가운 모습이라고나 할까, 아니면 보살과 보살이 만나는 법열의 장면이라고나 할까, 그도 아니면 천하의 일인자들이 만나는 고도의 높고 높은 경지라고나 할까, 아무튼 속세의 좁은 눈으로는 감당이 안 되는 광경이었다.

나는 솟구쳐 오르는 터질 듯한 호기심을 지긋이 누르고 시종일관 침착하고 자세하게 눈에 띄지 않는 한쪽에 비켜서서 두 분 사이를 살폈다. 우리 큰스님도 연세가 높고 병약하여서 또래의 다른 큰스님들보다 훨씬 더 노인 같아 보였는데도 대종사님께서는 연신 어린아이 대하듯 천진하게 웃으면서,

"광덕이 왔구나. 그동안 더 노인이 됐네. 나보다 더 늙었어, 허 참" 하셨다. 경상도 서부지역의 독특한 사투리로 아주 빠르게 말씀했다. 대종사님의 말씨가 너무나 독특하셔서 나는 거의 알아듣지 못했다. 그래도 나는 호기심 가득한 눈초리로 혹시나 한마디라도 놓칠세라 아연 긴장하여 두 분 사이의 태도와 표정을 처음부터 끝까지 주시하고 있었다.

대종사님과 큰스님과의 만남을 그 후로도 몇 번이나 더 목격했던 나는 큰스님의 말할 수 없는 슬픈 심정을 어느 정도는 짐작할 수 있었다. 언제 만나든지 대종사님께서 우리 큰스님을 대하는 태도는 한결같았고, 우리 큰스님 또한 대종사님보다 더 하면 더 했지 조금도 부족한 느낌이 들지 않을 정도로 각별하고 공경을 다했다. 재가의 불자인 내가 생각하고 느끼기에도 두 분 사이가 한없이 부러웠고 그 장면을 보는 것만으로도 내가 마치 불보살님들의 회상(會上)에 서 있는 듯 기쁘기 한량없었다. 오히려 큰 행운이라는 감사의 생각이 마음 저 밑에서부터 솟아올랐다. 그러한 두 분이었기에 대종사님의 입적이라는 하늘 무너지는 일 앞에서 우리 큰스님께서 무슨 말씀을 더 할 수 있었으랴. 그때 우리 큰스님께서 할 수 있는 유일한 일은 침묵밖에 없었으리라는 생각을 다시 해본다.

그래서 해인사로 향하는 차안에서 큰스님은 미동도 않으신 채 허공만 바라보면서 길을 재촉했을 것이다. 큰스님은 오직 마음을 다해

대종사님을 의지했고 따랐으며 불사를 의논하고 뜻을 함께 했기에
대종사님 입적은 커다란 아쉬움과 상실감으로 가득했을 것이다. 그
러했던 두 분만의 관계를 누가 다 헤아릴 수 있으며 짐작이나 할 수
있었을까. 그러기에 우리 큰스님은 말을 잊어버리고, 웃음을 잊어버
리고, 몸의 고통마저 잊어버리신 채 마냥 해인사로 향하는 발걸음만
거듭 재촉했던 것이라고 본다.

점심공양도 거르신 채 줄곧 달려서 해인사에 도착하니 많은 조문
객들로 절은 가득했다. 현직 종정의 입적은 바로 종단장이었기에 그
준비로 모두가 바쁘게 움직이고 있었고, 오히려 잔칫집을 방불할 만
큼 사람들의 손길이 분주하게 돌아가고 있었다. 겉으로 보기에는 잔
치를 준비하는 곳처럼 사람들의 발걸음이 쉴 사이 없게 움직였지만
내면의 긴장된 모습에서는 모두가 비통과 상실을 산처럼 안고 있었
다. 절 한쪽에서는 영결식 장엄에 비구니 스님들이 꽃을 다듬고 있었
다.

큰방에는 성철 대종사님의 생전 모습 그대로인 영정을 모셔 놓
고 수많은 신도들이 줄을 서서 합장 분향을 올리고 있었다. 나는
큰스님 뒤에 서서 지극한 마음으로 대종사님 진영에 예배를 올렸
다. 큰스님은 어찌나 마음을 다해서 예배드리시는지 뒤에서 그 모
습을 얼핏 보기만 해도 눈시울이 뜨거워졌다. 상주 스님들이 인사
를 하고 자리를 권해도 한마디 말씀도 하지 않고 바로 돌아서서 차
에 올랐다. 상주들이라고 해도 모두 우리 큰스님 마음 같지는 않을
것이다. 망극한 슬픔 앞에 언어는 아무 소용없는 것이다. 언어가 도
달하지 못하는 곳의 심정을 어찌 말 몇 마디로 얼버무릴 수 있겠는
가 말이다. 그래서 큰스님은 아무런 말씀도 하지 않았고 또 할 수
도 없었던 것이리라.

해인사에서 김천 가는 길로 접어들어서야 내가 점심공양 걱정을 했더니, 길가에 있는 음식점에서 된장찌개 하나로 때늦은 점심공양을 했다. 국물로 간단히 목만 축이신 큰스님은 해인사로 내려갈 때처럼 쉬지 않고 다시 안성 도피안사로 향했다. 절에 돌아와서도 침묵과 집중으로 그날 밤을 보냈다.

그로부터 하루가 지난 대종사님 다비식 전 날, 큰스님은 다시 해인사로 내려가셨고 역시 아무런 말씀 없이 절하고 우두커니 서서 대종사님을 한참 바라보시다가 곧바로 되짚어 도피안사로 돌아오셨다. 어떻게 보면 왜 가셨는지도 모를 일처럼 돌아오셨던 것이다. 잠깐 서 있기 위해서 거기까지 달려가신 것일까 하는 의문이 들 정도였다. 그렇게라도 하지 않고는 도저히 큰스님 스스로의 마음을 달래기가 어려웠던 것이 아니었나 짐작해 볼 뿐이었다.

세번째 걸음은 대종사님의 다비식이 다 끝나고 초재를 모시기 전이었다. 역시 나와 시자스님이 같이 큰스님을 모시고 내려갔는데 경향 각지의 수많은 신도들이 열을 서서 한창 대종사님의 사리를 친견하고 있었다. 큰스님은 대종사님의 진영에 예배드리고 바로 돌아 나오셨다. 나는 큰스님께서 당연히 대종사님의 사리를 친견하시리라고 생각하면서 그쪽으로 발길을 옮기고 있었는데 뒤에 계시던 큰스님께서,

"노장님이 환영하지 않을 일이야."

하시고는 발걸음을 법당 밖으로 향하셨다. 큰스님의 깊은 뜻을 모르는 나로서는 대종사님의 사리가 궁금했고 또한 친견하고 싶었는데 그만 못하고 발길을 돌렸으니 무척 아쉽고 섭섭했다. 도피안사로 올라오는 차안에서 사리 친견 안한 까닭을 조심스럽게 큰스님께 여쭈었다. 말을 해 놓고도 상좌스님과 나는 행여 염려 듣지 않을까 조마

조마 하는 심정으로 큰스님의 눈치만 살피고 있었다. 그러나 우리의 걱정과는 달리 큰스님은 비교적 자상하게 응답해 주셨다.

"사리란, 흔히들 말하기를 믿음의 결정체라고 말하기도 하고 수행의 표적이라고 말하기도 하지. 그러나 엄밀하게 분석해 보면, 인간의 몸 속에서 타다 남은 물질도 따지고 보면 그 몸을 벗어난 존재일 수는 없어요. 견고해서 타지 않고 남아 있을 뿐 그 이상의 의미를 부여해서 집착하는 것, 역시 상을 여의고 상을 보지 말라는 부처님 말씀에 어긋난다고 보아요. 『금강경』을 한번만 읽어도 사리에 대한 해답은 이미 명백하게 나와 있어요. '일체 함이 있는 모든 법은 꿈이며 환이며 물거품이며 그림자 같으며 이슬과 같고 또한 번개와도 같으니 응당 이와 같이 관할지니라.' 이런 명백한 결론을 내주신 부처님 말씀으로 보면 사리에 지나친 관심은 두지 않아야 된다고 생각해요. 사리 이야기가 나온 김에 말하겠지만 내가 죽더라도 사리는 남기지 않을 테니까, 아예 사리는 찾을 생각도 하지 말라고 해요."

훗날, 과연 큰스님은 1과의 사리도 남기지 않으셨다. 비단 말과 행동이 일치한 것은 이 일뿐만 아니었다.

19. 옷

오래 전의 일이었다. 언제쯤이었는지 시기는 정확히 기억에 떠오르지 않는다. 여러 가지 밀린 원고가 생각나서 그날은 아침 일찍 서둘러 집을 나섰다. 으레 하던 순서대로 법당에 올라가 참배했다. 조금 서둘렀던 덕분인지 생각보다 꽤 일찍 보현사에 도착할 수 있어서 법당에서 백팔 예경을 올렸다.

그리고 큰스님 방을 들어갔더니 큰스님께서 손수 바느질을 하고 계셨다. 큰스님은 인기척을 느끼시고 바느질하던 손을 멈추고 안경 너머로 나를 바라보셨다. 나는 그런 큰스님을 보고 금방 토끼 눈이 되고 말았다. 그동안 큰스님께서 손수 바느질하시는 것을 직접 본 적이 없었기에 놀람도 있었고 호기심도 있었다. 나는 더욱 가까이 다가가서 유심히 살펴보았다. 하도 오래 입은 옷이어서 이미 바느질한 곳이 다시 헤어져 그 위에 천 조각을 올려 놓고 꿰매고 있었다. 그렇게 낡고 헌옷을 어떻게 입으시느냐고 여쭈었더니 큰스님은 입가에 미소를 담으시고 말씀하셨다.

"아직 입을 만한 옷을 버리면 옷이 울어요."

큰스님은 미소 띤 얼굴로 말씀하셨지만 나는 옷이 운다는 표현에 큰 충격을 받았다. 큰스님은 끝까지 손수 다 기워서 차곡차곡 옷함에 넣었다.

어느 고마운 분이 명주옷을 손수 잘 지어서 큰스님께 가지고 온 적이 있었다. 먹다가 배가 불러 남은 음식을 드려도 고마워 어쩔 줄 몰라 하시는 성품의 소유자이신 큰스님은 매우 고맙게 그 옷을 받아서 한쪽에 잘 놓아두셨다. 그러나 그것은 잠깐이었다. 진짜 주인을 찾고 있는 대기중인 것이었다. 큰스님은 누가 그 옷의 적임자가 나타나기만 하면 곧 불러서 잘 입으라고 하면서 주실 참이었다.

또 몹시 더운 여름에 모시로 만든 승복을 해 가지고 오는 분들이 있으면 큰스님은,

"모시옷은 첩이 셋 있는 사람이나 입는다는 말이 있듯이 손이 많이 가는 그 옷을 내가 어떻게 입겠어요."

무척 유머러스하게 거절에 대한 답변을 하시고는 화학섬유로 된 빨래하기 손쉬운 옷만 끝까지 입으셨다.

또한 이런 일도 있었다. 내가 경망스럽게 유행을 따라 옷차림을 하

고 다닐 때였다. 별 생각 없이 평소 하던 일이라 조심성 없이 멋대로 까불어댔다고나 할까. 아무튼 지금 생각해도 얼굴이 화끈 달아오르는 부족하고 부끄러운 일이었다. 그때 나의 경망을 보다 못한 큰스님께서 하루는 조용한 음성으로 가르침을 내리셨다.

"구품화 보살님, 지금 입고 있는 옷이 요즘 사람들이 한창 좋아하는 옷인가요?"

나는 그때서야 아차 하고 내 잘못을 느꼈지만 아무 말도 못하고 고개를 숙이고 있었다. 큰스님은 말씀을 계속 하셨다.

"옷은 자기 몸의 일부이고 자기 마음의 표현이지요. 물론 시대의 흐름에 따라 달라지는 사람들의 여러 시각도 있고, 대중들이 원하는 스타일도 있겠지만 그렇다고 진리를 논하는 사람이 바깥 경계에 휘둘려 겉껍데기 외모에 마음이 끄달리게 되면 자기 내면의 외침은 언제 들을 것인가요. 수행자는 계절에 맞는 보온과 예절에 적절히 적응할 수 있는 옷이면 부족함이 없다고 생각해요."

큰스님의 조용한 가르침이었지만 내게는 몇날 며칠 동안 도저히 고개를 들 수 없는 부끄러움이었고 일평생의 큰 교훈이 되었다.

다시 큰스님을 회상해 보면 그 덕화(德化)가 얼마나 대단했는가는 내 상상이 부족하다. 나같이 경솔하고 교만하고 사려 깊지 못한 부족 덩어리를 끝까지 내치지 않으시고 곁에 두신 것만으로도 큰스님의 행화지덕(行化之德)은 그 어디에도 비교할 수가 없고, 중생을 보살피는 자비는 대단한 것이어서 결코 아무나 흉내낼 수 없는 뛰어난 경지임에 틀림없다. 크신 은혜에 합장하고 뜨거운 감사를 올린다.

20. 낙 엽

　경기도 안성시 죽산면에 있는 도솔산 도피안사는 주변 산세가 무척 편안하다. 비록 크게 높은 산은 아니지만 정상인 비로봉에 오르면 동서남북이 툭 트여서 막힌 데가 없다. 멀리 바라보이는 산줄기들은 모두가 이 산을 향해 읍을 하고 서 있는 모습이거나 또는 비로봉을 향해 달려오고 모여드는 형상을 이루고 있다. 그리고 가까이 있는 산들은 도피안사를 빙 둘러싸고 있는 자연 병풍모양을 이루고 있다. 절 마당에 서서 360도 회전하면서 봉우리들을 올려다 보면 마치 연잎을 둘러놓은 것 같은 안온함과 상서와 길상의 조짐을 느낀다.

　물론 큰스님께서도 이곳 도피안사를 무척 편안해 하셨고 심지어는 이곳에 온 뒤로 건강이 더 좋아졌다고 여러 차례 고백하기도 했다. 그래서 갈매리 보현사에 있던 큰스님의 책과 소지품들을 모두 이리로 옮겨 놓았다. 나중에 불광에 별일이 없었더라면 아마 이곳에서 열반에 드셨을지도 모를 일이었다. 아무튼 큰스님께서 그토록 마음에 들어했던 터였다. 큰스님께서 이곳을 못 잊어 하여 나중에 불광원을 지을 때도 멀리 가지 않고 바로 비로봉 너머에 터를 잡으셨다. 물론 지극한 사람의 곁을 멀리 떠나고 싶지 않은 점도 있었지만 그것은 속에 감춰진 큰스님의 생각이셨고 표면적인 뜻은 이곳에 대한 편안함 때문이있다. 어쨌거나 큰스님의 관심 어린 이곳 도솔산은 칩칩산 중의 골짜기와 봉우리가 아니어도 도심과는 사뭇 다르기에 변해 가는 계절의 느낌을 쉽게 한눈으로 볼 수 있던 곳이다.

　큰스님께서 도피안사에서 만 삼년 동안 주석하셨는데 그때의 일이었다. 가을이 거의 지나가고 있을 무렵이면 뒷산에 자생하는 밤나무에 달려 있는 산밤들이 무게를 지탱하기 힘들어 땅으로 뚝뚝 떨어졌다. 다람쥐들이나 산 가족들의 겨울양식이라고 큰스님은 줍지 못하게 하셨다. 그런데도 나는 틈만 생기면 산으로 올라가서 밤을 주워 생밤을 씹고 다녔다. 어린 시절 보물찾기하는 것처럼 줍는 재미가 무척 좋아서였다. 간혹 그때를 떠올리면 큰스님 슬하에 있던 것이 부모님 곁에 있었던 것처럼 편안하고 즐겁기만 한 내 인생의 호시절이었다고나 할까.

큰스님은 점심공양 후 도솔산 산등성이로 가끔 산책을 즐기셨다. 가을바람에 낙엽이 떨어져서 골짜기로 몰려와 수북이 쌓여 있는 것을 물끄러미 바라보시고는 독백 같은 대화를 낙엽과 시작했다.

"참 수고 많이 했구나. 낙엽이 되기까지의 빈 마음을 우리 사람들도 배웠으면 좋겠구나. 겨울 내내 죽은 듯이 숨죽여 있던 나뭇가지에서 봄이 되면 조심스럽게 세상에 얼굴을 내밀고, 여름 내내 숲을 만들어 주고, 벌레들의 집도 되어 주고, 매미들의 안식처도 되어 주고, 수분과 영양분을 빨아 들여 뿌리로 보내 주고, 그리고는 이제 또다시 빈 마음이 되어 집착 없이 그 나무를 말없이 떠나주는 무상(無常)의 도리를 여실히 보여 주고 있구나. 해마다 낙엽은 빈 마음으로 돌아가서 땅에 떨어져도, 사람이 가지고 있는 애착은 좀처럼 떨어질 줄 모르고 쌓여가고만 있구나."

큰스님 곁에 있으면 진리 속에 있는 것을 느끼게 된다. 그때 더 열심히 배우고 정진하지 못했던 만시지탄의 후회가 가슴을 후벼 파고든다.

21. 동산 대종사

"생각도 없고 꿈도 없을 때 네가 누구냐?"

이 말씀은 동산 대종사님께서 자주 들려 주신 법문이라고 하셨다.

큰스님은 동산 대종사님의 특별한 기대를 한몸에 받아온 수제자라는 사실을 주변에서 이구동성으로 말하고 있다. 실지로 큰스님은 스승이신 대종사님을 떠올릴 때면 큰스님 자신의 연세가 많은 데도 어린아이처럼 꼭 '우리 스님'이라고 말하곤 했다.

큰스님도 어느덧 노인이 되었지만 대종사님에 관계되는 이야기가 나오면 바로 그 옛날로 돌아가 돌연 아이가 되는 것이었다.

"우리 스님께서는……."

하고 말씀을 꺼내신 다음 바로 얼마 전에 있었던 일처럼, 눈앞에 그 광경을 환히 그려서 미소 띤 얼굴로 말씀했다.

"아침이면 하루도 빠지지 않고 빗자루 드시고 마당을 쓰시고 공양을 하셨지."

금방 대종사님을 만나고 온 것처럼 기쁨을 천진(天眞) 동안(童顔)에 가득 담고 철철 밖으로 흘렸다.

동산 대종사님께서는 평소에는 엄격하시면서도 자상하셨고, 뜻 높은 가르침을 일상생활을 통해 몸소 보여 주셨다고 했다. 한번은 큰스님께서 범어사 원효암에서 묵언 기도를 하고 있었는데, 범어사에 계시던 대종사님께서 갑자기 심하게 편찮으셔서 주사를 놓아드리느라고 묵언기도를 중간에서 포기했다는 이야기도 하셨다. 스승님의 한약을 달이다가 까맣게 태워서 무척 당황해 했던 이야기며, 또 유난히도 상추쌈을 좋아하셨다는 평범한 일화들을 몸이 아파 누워 있으면서도 즐거운 마음으로 나에게 들려 주셨다.

무엇보다 대종사님에 대해서 힘을 주어 강조하신 부분은 대종사님의 한량없는 자비심에 대해서였다. 우리나라가 몹시 가난했던 한국전쟁 후에 전국 방방곡곡에서 부산 범어사로 수없이 찾아오는 수행납자들을 모두 받아들여 함께 생활했다는 것이다. 먹어도 같이 먹고, 굶어도 같이 굶는다는 대종사님의 뜨거운 대비심으로 인해 범어사에서는 현실의 힘든 고통도 고통이 아닌 경지에서 살았다. 아무리 끼니가 없어도 찾아오는 사람 외면하지 않고 친절하게 맞이하여 함께 공부하면서 살자고 권유했고, 대중을 떠나 연세 높으셨던 대종사님도 혼자서 따로 공양상 한번 받아본 적이 없으셨다고 했다. 원주가 양식이 떨어져서 걱정하면 참다운 수행자들의 의식(衣食)은 제천(諸天)이 담당한다고 호령하여 법도를 세워 나갔다고 회상했다. 대종사님께서는 어려움을 핑계로 자비행을 미루지 않았고 동체대비의 실상을 잠시도 떠나지 않으셨다고 했다.

또한 대종사님께서는 당신의 상좌들에게도 꼬박꼬박 존대어를 사용하셨다는 말씀을 했다. 일견 보기에 스승이 엄하시면 크게 소리 지르고 하대로 훈도할 것으로 생각하지만 대종사님은 결코 사람을 함부로 대하지 않으셨다고 증언했다. 내가 보기에 그 가르침의 영향을 큰스님께서도 그대로 이어 받으신 것 같았다.

대종사님께서는 상좌들한테 엄하게 대했고 잘못하는 일이 있으면 호된 꾸지람과 법문으로 훈도와 질책을 내리셨다고 했다. 큰스님은 그 엄한 대종사님께 딱 한번 꾸지람을 들으셨다고 했다.

그것은 큰스님의 행자시절, 무슨 기도 중이었는데 대웅전에서 기도를 올리다가 산신각에서 기도를 올렸고, 또 대웅전으로 옮겨서 다시 기도를 올리고 있는 것을 대종사님께서 보시고 "그냥 산신각에서

기도 드리지, 왜 왔다갔다 하느냐?"고 하시면서 염려를 하셨다고 했다.

대종사님께서는 공부하려고 아픈 몸을 이기고 애쓰는 우리 큰스님을 위해 송정 앞바다에 있는 작은 섬에 공부 처소를 마련해 주신 적도 있다고 회상했다. 사중 일 떠나서 혼자 열심히 공부하도록 특별 배려한 것이다. 대종사님 덕분에 큰스님은 평생 지워지지 않는 체험을 그때 간직하게 되었던 것이다.

아침에 눈 뜨면 떠오르는 태양, 금물결 넘실거리는 수평선, 밤바다의 맑은 바람과 부서지는 달빛, 가히 환상적이었다고 했다. 그 후에 큰스님께서 찬불가 작사하실 때 태양과 파도와 달빛이라는 단어들이 단골로 등장한 것은 그때에 각인되었던 환경 때문이었다고 큰스님 스스로 고백했다.

22. 소천 대선사

소천 대선사님은 절 집안 법맥(法脈)의 촌수로 따지면 동산 대종사님의 사제이시고 큰스님의 사숙(師叔)이 되신다. 대선사께서는 일찍이 『금강경』 번역을 해서 주로 『금강경』 법문을 많이 하셨다고 했다.

"소천스님께서는 금강굴에 빠지신 문수보살님이시지."

이어서 큰스님은 대선사님의 일화를 계속하여 말씀해 주셨다.

"소천 노화상께서는 10대에 『금강경』을 만났고, 20대에 『금강경』을 깨달으셨고, 30대에 『금강경』 해설을 하셨어요. 노화상께서 마산 부근 어느 절에 계실 때는 몸이 아픈 환자들이 법당 가득 모였는데, 화상께서 '할'을 외치시면 그 자리에서 많이 나아 돌아갈 정도로 신통력도 갖추셨어요. 그리고 신심과 서원이 참으로 대단하시고 혜안

이 특출하셨을 뿐만 아니라 부처님께 절을 하도 많이 해서 무릎이
헤어져서 맨살이 나올 지경이었어요.”

　큰스님께서 법회의 설법 때나 평소 말씀하셨던 각사상운동은 바로
대선사님의 주장이셨고 사상이었다. 이와 같은 구국구세 사상은 대
선사님으로부터 전해 받은 은혜라고 늘 말씀하셨다. 대선사님께서는
많은 저서를 남기셨고 제자들을 길러 각운동을 위해 평생을 몸 바치
셨다고 했다. 이런 일화도 큰스님께서 나에게 말씀하셨다.

　한국전쟁 직후, 대선사님께서 경상도 지방의 작은 암자의 주지로
계실 때의 일이라고 했다. 하루는 어느 노보살님이 갓난아이를 안고
와서 대선사님께 이 아이가 스님 아이라며, 자기 딸이 낳아 놓고 미
국으로 떠나면서 소천스님께 보내달라고 했다는 것이다. 그래서 아
기를 데리고 왔다고 하면서 맡기고 갔다는 것이다. 대선사님께서는
아무 말 없이 아기를 받아서 절에서 길렀다고 했다. 그 광경을 지켜
본 신도들이 얼마나 비난하고 손가락질했을까 하는 것은 불문가지이
고 또한 충분히 짐작하고도 남을 일이었다. 그러나 대선사님은 아무
런 말없이 그 아이가 초등학교 6학년 때까지 곱게 기르셨다고 했다.

　그렇게 십여 년의 세월이 지난 어느 날, 전혀 안면이 없는 부부가
미국에서 대선사님을 찾아왔다. 와서 무조건 무릎꿇고 빌기부터 했
다. 대선사님께 참회하고 그간의 말못할 사실을 털어놓기를,

　“큰스님, 사실은 저희 둘 사이는 동성동본으로 결혼할 수 없는 사
정이었습니다. 그러나 서로 사랑하는 관계로 발전해서 아이를 낳게
되었습니다. 여러 가지 궁리 끝에 어머니께서 자주 다니며 존경하셨
던 ‘소천스님’ 아이라고 하면 무마될 것 같아서 그동안 죽을 죄를 짓
게 되었습니다. 어리석은 중생의 잘못으로 생각하시고 너그럽게 용
서해 주시기 바랍니다.”

하고는 다 자란 아이를 데리고 미국으로 갔다고 한다. 아마 지금쯤은 그 아이도 할머니로 변했겠지.

그런 소설 같은 일화를 들려 주시어 나로 하여금 대선사님의 깊고 큰 자비심에 진심으로 감동하고 고개 숙이게 하였다. 큰 법에서 큰 행이 나온다는 법문을 다시 곰곰 새겨 보았다.

23. 기 도

불교 수행을 통해 신앙생활을 하는 사람이라면 아침저녁 기도는 일과(日課)로 지켜가야 한다. 어느 때나 말이다.

불광사에서는 여름과 겨울 일 년에 두 번씩 50일 기도기간이 있다. 그것은 불자가 매년 100일 정도는 특별 기도를 해야 한다는 큰스님의 수행 방침 때문이었다. 불광사의 50일 기도 때가 되면 평소 아침저녁 수행일과를 다소 소홀히 했던 사람들도 특별 기도기간 동안만이라도 열심히 정진하려고 노력했다. 그러한 기도 때가 되면 평소보다 많은 불자들이 큰스님께 기도에 대한 여러 가지 의문을 가지고 질문해 오는 경우가 많다. 큰스님은 질문자 누구에게나 다음과 같이 말씀하셨다.

"기도는 자기 인생을 바꾸는 기술이지요. 고통 받는 삶 속에서 바꾸고 살려고 하는 사람이 있으면 반드시 기도해야 해요. 원래 진리 그 사리에서는 무엇 하나 부족한 것 없는 원만이고, 구족이며, 해탈이며, 자재지요. 이미 완전하게 이루어진 사실을 깊이 믿고 긍정하고 감사할 때 현실 위에 진리 위덕(威德)이 구체적으로 실현되는 거지요. 그렇게 믿고 기도하며 '마하반야바라밀'을 염할 때는 내가 소리내어 부르는 것이 아니라, 나를 통해서 불려진다고 생각해요. 그러나 기도

자에게 무엇보다 중요한 마음가짐은 어떤 상대와도, 어떤 사건에도 대립된 마음이 없어야 해요. 왜냐하면 진리에 통하고 부처님께 통하려면 그 세계는 대상화될 수 없는, 둘로 나눌 수 없는 하나 속에서만 통할 수 있기 때문이지요. 작은 내가 아닌 우주 법계의 큰 내가 되어 염할 때 비로소 부처님과 내가 하나 되어 불가사의한 일도 생길 수 있고 나타날 수도 있는 것입니다.”

이렇게 큰스님께서 자세하게 기도의 원리와 방법을 말씀하시면 대개가 큰 신심을 일으켜 열심히 기도하게 된다. 그렇게 정진하여 환하고 밝은 얼굴로 50일 기도가 끝나면 큰스님께 감사의 인사를 드리러 오는 경우도 많았다. 가족 간 불화가 있었던 사람들은 기도를 통해 어느 한쪽이 양보하므로 행복을 되찾고, 사업이 부진하여 힘들었던 사람들은 우연하게 은인을 만나거나, 아니면 뜻하지 않게 엉뚱한 곳에서 일이 순조롭게 풀려 곤경에서 벗어나게 되는 것이다. 몸이 아파서 의사가 희망이 없다고 선고받은 분들도 기적같이 건강을 되찾아서 태연히 만면에 미소를 머금고 오는 분들도 있었다. 오직 기도할 때 한결같은 일심이 되어서 힘들여 정진한 만큼 꼭 그 결과는 주어지는 것이라고 큰스님께서 강조하던 말씀이 생각난다.

24. 찔레꽃

경기도 구리시에 있는 보현사에서의 일이다. 큰스님이 머물고 계시는 요사를 지나 산모퉁이를 돌아가면 약간 비탈진 언덕에 하얀 찔레꽃이 소담하게 피어 있다.

찔레꽃은 크고 화려하지는 않지만 자태가 순박하여 고상하고 색깔이 순결하여 사뭇 여러 꽃들 중에서도 그 격이 높다. 그리고 무엇보다 향기는 은근하고 멀리까지 전해져 사람들에게 순수한 감정을 일으켜주는 덕있는 꽃이기도 하다.

그런 담백하고 청초한 찔레꽃을 바라보시던 큰스님께서 조용히 웃으면서 옛날 이야기 한 토막을 들려 주셨다. 우연한 기회에 큰스님의 지극한 인간미의 한 모습을 다시 느껴 보는 계기가 되었다.

"찔레꽃은 순결한 시골처녀같이 순박한 느낌을 주고 있지요. 내가 절에 오기 전, 소년시절에 기차를 타고 어디를 가는 중이었어요. 그때 저 찔레꽃 같은 시골 소녀를 일생에 딱 한번 본 일이 있었어요. 그 소녀는 어머니와 함께 어디 나들이를 가는지 내 앞자리에 다소곳이 앉아 있었는데, 댕기머리를 단정히 하고 한복 치마저고리를 차려 입은 맵시가 무척 단아하고 청초했어요. 하얀 얼굴에 약간 홍조를 머금고 수줍은 듯 고개를 숙이고 앉아 있는 모습이 그대로 찔레꽃을 옮겨왔다는 느낌이 들었어요. 사람을 보면서 어떤 사물과 흡사하다는 생각을 그렇게 분명하게 해본 기억이 그 전에도 그 후에도 거의 없어요. 아무튼 그때의 찔레꽃 연상(聯想)은 흔치 않는 느낌이었다고 봐요. 지금 눈앞에 있는 찔레꽃 그대로라는 생각이 아직도 선연하군요. 찔레꽃 모습과 풍기는 향기를 그대로 닮고 있었던 순박한 시골 소녀였어요. 어디쯤 가다가 중간에서 어머니를 따라 내려 총총히 역사를 빠져나가는 것을 바라보며 나는 속으로 기도했어요. '그래, 세상에 나가서 언제까지나 때묻지 말고 찔레꽃 같은 순박함 그대로 행복하게 살아라.' 수십 년이 지난 까마득한 아주 옛일인데도 오늘 찔레꽃을 보니까 문득 그때 생각이 스치는군요."

큰스님은 구부정한 허리를 펴고 서서 먼 산을 바라보시다가 독백처럼 한 말씀 덧붙였다.

"오늘따라 수락산이 무척 멀리 보이는구나."

뒷짐을 지고 방으로 걸어가는 큰스님의 모습을 바라보면서 다시
한번 큰스님의 고결한 위의와 학 같으신 자태를 우러러보았다. 큰스
님의 젊고 푸르렀던 소년기, 청년시절의 순박한 일면을 통해 큰스님
을 다시 생각해 보노라면 찔레꽃 이야기를 듣기 전보다 듣고 난 후
가 훨씬 도가 높고 깊다는 생각이 떠나지를 않았다.

25. 우리 누님

원고를 쓰다가 힘들면 잠시 쉬는 시간이 있다. 물을 한 잔 마시든
지 마당에 나가서 거풍을 하든지, 그도 아니면 큰스님께서 개인적인
이야기를 잠깐 들려 주기도 하는데 그런 내용은 주로 짤막했다.

"나에게 누님이 두 분 계셨어요. 둘째 누님이 한국전쟁 전에 돌아
가셨어요. 나보다 여섯 살 위였는데 집안 식구 중에서 나와 가장 가
까운 사이였어요. 누이의 성품이 자상하고 무척 자비로워서 가족에
대해서나 주변에 대한 배려가 극진했어요. 어머니 같은 느낌이 들 정
도로 원숙하고 따뜻했으니까요. 사실 아버지가 돌아가시고, 조금 지
나서 형이 또 세상을 떠났어요. 그러한 충격 때문이었는지 이어서 어
머니가 가시고 둘째 누님마저 가신 것이지요."

큰스님은 그 누님 이야기를 가끔 꺼내곤 했다.

그렇게 다정했던 누님이 갑자기 돌아가시어 이 세상과 마지막 작
별하던 날, 산에 가서 매장하고 내려오는데 어떻게 눈물이 쏟아지는
지 감당할 수가 없었다고 했다. 어마어마한 눈물을 흘려본 사람만이
이해할 정도로 눈물이 쏟아져 길이 보이지 않았다고 했다. 울고 싶다
는 생각이 없었는데도 하염없이 내리는 궂은비처럼 주룩주룩 쏟아져
내려 도저히 걸을 수조차 없었다고 했다. 마치 배수관에서 물이 흘러

나오듯 눈물이 줄줄 흘러내려 닦을 수조차 없었다고 했다. 그 이후로 그런 눈물을 두번 다시 흘리지도 않았고 그 이전에도 흘려본 적이 없었다고 말씀했다. 그 말씀을 듣는 나는 우리 큰스님의 다정다감한 인간애를 눈앞에서 대하는 것 같았다. 그리고 그 당시의 슬픈 정경을 바로 보는 것 같아 다시금 옷깃을 여며야 했다.

우리 큰스님의 큰 누님은 지금 살아 계신다. 큰 누님과의 나이 차이는 17살이었기에 큰스님 세 살 때 가마 타고 시집갔다고 했다. 큰 누님께서 가마 타고 시집가는 날, 어린 동생이 따라간다고 떼를 쓰고 어찌나 서럽게 울어대든지 주위 사람들이 어쩔 줄을 몰랐다고 했다. 큰스님께서 그 말씀을 하면서 웃으시곤 했다. 그 표정이 너무나 인간적이어서 무척이나 감동적이었다. 그 순간, 하늘같기만 한 큰스님도 나와 똑같은 인간으로 그런 희로애락의 삶을 살아오셨다는 생각에 안도가 되었고 더욱 큰 믿음이 일었다.

아무튼 어린 큰스님께서 동네가 떠나가도록 울었던 큰 누님은 시집가기 전 어린 큰스님을 등에 업고 이웃에도 가고 또 동네 사람들이 많이 모여 있는 데도 업고 갔다. 동네 사람들이 빙 둘러앉아 있는 곳에 가서 내려놓고 어린 큰스님께 노래도 시키곤 했는데, 우리 큰스님은 노래도 잘했다고 했다. 그 다음부터는 업고 있다가 땅에 내려놓으면 으레 큰소리로 노래를 불렀고, 사람들은 어린 큰스님께 아낌없는 박수 갈채를 보냈다 한다. 어린 큰스님은 사람들 앞에 서기만 하면 으레 자기가 노래를 불러야 하는 것으로 생각하여 설령 누가 노래를 시키지 않아도 스스로 노래를 불렀다고 했다.

사람들 앞에 서기만 하면 당연히 자기가 노래를 해야 하는 줄 알았다는 천진한 어린 시절의 우리 큰스님. 하늘 같이 높고 높아 존엄하기 그지없는 우리 큰스님께도 어린 시절이 있었고, 철부지로 동네가 떠나가도록 울면서 떼를 쓰기도 했고, 영별의 고통에 피눈물을 쏟으며 걸음마저 걷지 못한 때가 있었다니 나는 거듭 안심이 되고 다행스러운 생각마저 들었다.

우리 큰스님 초등학교 때에는 글짓기를 잘해서 최고상인 군수상을 받았고, 상품으로는 그 당시 초등학생으로서는 상상도 못할 만년필을 받았다고 하셨다. 총명하고 비상하여 두 번이나 월반(越班)을 하여 주변을 놀라게 했을 뿐만 아니라 얌전하고 똑똑하여 어른들이나 선생님들의 칭찬을 한몸에 독차지했다는 이야기를 면목동 큰할머니(큰누님) 보살님에게 자세히 들은 적도 있다.

보현보살이셨던 우리 큰스님, 어서 이 땅에 돌아오십시오.

큰스님 속환 사바하.

나무보현보살마하살.

26. 영 가

불광사에는 다른 절보다 영가 천도의식이 무척 많았다. 그 까닭은 불광의 큰스님께서 법력이 높아 영가 천도를 잘 시킨다는 소문 때문이었다. 그 소문은 사실이었다. 평소 큰스님께서 법회 날, 설법할 때도 그런 이야기가 많았고 조상님 섬기고 받드는 일에 각별하고 지극하셨음은 누구나 익히 알고 있는 일이기도 하다.

큰스님께 들은 법문 중에 영가에 대한 내용이 많았으며, 지금도 선연하게 떠오르는 기억에 이런 내용의 설법이 있었다.

"사람이 몸을 버리면 식(識)이 남아 있어서 생전에 그렇게도 소중하게 아끼고 집착하던 육체에 대한 애착과 미련을 대부분의 영가들은 버리지 못합니다. 그래서 죽은 후에도 식이 시체의 곁을 떠나지 못하는 경우가 있는가 하면, 화장을 하면 갑자기 없어진 자기 육체에 대한 방황은 대단할 수도 있다는 것입니다. 또한 사랑하던 가족과의 이별은 더욱 받아들이지 못합니다. 영가 자신이 두렵고 외롭고 당황하여 어쩔 줄 몰라 하다가 생전에 정신 파장이 잘 맞았던 가까운 사람한테 가서 하소연하기도 하고 영가 자신의 의사(意思)를 전달하려고 애를 쓰게 되지요. 그러나 사람은 영가와 정신(識) 파장이 다르므로 알아들을 수가 없고 전달되지도 않습니다. 의사는 통하지 않지만 영가의 호소와 접근으로 당사자의 몸이 아프거나 집안이 편치 않을 수 있는 것입니다. 그러나 생전에 불법을 제대로 믿고 수행 정진하다가 죽으면 그런 일이 없겠지만 죽음에 대한 아무런 준비 없이 천년만년 살 것처럼 지내다가 갑자기 죽으면 영가 스스로가 헤매게 되지요. 삶에 대한 미련과 강한 집착을 떼지 못한 정도에 따라 영가 자신이 받게 되는 고통과 비례한다고 합니다. 그럴 때 영가에게 위로와 안정을 찾아주고 다음 단계로 안내하고 인도하는 의식이 필요하여 천도재를 지내게 됩니다. 인간이 살다가 일단 몸을 버리면 천이통과 천안통이 생긴다고 했습니다. 왜냐하면 육신은 이것저것 한계가 많고 제한이 많았는데 그 거추장스러웠던 육체를 벗어 버렸으니 신통이 저절로 드러난 것이지요. 그러나 평소에 의식 차원을 어디에 두고 살았느냐에 따라서 죽어서 그의 세계는 결정된다고 합니다.”

큰스님께서 또 말씀하시기를, 사람이 죽은 지 40년이 넘어도 영가가 안정을 찾지 못하고 헤매고 있는 경우도 있다고 했다. 그렇다고 영가와 인간을 지나치게 별개로 볼 것도 아니고 무서워할 필요도 없다는 것이다. 평소에 인연이 있었던 영가에게 부처님 말씀 들려주고, 그가 잘되기를 기원해 주고, 무엇보다 집착과 편견을 가지지 않으면 영의 세계를 이해하는 데 많은 도움이 된다고 말씀하셨다.

광덕 큰스님의 마지막 법연불자(法緣佛子)

보적 김지수(寶積 金池洙) | 전남대 법학과 교수

1.

강남 갔던 제비가 금수강산을 못 잊어 되돌아온다는 음력 삼월 삼 진날(2001. 3. 27) 새벽 꿈에, 참으로 오랜만에 하늘의 별들을 몽견(夢見)했다. 그것도 옛날 시골 고향집 마당에서 남쪽 하늘 향해 무수히 많은 은하수(銀河宿)들이 밝게 총총히 빛나고 있는 모습이었다. 그런 데 은하수의 동쪽 하늘은 뭔가 널빤지 같은 물체에 가려 그저 어두 움뿐이었다. 오직 은하수만이 금강석을 깔아 놓은 듯 초롱초롱 빛났 다.

영국의 시인 워즈워드가 '하늘에 무지개를 볼 때, 내 마음은 뛰노 라(My heart leaps up when I behold / A rainbow in the sky:)'고 노래했던가?

허구한 날 밤하늘에서 별을 찾아보기도 여간 힘들지 않은 나는, 어 쩌다 꿈속에서라도 하늘의 별들을 보는 때는 왠지 모를 마음의 설렘 과 기대가 일어난다. 은하수를 꿈꾼 그저께 아침도 마찬가지였다.

마흔 넘어 잡은 사실상의 첫 직장에 다닌 지 한 달도 못 되어, 이 십여 년 학업을 닦아온 서울보다도 오히려 낯설지 않은 빛고을〔光

州]이건만, 그래도 새 생활에 적응하랴, 강의하랴, 정신적 여유가 별로 없어, 그동안 기억할 만한 꿈은 별로 못 꾸었다. 그런데 갑자기 웬 천상의 은하수인가? 혹시 이른 아침 참석해야 할 민방위 비상소집 훈련에 새벽같이 집을 나서다가 하늘의 별들이라도 보게 될 것이라는 싱거운 조짐은 아닐까?

강의는 없지만 오히려 강의 있는 날보다 일찍 서둘러 집을 나섰다. 여섯시 반 조금 지난 시각, 하늘의 별들도 이미 새벽 여명(黎明)에 잦아들었겠지만, 하늘 올려다 볼 틈도 없이 달음박질하느라 온몸에 땀만 흥건히 흘렀다. 덕분에 아침 일찍 연구실에서 소제 좀 하고 책도 좀 떠들어 볼 여유가 있었다.

그리고 점심을 먹은 뒤 무등산(無等山)에나 다녀오려고 나서는데 낯익은 안성 '도피안사(到彼岸寺)' 문구가 적힌 소포가 눈에 띄었다. 『광덕스님 시봉일기』라는 책 한 권과 함께 '광덕스님과의 인연담'을 모으고 있다는 주지스님의 원고 청탁 서신이 들어 있었다. 보는 순간 솔직히 말해서 시큰둥했다. 아직 새 환경에 적응도 안 되고, 더구나 강의준비 때문에 정신상·체력상·시간상 부담이 만만치 않아 도저히 글 쓸 엄두가 나지 않았다. 더구나 글이란 자기 마음에서 저절로 우러나와 자연스럽게 써야 제 생명을 얻지 않겠는가? 바로 한 달 전쯤 「금륜(金輪)」지의 요청으로 청화(淸華) 큰스님의 해인사 초청법회 동참 인연담을 짧지 않게 썼는데, 곧바로 잇달아 '광덕 큰스님 인연담'을 적어 달라니…….

세간(世間)이나 불가(佛家)나 얼마 전까지만 해도 정성들여 글을 써 보내도 선뜻 실어주려고 하지 않더니, 대학 '교수'라는 직함이 뭐 길래 이제는 천리 먼 길에 원고 청탁까지 하실까? 한편으로 쓴웃음이 절로 나오고, 다른 한편으로는 이제 이런 원고 청탁이 줄을 이으면 어떡하나 태산 같은 걱정이 앞섰다.

그러나 이내 모든 생각 접어두고 무등산 길에 나섰다. 증심사(證心寺) 버스 종점에 여느 때보다 한 시간 가량 늦게 도착했다. 4시경 새인봉 쪽으로 오르기 시작했다. 나흘 전에는 노오란 산수유 향기가 물씬 콧속을 후비더니만, 이번에는 연붉은 진달래 꽃망울이 산뜻하게 시선에 들어온다. 참으로 봄날 산천 초목처럼 나날이 눈부시게, 향기롭게, 상큼하게 새로워지는 존재도 없으리라.

'별유천지비인간(別有天地非人間)'이라고 했던가? 이쯤 되면 신선이 따로 없겠다. 인간 세속의 상념일랑 몽땅 내려놓고, 그저 산길 따라 발걸음 내키는 대로 바람결처럼 흐르면 그만이다. 주초 평일의 느지막한 오후라, 마주치는 길손도 거의 없어 더욱 좋다. 시력이 안 좋아 주위 경치를 구경하는 것도 별로 즐기지는 않지만, 눈앞밖에 못보는 근시안(近視眼)이 발 둘레에 내버려진 쓰레기들을 조준하느라, 그 좋은 봄 풍경을 둘러볼 겨를이 거의 없다. 땀을 뻘뻘 흘리며 오르막길을 올라 중머리재에 이르니, 벌써 오후 다섯 시 반이나 되었다. 토끼등까지 비스듬한 평지 길을 걸어 내려오던 여느 때 노정(路程)이, 시간이 좀 늦기도 했거니와, 오늘은 왠지 별로 내키지 않았다.

참으로 오랜만에 증심사로 곧장 내려오는 길을 탔다. 한참을 걸어오다 보니, 갑자기 눈앞이 눈부시게 훤해졌다. 새벽 꿈에 보았던 은하수만큼이나 밝고 하얀 매화꽃이 지천으로 만발해 있는 것이다. 느티나무 정자 주위에 앞뒤 위아래로 널리 매화 군락을 이루었다. '고향의 봄' 동요에서나 노래하던 '꽃대궐'이 눈앞에 장관으로 펼쳐졌다. 안경까지 꺼내 쓰고 한참을 넋 놓고 둘러보았다. 개들이 여기저기서 짖지만, 노자(老子)의 이상향 소국과민(小國寡民)처럼 정겹게 들렸다. 게다가 매화나무 아래 산비탈에서 한가롭게 모이를 찾는 암탉과 수탉들도 도연명(陶淵明)의 도화원기(桃花源記)에나 나올 법한 무릉도원(武陵桃園), 아니 무등매원(無等梅園)의 선경(仙境) 분위기를 한껏 북돋워 주었다.

이렇게 두 시간 반 가량 무등산 허리춤을 오르내리는 동안, 세간의 상념을 놓아버린 가운데 나도 모르게 새벽 은하수(銀河宿) 꿈이 새롭게 떠올라 해몽되었다. 새벽 꿈 하늘의 별들은 보통의 '銀'河宿(은하수)가 아니라 바로 '金'河堂(금하당) 광덕 큰스님의 화신처럼 느껴졌다. 금강석처럼 영롱하게 빛나는 덕 높은 별들의 강물이었다. 그리고 지상의 현실에서는 무릉도원이나 유토피아에서나 묘사될 고향의 봄 꽃대궐을 나투었다. 주지스님의 원고 청탁은 심부름꾼의 인연일 따름이고, 진짜 전갈을 보내신 분은 따로 계셨다. 그러한 계시는 새벽녘 은하수 꿈과 해질녘 매화동산으로 비로소 분명해졌다.

2.

글을 쓰려고 작정한 오늘 아침엔 빛고을에도 한 바탕 새하얀 눈꽃송이들이 흰 연꽃마냥 춤추듯이 하염없이 흩날렸다. 엊그제 서울 중부지방에 눈이 내렸다더니, 이곳 남녘에도 함박눈이 나부꼈다. 한낮에도 잠시 이어졌다. 도대체 어느 먼 곳의 그리운 소식이기에…….

청화(淸華) 큰스님한테는 벌써 여러 차례 친견(親見)하여 자상하신 법음(法音)을 듣고 공식법회는 스무 번 가량 참석했다. 인연이 자못 지중하여, 『인광대사가언록(印光大師嘉言錄)』의 한글 번역판 권두 법문도 권청해 실었다. 그런데 광덕(光德) 큰스님은 사실 딱 한번밖에 친견할 인연이 없었고, 법담(法談)도 그리 길지 않았다. 그래서 육신을 친견한 직접 인연담은 거의 쓸 게 없다. 허나 가만히 생각해 보니, 법신으로 친견한 눈에 보이지 않는 간접의 불법(佛法) 인연은 역시 지중하기 짝이 없다. 나한테 그걸 좀 써서 알리라고 일깨우심이 분명하다.

돌이켜보건대, 내가 광덕 큰스님과 법연(法緣)을 맺기 시작한 것은, 『인광대사가언록』을 한글로 번역해 「불광(佛光)」지에 연재한 때로 거슬러 올라간다. 1996년, 봄·가을에 걸쳐 두 번이나 서울대 교수 공채에 응모했다가(지금 생각하니 학문적 실력과 지혜가 뒤떨어져서가 아니라 인격과 복덕이 부족한 탓에) 밀려난 뒤, 나는 더 이상 어떠한 목표도 희망도 전혀 없었다. 오직 좌절과 분노의 거센 풍랑만 내 영혼을 사정없이 뒤흔들고 있었다. 자친(慈親)과 친족들에게까지 허탈과 배신을 전염시킬 수는 없어서, 아무 일도 없는 것처럼 입 딱 다물고 시치미 뗐다. 그러자니 그 엄청난 울분을 혼자 속으로 삭여야 했다. 한때는 그때까지 연구하려고 모아 온 천여 권의 책을 몽땅 피라미드처럼 쌓아 놓고, 그 위에 올라앉아 화염 속에서 소신공양(燒身供養)이나 하려는 엄청난 망상까지 했다.(그 한순간의 일념이 지핀 뒤, 불가에서는 어느 노스님이 진짜 소신 공양을 했다고 하며, 속가에서는 사촌 형님 한 분이 음독 자살했다. 이 얼마나 엄청나고 끔찍한 과보인가? 두고두고 깊이 참회한다.)

그러다가 이렇게 부질없이 죽을 수만은 없다는 마음의 소리가 들리기 시작했고, 뭔가 새 삶의 계기를 부여할 돌파구가 절실히 필요했다. 눈에 띄는 대로 케케묵은 부처님 가르침을 뒤적이다가, 대만 유학 시절 채식 식당에서 집어온 볼품 없는 『인광대사가언록(印光大師嘉言錄)』을 읽게 되었다. 몇십 년 전 활판 인쇄로 갱지에 적힌 팥알만한 글씨들, 띄어쓰기도 없고 물에 불은 라면발처럼 잉크가 번진 조잡한 글씨들!

그런데 이 글씨들이 그토록 거센 좌절과 분노의 폭풍우와 격랑에

표류하던 내 영혼의 눈을 번쩍 뜨이게 일깨우는 것이 아닌가?!

1997년 여름부터 두어 달 차분히 통독하면서, 정토염불법문(淨土念佛法門)의 본래 진면목을 확연히 통찰하게 되었다. 그와 동시에 내 마음에는 나도 모르게 '이렇게 훌륭한 책(가르침)을 나 혼자 보고 말 수는 없다'는 생각이 거의 강박 관념에 가까울 정도로 절실하게 끊임없이 일었다.

그래서 우선 자상하고 친근한 말씀 투의 편지 설법 몇 통을 시범적으로 번역했다. 그리고 전화번호부를 펼쳐들고 불교 잡지사를 찾았다. 지금도 그러한 편이지만, 그때는 말할 것도 없이 나는 한국 불교계에 대해 깜깜 무소식이었다. 세간의 언론에 오르내리는 불교계의 대표적 스님 한두 분 정도밖에 몰랐다. 전화번호부에서 눈에 띈 것은 「여성불교」·「대중불교」·「불광」이었다. 무조건 전화를 걸어 번역한 법문을 실을 의향이 있는지 물었다. 원고를 보내고 나서 「여성불교」가 가장 먼저 흔쾌히 싣겠다고 답신을 보내왔다. 그리고 네댓 번 연재해 주었다. 「대중불교」도 조금 머뭇거리더니, 감옥 죄수 불자한테 보내신 인광대사님의 편지 십여 통을 특집 기획으로 실었다.

그런데 「불광」은 도시 깜깜 무소식이었다. 나중에 짐작한 추측이지만, 지명도가 높고(잘 나가는 잡지라) 아주 바쁜 편이어서, 나의 투박한 번역투가 편집부의 시선을 전혀 끌지 못한 모양이었다. 한 달쯤 지나 확인 전화를 걸자, 그때서야 졸던 불보살님께서 번쩍 눈을 뜨셨는지 다시 읽어보더니, 1998년 1월부터 새로이 연재를 시작하겠다고 곧장 답전(答電)을 걸어왔다. 이렇게 해서 「불광」과 인연을 맺게 되었는데, 그때도 '광덕' 큰스님이 어떤 분이지 존함조차 몰랐다.

처음부터 나는 『인광대사가언록』의 첫머리에 나오는 정토염불법문의 진수(眞髓)를 싣고 싶었다. 그러나 한국의 불자들에게는 아직 너무 낯설고(화두선 일변도이기 때문에), 또 그만큼 충격과 거부감도 클 것이라는 편집부의 우려 섞인 판단 때문에, 부득이 한걸음 양보하여 우선 '인과응보'의 법문부터 싣기로 하였다. 인광대사님의 적확(的確)한 비유와 명쾌한 해설이 설득력 있었던지, 「불광」 독자님들의 관심이 서서히 일기 시작하였다. 법문 책 전부를 번역해 출간해 달라는 불자들의 요청이 있었는지, 출판부에서도 상당히 긍정적으로 돌아서는 눈치였다.

시절 인연이 점차 무르익고 있었다. 그렇게 1년간 연재한 뒤, 이듬해부터는 '참선과 염불의 관계'를 정면으로 부각시키기로 마음먹었다. 그래서 영명연수(永明延壽) 대사님의 그 유명한 사료간(四料簡)을 인광대사님이 자상하게 설법하신 법문을 번역하여, 1998년 12월 초순 몸소 원고를 들고 불광출판부를 찾아갔다. 그 전에 이미 한두 번 방문한 적이 있었지만, 그때는 광덕 큰스님을 친견해야 하겠다는 염원이 별로 일지 않았다.

그런데 왠지 이번에는 꼭 한번 친견하고 싶다는 간절한 마음이 들었다. 그토록 훌륭한 선지식이신 줄 알았더라면 진작 기를 쓰고라도 친견을 간청했을 텐데, 그저 「불광」지를 창간하고 불광사를 세워 포교하시는 노스님 정도로 생각했다. 게다가 법체가 편찮으셔서 누워 계시다는데, 사람들 만나시는 일이 몹시 귀찮고 힘드실 것 같았다. 내 자신의 허약한 몸과 사람 귀찮은 마음으로 미루어 짐작한 것이다. 하지만 이번만큼은 내 번역 원고를 1년씩 꼬박 실어준 「불광」지의 발행인에 대한 예의상으로만 보아도, 꼭 한번 친견하고 문안과 감사의 인사를 올려야 할 것 같았다. 그래서 편집부장님한테 원고 가져온 김에 한번 친견하고 싶다고 말했다. 막 점심공양이 지난 시각이라

좀 쉬실 텐데, 전화로 시봉을 통해 친견 요청을 전해 들으신 광덕 큰 스님께서는 편집부장님도 뜻밖에 놀랄 만큼 선뜻 허락하셨다. 그래 서 편집부장님 뒤를 따라 큰스님 계신 불광사 마니당에 있는 2층 방 (法主室)으로 찾아갔다.

자리에 누워 계셔야 할 편찮으신 법체를 일으켜 앉으신 광덕 큰스 님께서는 가사를 단정히 입으신 채, 참으로 뵙기도 민망할 정도로 피 골이 상접한 법안(法顔)으로, 그러나 그지없이 해맑고 순수한 모습으 로 얼굴도 이름도 모르는 속인을 온화하고 자비로이 맞아 주셨다. 참 으로 형언할 수 없는 영적 만남(法緣)이었다

먼저 삼배의 예를 올리고 앉자, '불광지에『인광대사가언록』을 번 역해 연재하고 있는 필자'라고 편집부장님이 나를 큰스님께 소개해 드렸다.

피차 처음이라 익숙지 않고 또 기운조차 별로 없어 알아듣기 쉽지 않은 어투로, 광덕 큰스님께서는 인광대사님이 어떤 분인지 물으셨 다. 그래서 내가 간단히 답변을 올렸다.

"인광대사님께서는 중국 청나라 말엽부터 민국 초기에 걸쳐 오로 지 정토염불법문을 수행하시고 가르치셨는데, 특히 재가 불자들한테 일일이 자상하게 편지 설법을 하셨습니다. 그 분량이 하도 많아서, 그 가운데 중요한 내용만 간추려 주제별로 편집한 책이『인광대사가 언록』입니다. 그런데 그 법문이 어찌나 훌륭하고 미묘하던지, 근대 중국의 대사상가인 양계초(梁啓超)가 '문사삼매(文字三昧)에 드셨다' 고 칭송할 정도였습니다."

기억이 정확하지 않지만 대충 이러한 내용을 말씀 드렸다. 그러자 광덕 큰스님께서도 아주 호의적으로 호응해 주셨다.

"나도 예전에는 (나무아미타불) 염불을 한동안 열심히 했지. 먼저

염불로 힘(아미타부처님의 자비광명 가피력 : 他力)을 얻고, 그 다음에 참선 수행에 정진해야 돼. 먼저 염불로 힘을 얻어야 해.……"

이러한 어조의 말씀을 한참 계속하셨는데, 애석하게도 발음이 또 박또박 알아듣기 쉽지 않았고, 또 내게는 모두 당연한(?) 내용으로 받아들여졌기 때문에, 그 밖의 내용은 그렇게 강렬한 인상을 남기지 않아 기억을 재생하기 어렵다. 그런데 곁에서 듣던 최측근 재가 제자인 편집부장님에게는 상당히 참신한 충격(?)으로 들린 모양이었다.

법담(法談)은 아마도 반 시간 이상 지속된 것 같다. 시간도 잊고 불법의 만남에 몰두해 버렸다. 시종 자상하고 온화한 분위기에서 내 마음은 물론 온몸이 화기애애하게 후끈거렸다. 그러는 가운데 나도 모르게 용기를 내어 이렇게 여쭌 기억이 뚜렷하다.

"광덕(光德) 큰스님께서 창간하여 발행하시는 「불광(佛光)」지에 인광대사님의 『가언록』 법문을, 제가 대만 유학시절에 받은 도명(道名)이 광책(光策)인데요, 저 광책이 번역해 연재하고 있으니, 부처님 법인연이 참으로 미묘하고 감사합니다."

얼마나 시간이 흘렀을까? 맨 처음이자 맨 마지막으로 단 한번 친견하여 뜨거운 영적 교감을 나눈 불법의 인연도 이제 매듭지어야 할 때가 다가왔다. 어쩌면 광덕 큰스님한테는 마지막 불법 인연을 맺은 불자였을 나에게 아마도 마지막 부촉을 하시는 것 같았다.

"앞으로 편집부장과 함께 문서포교 잘 하시게……."

"예, 그러하겠습니다.(인연 따라 힘닿는 대로……)"

"그럼 됐어, 이제 그만 가봐."

그래서 나는 다시 하직 인사로 삼배를 올리고 편집부장님과 함께 방에서 물러 나왔다. 그리고 두 달 반쯤 지난 이듬해 2월 하순경, 광덕 큰스님께서 마침내 사바세계를 하직하고 열반에 드셨다는 소식을 들었다. 편집부장님한테서 전화가 왔다. 부산 범어사에서 광덕 큰스님의 영결 및 다비가 봉행되기에, 불광사에서 관광버스 수십 대가 서울 불자들을 태우고 내려갈 예정인데, 같이 가지 않겠느냐는 것이었다. 나는 별로 대수롭지 않게 평범한 인연으로 여겼는데, 십여 년 동안 큰스님 곁에서 시봉해 온 편집부장님한테는 큰스님과 나의 만남이 보통이 아닌 각별한 인연으로 느껴진 모양이다. 그래서 큰스님 열반 소식과 다비 안내를 나한테 알리지 않고는 배길 수 없었다고 한다. 큰스님한테나 나한테나 모두 마음의 빚을 질 것만 같아서라고.

열반을 앞두고 육신이 극도로 쇠약해지셔서, 시봉하는 스님들을 제외하고는 일반 제자들은 곁에 얼씬할 수도 없었던 상황에서, 전혀 면식(面識)도 없던 바깥 사람이, 그것도 단 한번에 친견을 허락 받아 그렇게 오랜 시간 부처님 법에 관해 진지하게 대담했다는 사실 자체가 벌써 아주 비범한 인연이었던 모양이다. 내가 하도 우매하고 둔감해서 금방 알아차리지 못한 것일 따름이었다.

그리고 그 당시 나는 2년 만에 비로소 시간 강의를 맡게 되어, 그것도 가톨릭대 신부님한테 요청을 받아 수락한 형편인데(이 또한 인광대사님 법문을 번역 소개한 인연 공덕이 막 싹트기 시작한 것이었으리라), 하필이면 다비가 3월 개강 첫날과 겹쳤더란 말인가? 소식을 알려온 성의는 고맙지만, 다수 학생과의 공식 수업을 첫 시간부터 일방적으로 빼먹기가 나의 평소 양식으로는 불가능하게 느껴졌다. 게다가 나는 몸도 허약하고(특히 장기리) 차 타는 게 딱 질색 아닌가? 그래서 사정을 말하면서 아무래도 갈 수 없을 것 같다고 일단 대답했다.

그런데 전화를 끊고 나서 나도 모르게 이상한 기운이 감돌며 마음이 움직여졌다. 첫 시간 휴강하는 세속의 일반 관행에 내 양심을 팔

아먹고 싶은 생각은 추호도 없었다. 그러나 정식으로 요청하면 양해를 구할 수도 있을 것 같았다. 퇴근시간 직전에 가톨릭대 법경학부장 신부님께 전화를 걸었다. 다행히 통화가 되었고, 부산에 스승님 장례식(거짓말이 안 될 정도로 정직하면서도 융통성 있게 표현했다) 참석하러 가야 할 것 같은데, 나중에 보강해도 괜찮은지 여쭈었다. 한번밖에 만난 적이 없는데도, 천주님의 사랑으로 선뜻 동의 말씀이 계셨다.

그래서 다시 편집부장님께 전화를 걸어 갈 수 있다고 통지하고 늦은 밤 불광사로 갔는데, 자정 무렵 수십 대의 대장정이 시작되었다. 대학 초년 야간열차를 몇 번 타본 이후, 실로 근 이십 년 만에 밤차를 타고 뜬눈으로 날을 새우게 되었다.

새벽 4시나 되었을까? 아직 깜깜한 밤중에 부산 땅을 난생 처음 밟게 되었다. 수많은 사람이 긴 행렬을 지어 차례로 어두운 새벽 범어사 경내로 들어갔다. 생판 모르는 곳이라 단체 행동에 따라 움직이는 것 밖에는 생각할 겨를도 없었다. 곧바로 광덕 큰스님 법체가 모셔진 큰 누각 안으로 줄지어 들어가 추모하는 마음으로 참배하였다. 마치고 나오니 날씨는 추운데, 동이 틀 때까지 특별히 할 일도 없고 마땅히 있을 곳도 몰라, 영당(靈堂) 건물의 한쪽 구석 출입문 안쪽에서 찬바람이나 피하면서 희미한 불빛에 독경이나 하기로 했다. 큰스님께서 번역하신 적 있다는 『지장보살본원경(地藏菩薩本願經)』을 한문본으로 독송하기 시작했다.

큰스님을 추모하는 마음으로, 그러나 얼마 안 되어 어떤 거사님인가 와서, 경건한 장소이고 출입에도 방해가 되니 자리를 비키라고 하였다. 그래서 밖에 나와 한데를 어정거리다가, 나중에야 위쪽 지장전에서 사람들이 기도 독경하고 있다는 것을 알고, 거기 들어가 독경을 마쳤다. 마치자 옆에서 독경하던 부산 보살님 한 분이 백일간 지장기도 중이라면서, 내가 보고 있는 한문본 지장경을 한 권 구할 수 없는지 쪽지 글을 써 건네 왔다. 그래서 연락처를 받아 와 가지고 있던 다른 판본을 우송해 드렸다.

날이 새고 아침 공양이 배달되어 허기와 한기를 조금 풀었나 보다. 주위를 돌아보니, 그 엄청난 규모의 조화(弔花)가 정말로 광덕 큰스님의 생전 보현행원(普賢行願)을 여실히 웅변해 주고 있었다. 김대중 대통령을 비롯하여, 전두환·노태우 전 대통령과 이회창 야당 대표, 그리고 이루 헤아릴 수 없고 기억할 수도 없이 수많은 화환들이 안팎을 꽉 채우고, 진열할 수 없어 내밀린 꽃들도 상당히 있었다. 저 멀리 내 고향 변산반도 내소사(來蘇寺)에서 보내온 화환의 명패가 유난히 눈길을 끌었다.

의식 행사 자체에 별로 관심을 기울이지 않는 성미인데다가, 잠도 못 자고 추위에 떠느라 자세한 관찰을 못했다. 기억력도 둔한데다가 시간마저 한참 지난 뒤라, 지금 머릿속에 떠오르는 영상도 별로 없다. 다만 가장 인상 깊었던 감동이나 한두 가지 덧붙이고 싶다.

하나는 큰스님께서 창립하신 불광사 마하보디합창단이 부르는 헌가(獻歌)가 감명 깊었다. 그 가운데 특히 광덕 큰스님께서 작시(作詩)하셨다는 '빛으로 돌아오소서'는 정말로 심금(心琴)을 울리고 영혼을 사로잡는 감동의 선율이었다. 이 선율은 만 2년(광덕 큰스님의 3년喪)이 지닐 무렵인 2001년 2월 26일, 가야산 해인사에서 청화(淸華) 큰스님 법문을 들으러 갔을 때, 또 경내에 울려 퍼지는 걸 다시 들었는데, 범어사 영결식(다비식) 때 감동이 되살아나면서 한동안 심금을 울렸다. 그런데 그 가사(詩)를 보니 더 기막힌 인연이었다. 옮겨본다.

빛으로 돌아오소서(광덕 글·서창업 곡)

1. 영원한 광명 아미타 부처님   그 품에 안기려 님은 가셨네
    지난 시절의 정다운 모습   살아 계신 듯 가까이 있네.
2. 끝없는 수명 아미타 부처님   크신 은혜에 고이 잠드소서
    대자대비 관세음보살   연꽃 수레로 맞아주시네.
3. 광명의 나라 아미타 극락세계   연꽃 봉오리에 태어나소서
    부처님 뵙고 큰 법 깨치어   찬란한 빛으로 돌아오소서.

아마도 광덕 큰스님께서 처음에 '나무아미타불' 정토염불을 하시던 당시의 본래 서원[本願]을 그대로 표현해 놓으신 게 거의 분명했다. 그 서원이 서린 게송[詩]이 애잔하고 맑게 승화된 비원(悲願)의 선율로 합창 화음을 통해 당신의 마지막 극락정토 왕생의 길을 찬탄하면서 배웅하고 있는 것이다. 그 장엄한 법회에 아미타불님과 관세음보살님, 대세지보살님을 비롯한 법계의 성중(聖衆)님들이 친히 왕림하셔서 무형(無形)으로 주석하실 것 같았다. 그리고 사바의 유형(有形) 세계에서는 수많은 사부대중 불자들이 인간적인 슬픔을 머금은 채 찬송하고 있다. 그러한 전체 모습을 내(寶積居士)가 관상(觀想)하며 지켜보고 있다. 인광대사님의 정토염불법문을 광덕 큰스님께서 펼치시던 「불광(佛光)」에 옮겨 실은 미묘한 인연으로! 어쩌면 인광대사님께서도 극락정토에서 광덕 큰스님을 반겨 맞으며 정토염불법문의 인연을 서로 함께 찬탄하실 것만 같다.

또 하나 인상 깊게 기억나는 것은, 호상(護喪) 운구행렬이 끝난 뒤 다비식장에서 마침내 '불'이 들어가고 주위에 둘러선 불자들이 염불을 하는데, 그 소리가 두 가지로 들렸다. '나무아미타불' 염불소리와 '마하반야바라밀' 염송소리가 뒤섞였다. 여기서 내 정신은 다소 어지럽게 흩어지는 느낌을 받았다. 아마도 불광사 식구들은 평소 수행하

던 습관대로 '마하반야바라밀'을 합창하고, 그밖에 각지에서 모여든 불자들이 큰스님의 극락 왕생을 발원하는 마음으로 '나무아미타불'을 염송한 것이리라. 주최 측도 전혀 예상하지 못했던 상황이 자연스럽게 벌어진 것일 텐데, 내 마음속에는 다소 아쉬움이 맴도는 장면이었다.

사실 내가 광덕 큰스님을 뵙기 전에 불광사 보광당 법회에 한두 번 동석해서 참관할 때, 나는 그 많은 대중이 한글로 번역한 '천수경'이나 '반야심경', 기타 법요의식을 상당히 통일된 소리〔和聲〕로 함께 낭송하는 걸 보고 크게 감동 받았다. 그리고 '마하반야바라밀'을 몇 백 번씩 합창하는 소리는 정말로 심금을 울리는 감동 그 자체였다. 거기서 음악 합창으로 증폭되는 시너지 효과를 몸소 절감하였다.

맑고 기운찬 부처님 광명의 법력(法力) 같은 것을 강렬히 느꼈다. 동서고금의 모든 성현이 음악의 조화(harmony)를 중시하신 뜻이 실감되는 순간이었다. 심성의 함양과 영혼의 순화에 더 없이 중요하고 막대한 효과를 가져오기 때문이다. 그래서 공자님(儒敎)도 항상 '예(禮)'와 '악(樂)'을 나란히 일컬었고, 플라톤(Platon)도 이상『국가론』에서 어릴 적부터 체육 교육으로 신체를 단련함과 동시에 음악으로 심성(영혼)을 함양하여 심신의 조화(文武兼備)를 이루어야 한다고 강조했다. 천주교나 기독교에서는 미사나 예배 때 특유의 오르간 연주에 맞춰 온갖 장엄한 찬송가를 합창하지 않는가?

그 음악 화성으로 경건하고 상엄하면서도 환희에 찬 찬탄의 마음이 한층 쉽게 일고, 또 더욱 증폭되는 것은 새삼 말할 나위가 없으리라. 청화 큰스님의 말씀을 나중에 들으니, 우리나라 불교도 예전에는 염불당(念佛堂)이 있어서 대중들이 함께 염불 합창했다고 하며, 앞으로 다시 이러한 염불당의 전통이 되살아나야 할 것이라고 하신다. 그때 내가 불광사 보광당의 '마하반야바라밀' 염송 분위기를 느낀 대로 간단히 말씀드렸더니, 청화 큰스님께서 말씀하시기를 이왕에 '나무아미타불' 염불로 합창하면 더욱 좋겠다고 하셨다.

여하튼 광덕 큰스님의 다비식장에서 '나무아미타불'과 '마하반야바라밀' 합창소리가 뒤섞여 울리는 걸 들으면서, 나 자신도 이왕이면 극락정토 왕생을 바라는 마음으로 '나무아미타불' 염불로 통일했더라면 더더욱 좋지 않았을까 하는 아쉬움이 남는 것이 사실이다. 광덕 큰스님을 딱 한번 밖에 뵙지 못하고, 그것도 두 달 만에 영결(永訣)하면서 피상적으로 느끼고 생각한 게, 역시 정토염불법문의 존재와 위상이었다. 광덕 큰스님의 본래 서원과 마지막 회포도 궁극에는 정토염불이 아니었을까 감히 생각해 보는 것이다.

광덕 큰스님의 '마하반야바라밀' 법문과 염송은 석가 세존의 한 평생 교화 가운데 반야(般若) 공(空)의 법문이 차지했던 위상(位相)과 비슷하지 않을까?

아무튼 광덕 큰스님 덕분에 부산 땅도 처음 밟아 보고, 불교의 다비식 광경도 처음으로 참관하고, 모든 일정을 순조롭고 원만히 마친 뒤 귀경길에 올랐다. 그 뒤 『인광대사가언록』은 번역을 거쳐 2년간의 연재를 마치면서, 단행본으로 출판하게 되었다. 순전히 불법승 삼보의 자비광명 가피로 이루어졌다. 내가 요청한 것도 아니고 출판부가 기획한 것도 아니다. 단지 인광대사님의 정토염불법문 자체가 지닌 법력과 불보살님의 가피력일 따름이다. 바로 광덕 큰스님을 처음 친견하러 가던 날 가지고 간 「참선과 염불의 관계」와 「영명선사의 사료간」 법문이 결정타가 되었다. 7회에 걸쳐 이 법문이 연재되는 동안, 출판부는 물론 나한테까지 독자님들의 찬탄과 격려 전화가 왔다. 그 가운데 잊지 못할 감명 깊은 인연이 두어 번 있었다.

3.

영명(永明) 선사님의 「참선과 염불관계의 사료간」 게송이 실리자, 바로 한 보살님한테 전화 연락이 왔다. 얼마 전 사랑하는 남편이 입적했는데, 이런 법문이 있는 줄도 모르고 여태껏 이십여 년간 줄곧 화두 참선만 하다가 세상을 떠났으니, 도대체 어찌하면 좋으냐는 것이었다. 십중팔구는 저승길에서 자빠져 휩쓸려 갈 것이라는 경고가 너무도 절실하게 느껴지신 모양이다. 낸들 어떠하겠는가? 좋은 말씀으로 위로와 격려를 드릴 수밖에! 부처님 법 만나 수행하는 인연만도 보통 수승한 복덕이 아님은 분명한데, 안타깝게도 그만 정토염불법문까지는 못 들어, 자칫하면 그 복덕 인연조차 허사로 돌아갈 수 있으니, 이를 어쩌면 좋단 말인가?

또 한번은 연재하는 도중에 강진 백련사(白蓮寺 : 고려시대 만일 동안 불철주야 염불소리가 끊이지 않고 계속 되었다는 도량임)에서 서래(西來) 스님이 전화를 걸어와, 「참선과 염불의 관계」 법문만 따로 편집해 법보시하고 싶다고 자청해 왔다. 정말 기쁘고 고마운 마음으로 기꺼이 동의해 드려야 하는데, 마음에 걸리는 부분이 있었다. 우선 불광출판부에서 단행본으로 발행하겠다는 제의에 구두로나마 동의한 상태여서 판권 문제가 있었고, 또 정토염불법문의 진수가 다 나오지 않아서 좀더 지켜보고 편집하는 게 좋지 않겠느냐는 생각을 전했다. 그래서 서래스님도 수긍하고 기다리기로 했다.

그런데 얼마 안 되어 이번에는 상주 남장사에서 '나무아미타불' 천일 염불 기도 중이시라는 본연(本然) 스님한테 똑같은 요청이 들어왔다. 인광대사님 법문이 염불기도에도 적지 않은 도움이 되었다며, 여러 불자들한테 자비광명을 함께 나누고 싶다는데, 이번에는 더 이상 미루거나 핑계 댈 수가 없었다. 나중에 두 건이 함께 닥치면 더 난감할 게 분명했고, 또 중간에라도 먼저 일부나마 법공양하라는 게 불보살님의 뜻이신 것 같았다. 그래서 출판부에 상황을 설명하고 양해를 구하니, 기꺼이 동의해 주었다. 그렇게 해서 본연스님이 『나무아미타불』이라는 정토염불 법문집을 편집하면서 인광대사님의 「참선과 염불의 관계」를 수록해 몇천 부 찍었다고 한다.

그 뒤 약간의 준비를 거쳐 2000년 6월 마침내 『인광대사가언록』이 『화두 놓고 염불하세』라는 제목으로 발행되었다. 참으로 벅찬 기쁨이었다. 부처님 법의 인연이 참으로 미묘한 게, 1999년 12월 전남대 기초법 전임 공채가 있었는데, 느낌과 분위기상 잘 되어가나 싶었다가 막판에 유보되고 말았다. 나중에 안 일인데, 본디 2000년 9월(2학기) 임용 예정이었던 것을 법대에서만 시급하다고 4월에라도 발령 낼 생각이었단다. 그렇게 되면 『가언록』의 발행에 결정적 영향을 미칠 게 뻔하다. 그 엄청난 분량의 편집·교정에 나도 세심하게 몸소 동참해야 하는데, 바로 전임되면 나의 체력과 정신력상 중지나 연기가 불가피할 수밖에 없었다. 그래서 불보살님께서 차라리 나의 대학 취직을 1년 연기시키는 쪽을 택하신 게 분명하다. 그 사이 두어 곳을 더 기웃거렸지만, 결국 이번에 다시 전남대로 오게 만드셨으니 말이다.

불법승 삼보의 자비광명 가피와 진리의 인연은 참으로 미묘하기 짝이 없다. 정토염불법문을 친히 주재하시는 아미타불님과 관세음보살님을 비롯한 불보살님의 자비광명 가피야 새삼 일컬을 필요가 있겠는가? 그밖에 인광대사님의 법문 가피와, 서문(권두법문)을 수락해 주신 청화 큰스님의 법력 가피, 그리고 불광을 창립해 불법 광명을 널리 펼치시다가 인광대사님의 정토법문 연재 중에 열반하신 광덕 큰스님의 불광복덕(佛光福德) 가피가 함께 조화롭게 어우러진 느낌이다. 여하튼 나의 현재 신분 지위에는, 지금까지 이어져 온 수많은 인연들과 함께 바로 인광·청화·광덕 세 큰스님의 정토염불법문 인연이 마지막 결정타로 어우러져 있는 것처럼 느껴진다. 그저 감사하고 찬탄한 따름이다.

『화두 놓고 염불하세』가 나온 뒤, 분량도 많고 제목도 '화두선'을 배격 내지 비판하는 듯한 인상을 준다는 지적들이 있었다. 그런데 그런 문제를 한꺼번에 해결하기 위해서이듯, 자연스럽고 미묘한 인연으로 서래스님의 애당초 발원 요청에 따라 조그만 발췌본을 『단박에 윤회를 끊는 가르침』이라는 제목으로 편집하게 되었다. 서래스님의 원력과 불광출판부의 협조로 4천부를 찍어 승가 제방에 법공양을 올리게 되었는데, 시절 인연이 닿았는지 출판부에서 그 판을 그대로 법공양판으로 공식 출판하였다. 그리고· 이어서 요범사훈(了凡四訓)도 『운명을 뛰어 넘는 길』이란 제목의 법공양판으로 발행하였다.

돌이켜보면, 나는 순전히 부처님 법 인연으로 광덕 큰스님을 만났고, 또 순전히 부처님 법 인연을 위하여 광덕 큰스님을 만났다. 그것도 오직 정토염불법문 인연일 따름이며, 또한 문서포교 형식으로 만났다. 「불광」에 글을 싣기 시작한 지 만 1년 만에 딱 한번 친견하였고, 그 뒤 두 달 만에 유명(幽明)을 달리한 채 2년 남짓 또 흘렀다. 그동안 나는 광덕 큰스님과 만난 부처님 법 인연을 소중하고 감사하게 여기며, 인연 닿는 대로 힘닿는 데까지 정토염불법문을, 그것도 주로 문서포교 형태로 전하고자 동참해 왔다. 그 과정에서 만난 모든 인연에 또한 감사드린다. 진리의 인연(法緣, 道緣)보다 더 수승한 인연이 어디 또 있으랴!

4.

끝으로 내가 보고 느낀 광덕 큰스님과 청화 큰스님 사이의 법연(法緣)에 관해서 잠깐 언급하고 싶다. 왜냐하면, 내가 청화 큰스님을 10여 년 전에 처음으로 한번 친견한 뒤, 7년 가량 지나 「불광」지에 『인광대사가언록』을 연재하기 직전쯤부터 다시 청화 큰스님을 친견할 인연이 이어져 지금에 이르렀는데, 그동안 광덕 큰스님 불광 문중과 청화 큰스님 성륜 문중 사이를 직접 간접으로 오가며 접한 느낌이 있기 때문이다. 다름이 아니라 '우리 큰스님 최고'의 문중의식(자부심·긍지)이 너무 강하여 약간의 배타심 같은 걸 더러 느낀 것이다. 물론 모든 문중 불자들이 그런 건 아닐 것이다. 다만 내가 법문을 옮겨 전하는 과정에서 접촉하게 된 두 문중 불자들 사이에 무의식적인 경쟁심이랄까 우열심(高下心) 같은 게 풍기는 것 같았다.

그런데 내가 보기에는 두 큰스님 모두 정말로 한국 현대불교를 대표할 만큼 훌륭한 도덕을 갖추신 분으로, 두 분이 서로 존경과 사랑으로 교유(交遊)하셨음을 단편적으로나마 명백히 확인할 수 있었다. 청화 큰스님께서 편집 정리하신 금타 대화상(金陀大和尙)의 유고집 『금강심론(金剛心論)』 앞부분에는 광덕 큰스님과 일타 큰스님·김대은 큰스님 등 세 분의 친필 답신 소감이 사진으로 실려 있다. 청화 큰스님께서 한국을 대표할 만한 훌륭한 스님들께 당신의 은사스님 저술을 한 권씩 보내 드렸는데, 그분들이 잘 받아 보았고 훌륭한 법문에 감탄한다는 답신을 보내셨고, 청화 큰스님께서 유독 이 세 분의 답신만 친필 사진으로 앞에 실으신 것이다. 이 사실 하나만으로도 청화 큰스님과 광덕 큰스님 사이의 교분이 얼마나 공경스럽고 정중한 예의로 이루어졌는지 알 수 있다.

또 광덕 큰스님과 일타 큰스님께서 차례로 열반하신 바로 그 해에, 청화 큰스님께서도 미국에서 탈진하신 상태로 귀국하여 입적 직전까지 가시는 고비를 넘기셨다고 한다. 회복되신 이듬해 초, 청화 큰스님을 친견할 기회가 있어서, "작년에 광덕 큰스님과 일타 큰스님께서 열반하셨는데, 큰스님마저 열반하셨더라면 우리 불교계가 훌륭한 선지식을 모두 잃을 뻔했습니다"고 여쭌 적이 있다. 그때 청화 큰스님께서도 "광덕스님과 일타스님은 정말로 훌륭하신 분들인데, 매우 애석하게 되었습니다"고 말씀해 주셨다. 그래서 나는 또 한번 세 분 큰스님들의 상호 교분을 어렴풋이 느낄 수 있었다.

『화엄경』에도 나오듯이, 사실 모든 보살님들이 각각 자기가 '최고 제일'이라는 자부심과 긍지를 가지고 보살행을 닦고 펼친다고 한다. 진리〔道〕라는 게 본디 유일성과 절대성을 지니기 때문에, 그게 직접 밖으로 드러나면 배타성 내지 우월감으로 느껴지기 쉽다. 예수·소크라테스·공자·노자님을 비롯한 동서양 어느 성인의 말씀인들, 그런 절대 유일의 진리를 강한 자부심과 사명감〔天命〕으로 설파하지 않은 경전이 없다. 큰스님들의 법문과 가르침도 우리가 그런 맥락에서 이해해야 마땅하리라.

공자님도 일찍이 "군자는 서로 조화를 이룰 뿐 한 통속이 되지는 않는데, 소인은 한 통속이 될 뿐 서로 조화를 이루지는 못한다(君子和而不同 小人同而不和)"고 말씀하셨다. 성현과 선지식들은 서로 상대방을 존경하면서 사랑하심이 분명하다. 종교간이나 교파간이나, 또는 종파간이나 문중간이나 할 것 없이, 서로 간에 같은 점(종교·진리의 공통 본질)은 사랑하고 다른 점(전례·의식의 차이 현상)은 존중해 주는(愛其所同 敬其所異) 그런 아량과 포용력이 절실히 필요하다. 내 종교, 내 종파, 내 교파, 내 문중이 최고 제일이라는 자부심이 밖으로 남한테 나타날 때는 자칫 배타적 종교분쟁으로 비화하기 쉽기 때문이다. 그것은 개인적인 교만심(아만심)보다 훨씬 무서운 법집(法執)이 될 것이다. '부처님 법은 평등하여 위아래가 없다(是法平等無有高下)'고 하지 않는가? 아상(我相)·인상(人相)·중생상(衆生相)을 여의고 일체의 분별심을 떠나기 위해 수행하는 불자들이 도리어 '우리 큰스님'·'우리 문중'을 내세운다면, 좀 우스꽝스러운 역설이 되지 않을까?

전임강사가 된 지 한 달도 채 못 되어, 한 원로 교수님한테서 "나는 불교 신자를 통해 불교가 잘못된 걸 보았고, 기독교 신자를 통해 기독교가 잘못된 걸 보았다"는 말씀을 들었다. 아주 강한 냉소와 회의에 가득 찬 독설이었다. 종교인에 대한 불신과 불만을 넘어서서, 거의 분노에 가까운 고백이었다. 지금 현대사회에서 무신론을 주장하고 선호하는 대부분의 지식인들을 가장 전형적으로 대표하는 실례라고 여겨졌다. 그렇지만 모든 종교의 일관회통(一貫會通)과 대동화합(大同和合)을 염원하고 지향하는 나로서는, 종교의 본질과 종교(인)의 현상을 혼동할 필요는 없으며, 각자 자신부터 종교의 본질에 충실하게 나아가는 길밖에 없지 않겠느냐고 해명하는 데 그쳤다.

아는 것〔知〕과 수행하는 것〔行〕이 각각 따로 놀면서 빚어지는 위선(僞善)적인 지식인·종교인들이 어디 어제오늘의 일이고, 또 우리들만의 문제이겠는가마는, 우선 나 자신부터 지행합일(知行合一)을 향해 노력하지 않는다면, 어떠한 수행이나 기도, 또는 극락이나 천국도 결국 한낱 헛된 꿈에 불과하고 말 것이다. 어떠한 성인이나 선지식·큰스님도 그분들이 훌륭하고 또 우리가 숭앙하며 따르는 까닭은 아주 단순하고 평범하다. 단지 그분들은 몸소 행하시기 때문이다. 나 자신을 돌이켜보아도 강단에서는 말로써, 또는 지상(紙上)에서는 글로

써 누구 못지 않게 그럴 듯한 알음알이를 지껄이고 적어 왔다. 그런데 행실은 어떠한가? 부끄럽고 또 부끄럽기 짝이 없다. '정성 자체(存在 : Sein)는 하늘(自然)의 도(法則)이고, 정성을 향해 나가는 것(當爲 : Sollen)이 인간(社會)의 도(規範)이다(誠者 天之道 ; 誠之者 人之道.)'라고 했던가?

 그 가르침을 스스로 위안 삼고 목표 삼아 조금씩 조금씩이나마 불도(佛道)와 정법(正法)을 향해 정진해 나가는 수밖에……

5.

 광덕 큰스님께서 친히 사찰 이름을 지어 주시고 그 법제자이신 송암스님이 창건하신 도피안사에 나는 딱 한번, 그것도 법당 기공식을 증명하시는 청화 큰스님의 법회에 동참하러 가 본 적이 있다. 그 전날 새벽 꿈에 청화 큰스님을 법안(法顏)이 없는 무상(無相)의 법체 모습으로 몽견(夢見)했다. 그리고 뜻밖에도 같이 간 도반들과 함께 큰스님을 친견하는 영광과 가피를 입었다. 그때 마침 한 청년 불자가 큰스님께 수행하기 위해서는 꼭 출가해야만 되느냐며, 자신은 마음의 출가를 하고 싶다는 취지의 말씀을 여쭈었다. 이에 대해 큰스님께서는, 마음의 출가도 좋은데, 다만 남녀의 상(相)만 여의면 된다고 자상한 법문을 설하고 계셨다. 전날 새벽 꿈에서 청화 큰스님께서 법안(法顏) 없는 무상(無相)으로 현몽하신 게 그대로 실현된 셈이었다.

 그때 법회 동참에는 도피안사에서 제공한 관광버스와 점심공양 등 많은 은혜를 받았다. 그러한 부처님 인연들이 이어져, 스님이 나한테까지 '광덕 큰스님과의 인연담'을 적어 보라고 원고 청탁을 하셨고, 나 또한 감사와 보은의 마음으로라도 한번쯤은 부처님 법 인연을 정리할 사명감을 느꼈다.

이에 두서 없이 횡설수설 어지러운 글을 적어 보았다. 조금이라도
전할 만한 자비광명이 있다면 모두 불법승 삼보의 가피력 덕분이요,
허다한 허물은 죄다 나 자신의 모자람 탓이다. 삼보의 자비와 불자님
들의 아량을 빌어 마지 않는다.

2001년 4월 12일 빛고을 용봉대(龍鳳臺)에서
삼보 제자 寶積居士 恭敬合掌

제3장

아, 광덕스님

山頭月掛雲門餅　　산 위에 걸린 달은 운문스님 호떡이요
屋後松煎趙州茶　　집 뒤의 솔바람은 조주스님 차 달이는 소리.

시봉일기는 이 시대 제자들의 참회록

解佛摩聖 | 마산 가야사 주지 · 팔리문헌연구소 소장

1. 시봉일기와의 만남

나는 1987년부터 1992년까지 서울 송파구 잠실에서 살았다. 내가 머물고 있던 절은 불광사와 매우 가까이 있었다. 그러나 나는 생전에 광덕 큰스님을 직접 만나 뵙지 못했다. 선지식이 바로 곁에 계시는데도 박복하여 친견하는 인연을 짓지 못했다. 당시만 해도 내 나이 일천하였고 또 학업 중이었던 관계로 친견을 생각할 겨를도 없었다. 그리고 나는 감히 큰스님과 대면한다는 것은 아예 생각할 수도 없었다. 그 당시만 해도 광덕 큰스님은 나에게 너무나 큰산이었다.

큰스님 입적 이후, 불광사 종무소에 근무하던 상명심(한희영) 보살을 만나게 되었다. 그녀는 부산까지 내려와 팔리어와 초기불교에 관한 내 강의를 열심히 듣던 열성파 학생이었다. 그녀와의 만남으로 인해 나는 비로소 불광사와 불광법회에 보다 깊은 관심을 갖게 되었고, 월간『불광』지와도 글 쓰는 인연을 맺게 되었다. 그 한참 뒤『광덕스님 시봉일기』가 출판되었다는 소식을 듣게 되었고, 또「조선일보」에

기고한 비구 송암의 글도 읽었다. 그렇지만 나는 이 책에 별로 관심을 기울이지 않았다.

그런데 어느 날 저자인 송암으로부터 문득 한 통의 전화를 받았다. 시봉일기를 읽고 서평을 써달라고 했다. 그때 송암으로부터 받은 전화가 그와 직접 대화를 해보는 첫 만남이었다. 사실 일면식(一面識)도 없는 사람에게 무엇을 부탁한다는 것은 결코 쉬운 일이 아니다. 이러한 사정을 알기 때문에 나는 그의 부탁을 차마, 딱 잘라 거절할 수가 없었다. 평소 이런 나의 성격 탓으로 필요 이상 힘들게 살 때도 많지만 말이다.

그 이후에도 시봉일기 시리즈는 오랫동안 나의 서가에 그대로 꽂혀 있었다. 서평은 차일피일 미루어져 갔다. 그러나 나는 일상에서 한번 약속한 것은 꼭 지켜야 하며, 특히 수행자는 자신이 한 말에 대해서는 책임을 져야 한다는 신념으로 살아왔기에 내 신념을 지키기 위해서라도 몇 줄 쓰긴 써야 했다. 아무튼 원고 청탁 받은 날로부터 보면 꽤 시간이 흘렀지만 드디어 나는 송암과의 약속을 지키기 위해, 아니 내 신념을 지키기 위해 시봉일기 시리즈를 꺼내 놓고 탐독하기 시작했다. 나는 책을 읽으면서 곧 후회했다. 왜 진작에 이 책을 읽지 않았나 하는 생각 때문이었다. 처음에는 가벼운 마음이라고 할까, 아니면 조금 하찮게 생각했던 마음이라고 할까. 아무튼 그런 손쉬운 마음으로 책을 펼쳐 들었는데 막상 읽어보니까 진작 읽지 않았던 것이 뉘우쳐졌다. 그것은 평소 내가 딱딱한 학술 서적을 읽으며 무엇을 느끼고 얻는 것보다 평이한 이 책에서 더 많은 것을 얻을 수 있었기 때문이었다. 그리고 이 책을 통해 생전에 만나지 못했던 광덕 큰스님의 훌륭한 인품을 간접적으로나마 접하게 된 것은 큰 기쁨으로 내게 다가왔다. 만일 송암의 원고 청탁이 없었다면, 나는 이 책을 아예 읽지 않았을지 모르겠다. 그랬다면 광덕 큰스님의 덕화(德化)를 이렇게 생생하게 접할 수는 없었을 것이다. 또한 이 책들은 나에게 출가자는 어떤 정신과 자세로 살아야 할 것인가를 다시 일깨워 준 소중한 선물이었다. 이제 와서는 서평을 부탁했던 저자에게 오히려 고맙게 생각한다. 이로 보면 서평 쓰는 작은 일도 시절 인연이 닿아야 이루어지는가 보다.

2. 책의 성격과 사료적 가치

금하광덕(金河光德, 1927~1999) 스님의 생애와 관련된 서적은 현재까지 아마 두 가지 종류가 발행된 것 같다. 하나는 김재영 편저 『광덕스님의 생애와 불광운동』(서울: 불광출판부, 2000)이고, 다른 하나는 바로 송암지원의 『광덕스님 시봉일기』 시리즈이다. 전자가 광덕스님에 대한 정사(正史)라면, 후자는 야사(野史)라고 할 수 있을 것이다. 김재영 편저 『광덕스님의 생애와 불광운동』은 불광사에서 공식적으로 발행한 것이기 때문이다. 반면 후자의 『광덕스님 시봉일기』 시리즈는 송암의 개인적인 노력으로 발행하고 있다. 이 『광덕스님 시봉일기』는 총 15권으로 출판될 예정이라고 한다. 나는 이 책들이 지금까지 발행된 순서대로 1, 2, 3권과 7권, 모두 4권을 읽고 이 글을 쓴다.

지금까지 발행된 『광덕스님 시봉일기』 시리즈는 대략 다음과 같은 편제로 구성되어 있다. 제1권 '내일이면 늦으리'는 순전히 송암이 돌아가신 스승, 광덕 큰스님을 회상하면서 쓴 글들의 모음집이다. 제2권 '징검다리'는 송암의 글과 포교자료들로 이루어져 있다. 제3권 '구국구세의 횃불'은 전편과 후편으로 나뉘어져 있는데, 전편은 월탑

박경훈의 '광덕스님과 나의 인연이야기'이고, 후편은 송암이 스승과 관련된 여러 가지 일화와 자료들을 모아 엮은 것이다. 제7권 '사부대중의 구세송'은 제목 그대로 비구·비구니·우바새·우바이들이 광덕스님을 회상하면서 쓴 추모와 인연담의 글들을 모아 놓은 것이다.

지금까지 발행된 시봉일기 시리즈 전4권 중에서 순수한 의미의 시봉일기는 제1권 '내일이면 늦으리'와 제2권, 제3권의 일부라고 생각한다. 그 나머지는 광덕스님과의 인연담들이며 불광법회의 여러 자료들이다. 이러한 추모의 글들과 인연담들 또 포교의 자료들까지 '시봉일기'라는 이름으로 함께 묶을 수 있는 것인지에 대해서는 약간의 의문이 남는다. 이러한 문제가 남아 있음에도 불구하고, 이 책들은 나름대로의 가치가 있다고 본다.

첫째, 이 책이 가져다 준 가장 큰 영향은 제자의 스승에 대한 태도가 어떠해야 하는가를 되돌아보게 했다는 점이다. 처음 이 책이 출판되자 우리 교계의 반응은 대단했다. 도를 구하기 위해 스승을 찾는 것이 아니라 권력과 재산을 얻기 위해 스승을 찾아다니는 한국 불교계 일부 출가자들에게 일침을 가한 것이기 때문일 것이다. 그런 점에서 이 책은 필요에 따라 스승을 바꾸며, 이 문중 저 문중의 문턱을 넘나드는 오늘의 일부 출가 수행자들에게 좋은 귀감이 되었다고 본다. 또 이 책은 '스승의 그림자도 밟지 않는다'는 학도자(學道者)의 추상같은 자세를 다시 보여 주었고 법의 전등이 사자상승(師資相承)이라는 우리 불교의 유구한 가풍으로 계승되는 근본(밑바탕 정신)을 일시에 바로 세운 책이라고 여겨진다.

둘째, 이 책은 기록의 중요성을 되새기게 해 주었다. 아무리 사소한 것일지라도 기록해 두면 후일 귀중한 자료가 된다. 인간의 기억은 오래 가지 못한다. 아마도 광덕스님을 직접 뵙고 가르침을 받았던 무수한 사람들은 나름대로 광덕스님에 대한 이미지를 가지고 있을 것이다. 그러나 그 이미지도 시간이 경과하면 사라져 버린다. 기억이 사라지기 전에 많은 사람들의 기억 속에 남아 있는 광덕스님에 관한 일화들을 기록으로 남겨둔다는 것은 참으로 뜻 있는 일이며 시의적절한 일이라고 말하지 않을 수 없다. 저자는 오늘의 이 책을 만들기 위해서 애초부터 작정하고 스승에 관한 일상을 기록한 것은 아니겠지만 평소 습관적으로 기록하여 마침내 스승의 가르침을 책으로 엮을 수 있었다는 점에서 사뭇 돋보인다. 왜냐하면 거기에는 제자로서 스승을 모시고 따르는 참된 자세가 느껴지기 때문이다. 내가 과문한 탓인지 모르지만 근래 우리 교계에 이러한 일들은 거의 눈에 띄지 않았다. 아마 시봉이라는 말이 세간에 등장하여 인구에 회자한 것은 이 책이 처음이 아닐까 싶다. 그러므로 이 책의 등장은 마치 오랜 가뭄 끝에 내리는 비처럼 반갑기 그지없는 일이다. 이런 뜻 깊은 일을 혼자서 묵묵히 해 나가고 있는 저자에게 아낌없는 찬사를 보낸다. 천일기도를 입재하여 부처님과 스승님께 뜻을 물어가며 또 스스로 발을 묶어 출입을 끊은 뒤, 그는 용기 있게 우리 불교계에 새로운 기풍을 불러일으킨 것이다.

셋째, 이 책은 사료적 가치가 충분히 있다고 생각한다. 이 책에 수록된 내용 중에는 사실과 다른 부분도 있을지 모르겠다. 아마 당연히 있을 것이다. 그는 기록자이기 앞서 광덕스님의 상좌이기 때문에 상좌로서 스승에 대한 자료가 흩어지지 않게 모으는 것이 일차적인 책무이고 그에게 부과된 의무라고 본다. 그런 입장에서 자료의 보존은 가장 우선적인 일이다. 자료에 대한 객관성의 유지나 오류의 수정은 그의 몫이 아닐 수도 있다. 그것은 스승과 제자라는 특별한 관계 때문에 생긴 한계이기도 하다. 그렇기 때문에 자료의 수집은 그가 가장 우선해야 할 일이고 중요한 일임은 재론의 여지가 없다.

시봉일기 1권에서는 자신의 기록을 통해 스승의 일상을 비교적 담담하게 서술했고, 2권부터서는 여러 자료가 등장하고 그 자료의 배경과 연유를 비교적 자세히 밝혀 놓아 보다 더 깊숙하게 광덕스님을 바라볼 수 있게 했다. 그리고 이 기록은 스승이 입적하고 오랜 세월이 경과한 뒤에 작성한 것이 아니고 바로 나왔기 때문에 훨씬 신뢰도가 높다고 할 것이다. 그것은 바로 그 당시 대중에게 자료를 공람하는 것과 같기 때문에 책의 공정성에 대한 판단은 일차로 당대의 독자들이 한다고 봐야 할 것이다. 이런 여러 가지 점을 감안했을 때 이 책은 사료적인 의의가 충분히 있다고 본다. 여기에서 저자인 송암의 입장을 다시 생각해 보면 그에게는 어쩔 수 없는 한계가 이미 줄 그어져 있다. 그가 스승의 이야기를 쓰면서 어떤 객관적인 입장에 서거나 따로 기준을 마련한다는 것 자체가 거의 불가능하다. 이미 앞에서도 말했지만 상좌이기 때문이다. 그러므로 순전히 주관적이고, 또 주관적일 수밖에 없다는 입장을 이해한다. 그것은 우리 모두는 어쩔 수 없는 한국인임과 같은 사실이다. 자식이 부모를, 제자가 스승을 평가하기 위해 객관적인 입장이 된다는 것은 우리의 정서상 사람의 도리상 어려운 일이고 안 되는 일이라고 보기 때문이다. 이러한 정황으로 미루어 보면 더러는 왜곡되거나 과장된 부분이 있을 수도 있음을 인정하지 않을 수 없다.

그러나 여기서 무엇보다 중요한 것은 이미 지적했지만 입적한 스승의 자료를 한 쪽이라도 더 모으는 일이다. 상좌나 자식에게 가장 우선적인 일은 윗대의 자료(물건)가 없어지거나 흩어지지 않게 모으는 것에 있다고 본다. 그러기에 저자는 여러 한계가 있겠지만 일단 자료를 한 곳에 모아둔다는 데 더 큰 의미를 부여하고 만족해야 할 것으로 생각한다. 그 내용의 옳고 그름을 밝히는 것은 전적으로 후세의 몫이고 후학이나 후인들, 내지 필요한 사람들이 나중에 평가해야 할 일이고 권리라고 보기 때문에 더욱 그렇다. 결코 송암의 몫은 아니다. 그는 묵묵히 자료수집의 소임만 수행하면 된다고 보는 것에 나뿐만 아니라 이 책을 읽는 독자들도 공감할 것이다. 자료의 가치와 객관성, 중요성은 후대에 평가할 문제라는 것을 다시 한번 그에게 못박고 싶다.

야사(野史)는 야사로서의 가치가 있다. 역사는 언제나 정사(正史)와 야사(野史)가 있기 마련이다. 이 둘을 잘 활용할 때, 역사가 가지는 양면(밝은 면이나 어두운 면)의 진실을 제대로 밝힐 수 있다. 정사는 체계적으로 잘 정리된 형태로 전해진다. 하지만 야사는 좀 덜 다듬어진 채로 전해진다. 하지만 이러한 야사 속에 오히려 사실이 담겨져 있을 수도 있다. 이런 점 때문에 간혹 야사가 더욱 중요하게 다루어지기도 한다.

오늘날 우리에게 전해진 경전도 부처님으로부터 직접 가르침을 받았던 제자들의 기억에서 나온 것이다. 그리고 초기에는 구전으로 전해져 오다가 나중에 문자로 기록되었다. 경전이 문자로 기록되었기 때문에 오늘날 우리가 볼 수 있게 된 것이다. 지금 우리는 문자로 기록된 경전에 의존하지 않고서는 부처님의 가르침을 이해할 수가 없다. 이런 측면에서 보면 이 시봉일기 시리즈는 광덕스님에 관한 경전 편찬 회의, 즉 결집에 해당된다고 평가할 수도 있겠다.

역사적으로 스승의 훌륭한 업적을 빛낸 사람은 거의 그 문하의 제자들이다. 『육조단경』과 『조주록』 등 유명한 불교 서적들도 대부분 후대의 제자들이 스승의 가르침을 문자로 옮긴 것이다. 아마 이 시봉일기 시리즈를 간행하는 것을 별로 탐탁지 않게 생각하는 사람들도 있을지 모르겠다. 나도 처음에는 그렇게 생각했고 폄하했다. 그러나 막상 책을 펼쳐보니 생각했던 것과는 내용이 달랐다. 그러므로 이 책들이 먼 훗날 광덕스님의 생애와 사상을 연구하는 데 귀중한 사료로 활용될 것임에 틀림없을 것으로 본다. 이것만으로도 이 시봉일기 시리즈의 가치는 충분하다고 생각한다.

3. 송암과 시봉일기

앞에서도 언급한 바와 같이 진정한 의미의 시봉일기는 제1권 전체와 제2권, 제3권의 일부라고 생각한다. 그 중에서 나는 제1권을 중심으로 책에 담겨져 있는 내용과 그 가치들을 살펴보고 추적해 보았다. 나는 처음부터 '왜 송암이 시봉일기를 써야만 했을까?'라는 의문을 갖고 책을 읽어 나갔다. 그러나 이에 대한 명확한 대답은 책에 언급되어 있지 않았다. 하지만 나는 개인적으로 송암이 이 책을 쓴 가장 큰 목적은 제자로서 생전의 스승이 고구정녕 일러주신 법의 은혜를 보답하자는 뜻이었을 것이라고 본다. 또 스승께 제자로서 평소 부족했던 많은 점을 뉘우치고 참회하는 심정과 다시 돌이킬 수 없는 아쉬움, 안타까움으로 쓴 글이라고 느낀다. 책을 읽으며 느낄 수 있는 저자의 심정이 너무나 절절했기 때문이다. 스승을 따랐던 제자의 진솔한 자기 고백과 안타까움의 몸부림이 그대로 보인다. 생전의 효자는 부모의 사후에 크게 동요되지 않는다고 한다. 그러나 불효자는 부모 사후에야 자신의 잘못을 뉘우치고 통한의 눈물을 흘린다고 한다. 아마 송암의 심정이 이 말과 유사하지 않을까. 만일 그가 평소에 제자로서 스승께 좀더 잘해 드렸더라면, 이러한 시봉일기를 출판하겠다는 생각을 일으키지도 않았을 것이고 또 그러한 기회가 없었을지도 모른다. 그러나 이 책을 쓰기 시작한 것은 스승의 재세시부터였다고 송암이 후기에서 밝혀놓고 있다.

어찌 되었든 제자나 자식이 그 스승과 부모에게 바치는 효에는 상한선이 없는 법이라고 한다. 그러기에 부모나 스승의 사후에 자식으로서나 제자로서 할 도리를 다했노라고 큰소리 칠 사람이 오늘날 과연 몇이나 될까. 설령 부모나 스승의 사후에 불효의 죄를 뉘우치면서 땅을 치고 통곡한다 해도 누구나 송암처럼 시봉일기를 쓸 수 있는 것은 아닐 것이다. 왜냐하면 스승의 생전, 오랜 세월동안 그 가르침이나 일상을 꼼꼼하게 메모해 두는 준비가 없었다면 아무리 쓰고 싶어도 안 될 일이니까 말이다.

아무튼 이런 여러 가지 점에서 제1권 '내일이면 늦으리'라는 책은 한 제자의 피눈물로 쓴 스승에 대한 참회록이라고도 평가할 수 있다. 한마디로 『광덕스님 시봉일기』는 제자 송암의 참회록이자, 속죄의 눈물이다. 아니 이 시대 스승을 모신 모든 출가 수행자들의 참회록이자 뜨거운 눈물이 아닐까? 그의 문장 도처에 지난 날 스승을 잘 모시지 못한 아쉬움이 배어 있다. "이제 다시 지난날 지은 이 모두의 허물을 생각하면 마음이 괴롭기 이루 말할 수 없다"(1권, p.75)라고 스스로 토로하고 있다. 그리고 "병든 스님의 나약함을 돕지 못한 나의 이 못남을 어떻게 해야 할까. 머리 아프다고 아기처럼 나를 바라보며 호소하던 스님의 눈빛을 어떻게 감당해야 할까. 머리를 짓찧어도 소용없는 일이 되고 말았다."(1권, p.77) 이런 안타까운 참회문은 살아생전 잘못 모신 스승에 대한 죄책감의 발로일 것이다.

또한 스승을 여읜 슬픔과 애통함을 피력한 부분은 제2권에서도 계속된다. '양무제의 한탄'이라는 제목의 글에서 송암은 이렇게 적고 있다. "스님께서 입적한 뒤, 나는 왜 그렇게도 아쉬움이 많은지, 그

가운데 가장 안타까운 것은 스님의 가르침에 대해 이것저것 세세하게 물어보지 못한 것과 선지식 앞에 살았으면서도 정작 해야 될 공부를 소홀히 했다는 점이다. 마치 선지식이 천년만년 내 곁에 머물 것으로 믿고 공부는 차일피일 했으며 불법의 정밀한 이치를 묻고 배우는 것을 아예 도외시하다시피 하였으니 말이다. 실로 생각하면 할수록 애통하기 그지없고, 이제 내 생애에 그런 기회가 두 번 다시 오지 않는다고 하는 것에 생각이 미치면 더더욱 애석하고 원통한 심정을 가눌 길이 없다"(2권, pp.63~64)고, 통탄과 장탄식을 쏟아놓고 있다.

이와 같이 비구 송암의 글 곳곳에 배어 있는 스승에 대한 진한 흠모의 정을 느낄 수 있다. 아울러 훌륭한 스승의 행화지덕(行化之德)을 노래하듯 찬탄하고 있기도 하다. 그러면서 생전에 자신의 부족하고 잘못된 점을 은근 슬쩍 미화시키고, 또한 스스로 자신을 위로하기 위해 스승과의 즐거웠던 시절을 회상하는 글들을 의도적으로 많이 싣고 있다는 느낌도 받았다.

그런 예로 제1권에서 처음 발심하여 스승을 모시고 살 때의 행복했던 순간들을 진솔하게 서술하고 있는데, 마치 아름다운 한 폭의 수채화를 보는 듯하다. 그의 글은 화려하지 않으면서도 남을 감동시키는 매력이 있다. 좋은 문장은 불필요한 가식을 첨가하지 않는다는 말처럼 송암의 글은 꾸밈이 없다. 자신의 마음을 그대로 옮긴 순수한 글이다. 그래서 더욱 돋보이는 것 같다.

부처님께서는 『숫타니파타』에서 존경하는 스승과 함께 있는 것을 최상의 행복이라고 했다. 사실 존경할 만한 사람이 없다는 것은 참으로 불행한 일이다. 이런 의미에서 보면 송암은 참으로 행복했던 출가 수행자였다고 본다. 송암의 가치는 스승에 대한 한없는 존경심으로 인해 빛이 난다.

1권 제10장 '내가 죽고 없더라도'라는 부분은 참으로 인상적이었다. 나는 이 장을 읽으면서 남전의 『대반열반경』을 읽을 때와 똑같은 감동을 느꼈다. 『대반열반경』은 부처님 열반 3개월 전부터 다비 후 사리를 분배하기까지의 전후 사정을 자세히 묘사한 경전이다. 이 경전은 아난존자가 부처님 곁에서 보고 느낀 점들을 꾸밈없이 그대로 진술한 것이다. 이와 마찬가지로 시봉일기도 광덕스님의 열반 전후의 사정을 송암이 직접 보고 느낀 점들을 있는 그대로 진솔하게 서술하고 있다. 이 책에서 가장 가치 있는 부분이 바로 제10장이라고 나는 생각한다.

4. 시봉일기를 통해 본 광덕 큰스님

시봉일기를 통해 접할 수 있는 광덕 큰스님의 인품과 생활 태도 등은 많은 사람들에게 귀감이 될 것이다. 나는 이 책을 통해 간접적으로나마 광덕 큰스님의 인품과 교화에 큰 감화를 받았다. 이것이 이 책을 읽고 내가 얻은 가장 큰 소득이다. 그분과 직접 대면한 인연이 없었던 사람들은 그분이 남긴 글을 통해 그분의 인품을 미루어 짐작할 뿐이다. 그런데 곁에서 스승을 모시고 살았던 시자가 보고 느낀 것을 기록한 것은 제삼자에게는 크나큰 안내자가 된다.

이 책에서 광덕 큰스님은 자비의 화신(化身) 혹은 대비(大悲)의 보살로 묘사되고 있다. 자신은 병고에 시달리면서도 중생 교화를 위한 보살행은 잠시도 멈추지 않았다고 한다. 이것은 광덕 큰스님이야말로 보현행원의 실천자였음을 단적으로 보여 주는 장면이다. 또한 큰스님은 언행(言行)이 일치하였을 뿐만 아니라 그 삶의 모습은 고귀하여 학과 연꽃에 비유되었다.

"병에 물들지 않는 천연의 모습. 고통에 좌우되지 않는 본래의 모습을 스님은 잘 보여 주었다. 법상에서 말씀하는 대로 일상에서도 똑같이 남김 없이 보여 주었다." "진흙 속에서도 밝고 곱게 피어나는 처염상정(處染常淨)의 연꽃. 연꽃이야말로 가장 짧게, 최적의 표현으로서 할 수 있는 스님의 또 다른 이름이 아니었던가."(1권, p.266)

이러한 광덕스님의 모습과 아울러 고매한 인격의 한 단면을 엿볼 수 있는 대목이 있다. '사람을 소홀히 하지 말라'는 글이다. 이 글은 광덕스님께서 제자 송암지원 비구에게 들려준 법문이지만, 나를 위한 가르침이었다는 착각을 일으키게 한다.

"이봐, 우리 출가자는 물질에 손해가 나고 어려움이 있어도 그런 것은 감수하고라도 사람을 소홀히 해서는 안돼. 순수하게 대했을 때만이 사람을 바로 세우게 되는 것이야." "지금 당장 자기 잘못을 깨닫지 못해도 언젠가는 반드시 알게 되고 깨닫게 돼. 진실과 순수와 인내만이 올바른 인간의 교화 방법이야. 속시원하게 그 자리에서 흑백을 딱 가리고 손가락질을 해 가며 잘잘못을 추궁해 간다 해도 사람이 바로 서는 것만은 아니야. 오히려 더욱 어긋날 수가 있는 법이지. 다른 사람이 다 미워해도 나 한 사람만이라도 그 사람 편이 되어야지, 그렇지 않으면 누가 그 사람을 깨닫게 할 텐가 말이야."(1권, p.92)

광덕스님의 실법 태도에 관한 대목도 후학들이 본받아야 할 부분이라고 생각한다. 설법은 철저하게 경전에 의거해야 하며, 법회에 앞서 언제나 열심히 준비하셨다는 것은 나를 감동시켰다. "부처님 말씀을 벗어나서는 우스개 한마디도 보태지 않았다. 재미있는 얘기는 이곳 법당이 아니어도 얼마든지 들을 수 있다는 생각이었다. 법당에서는 그 목적에 충실해야 한다는 생각을 가지고 항상 법상에 올랐다."(1권, p.95) 이것은 광덕스님께서 "오직 부처님이나 조사들의 가르침에 근거한다는 바른 설법 방식 때문이었다."(1권, p.95)

그리고 신도를 대하는 광덕스님의 자세는 참으로 여법하고 엄격했음을 알 수 있다. "신도를 대할 때는 바구니 속에 든 계란을 다루듯이 조심조심 대해야 한다. 행동을 거칠게 해서는 안 되고 말도 조심해서 해야 된다." 이러한 광덕스님의 말씀은 우리 출가자가 깊이 되새겨야 할 부분이다.

"장사는 승려가 할 일이 아니다"라는, 말씀도 참으로 큰스님다운 말씀이다. 계율에도 승려의 장사는 금지되어 있다. 승려가 장사하면 실패하게 마련이다. 인격과 인심을 잃을 뿐 얻는 것이 없다. 숫자적으로 이것을 다 팔면 얼마의 돈이 남는다는 계산은 나오지만, 실제적으로는 그렇게 되지 않는다. 스님이 신도들에게 장사한다는 나쁜 이미지만 남게 되는 것이다. '절은 돈 버는 데가 아니야'라는 글도 같은 취지의 가르침이다.

또한 신도들에게 무엇을 요구하지 말라는 교훈도 우리 출가자가 깊이 되새겨야 할 가르침이다. "언젠가는 쓸모가 없어지는 깃털이지만 그마저도 남이 달라고 하면 주지 않는다는 것이다."(1권, p.133) 세속 사람들의 심성을 꿰뚫어 본 통찰력에서 나온 말씀이다. "신도들에게 무얼 요구하지 말아라. 사중을 위해서도 그렇지만 특히 자기 자신을 위해서는 더더욱 요구하는 일이 없도록 하라. 스님들은 오직 충실한 법을 설해야 한다. 그 법을 듣고 신도가 성장하고 정법의 믿음을 키워 가면 나머지 모든 것은 본인이 자발적으로 마음이 우러나서 행동한다. 그것이 순조롭고 좋은 일이다. 그렇지 않고 신도들에게 은근히 부담을 준다든지 복을 지으라고 권하거나 강제성을 띤다면 잘못

되기 쉽고 결코 오래가지 못한다."(1권, p.133)

　이와 같이 출가자의 본분에 관한 광덕스님의 가르침은 제자를 사랑하는 자비심에서 우러나온 것들이다. 그리고 출가자의 본분이 어디에 있는가에 대한 가르침은 평소 나의 생각과 정확히 일치하였다. "모름지기 출가자가 절 살림을 하느라 시간을 보내서는 안 되고, 스승 시봉 하느라 배움의 기회를 미루거나 대신해서는 안 된다고 했다. 절 살림은 신도들에게 맡기고, 출가자는 법의 증거자가 되어야 하며, 보살행의 중심이 되어야 한다고 늘상 강조했다. 세간 사람들이나 재가 불자들이 하지 못하는 출가자들만의 고유한 영역을 지켜야 한다고 역설했다."(1권, p.160) 이는 참으로 구름을 벗어난 달처럼 훤출하기 그지없는 가르침이다. 이런 가르침을 만약 송암이 그때그때 기록하지 않았다면 어떻게 우리가 알 수 있을 것이며 또 후세에 전해질 수 있을 것인가.

　광덕스님의 경전 번역관에 관한 대목도 매우 인상적이었다. "경전을 번역할 때가 있으면 품위 있는 문장을 쓰도록 해라. 어렵다고 해서 고유의 용어나 술어를 낱낱이 풀거나 함부로 새로운 경전 용어를 임의로 만들지 말아라."(1권, p.177) 어설픈 번역물을 쏟아내고 있는 사람들에게 일침을 가한 것이라 할 수 있다.

　광덕스님은 인위적인 권위를 부정했다고 한다. 권위와 위의는 억지로 만들어지는 것이 아니다. 오랜 수행력에서 저절로 밖으로 표출될 때 거부감이 생기지 않는다. "법상이 장엄해도 법이 초라하면 남의 웃음거리가 되는 것이고, 법상이 초라해도 법이 훌륭하면 불자가 구름처럼 몰려들 것이라는 생각을 언제나 갖고 있었다고 본다. 스님은 인위적인 권위를 배척했다. 합리적이며 진리에 의한 법의 존엄만 선택하고 실천했다. 그리고 감정에 치우쳐 결정하고 자선을 하는 것도 사양했다”(1권, p.231)고 한다. 또한 “지팡이를 싫어하고 언제나 꼿꼿이 걷고자 했던 스님, 정신적인 철저함과 자주성은 어디에도 비교할 일이 아니다”(1권, p.221)라고 송암은 회상하고 있다. 행간마다 장마다 금과옥조의 가르침들이다. 어느 것 하나 버릴 수 없는 살아 있는 시퍼런 법문들이다.

5. 남은 과제

송암의 스승에 대한 무조건적인 헌신과 복종의 자세는 나를 초라하게 만들었다. 나에게는 그러한 복종심은 처음부터 없었기 때문이다. 스승을 곁에서 모시고 그렇게 살아온 송암은 참으로 행복한 사람이었다는 생각이 들었다. 반항적 기질을 타고난 나로서는 송암의 그러한 모습이 무척 부러웠다. 이 책을 통해 스승과 제자의 관계는 어떠해야 하는가를 다시 한번 깊이 생각하게 되었다.

사실 피 한 방울 섞이지 않은 사제지간에 사상의 끈으로 연결되지 않는다면 아무런 소용도 없다. 즉 스승의 정신과 사상을 계승하는 것이 제자가 할 도리이다. 다시 말해서 스승의 정신을 잘 계승하는 것이 제자가 할 일, 의무인 것이다.

송암도 자신이 앞으로 어떻게 처신하고 행동해야 할 것인가를 이 책을 통해 밝히고 있다. “나는 그때마다 스님에 대한 최고의 문안은 스님의 뜻을 따르고 받들어 가는 일이 아닐까 하고 생각했다”(1권, pp.200~201)라고, 술회하고 있다. 스승은 언제나 제자가 자기보다 뛰어나기를 바란다. 그래야 부처님의 법이 계속 이어지고 길이 전해지기 때문이다. 즉 불일증휘(佛日增輝)와 법륜상전(法輪常轉)은 모든 불교도들의 한결같은 바람이다. “열심히 공부해서 나를 능가하는 사람이 되어야 해, 그때 우리 불광의 발전이 있는 것이야!"(1권, p.115)라고 말씀하신 큰스님의 유촉을 송암은 잠시라도 잊어서는 안 될 것이다.

이미 송암은 스스로 그 해답을 제시하고 있다. "부처님 법을 펴는 데 황소가 되자. 스님의 사상을 계승하는 데 황소가 되자. 무슨 일이든 옳은 일이라면 황소가 되자."(1권, p67) 이 말대로 송암은 스승의 사상을 계승 발전시키는 황소가 되기를 바란다.

나는 송암이 시봉일기 제1권과 제2권을 발행함으로써 제자로서, 또 한 사람의 수행자로서 스승에 대한 지난 잘못들과 부족을 어느 정도 참회했다고 생각한다. 그런데 제2권에서 제3권으로 이어지면서 본래의 순수한 의도는 약간 변질되고 있다는 느낌을 받았다. 여기서 다시 송암의 개인적인 욕심이 개입된다면 오히려 스승을 욕되게 하는 과오를 범할 수도 있다. 이제 송암은 머리를 다른 곳으로 돌릴 필요가 있다. 과거는 이미 지나갔다. 그리고 미래는 아직 오직 않았다. 현재의 삶에 충실하는 것이 스승의 은혜에 보답하는 올바른 길이라고 나는 생각한다.

스승을 향한 그리움의 노래

현진 | 해인사 포교국장

지금도 스승 앞에서 무릎꿇고 앉아 훈도를 받고 싶은 제자가 있다. 매일 매일 중노릇 성적표를 노사(老師)에게 점검 받기를 원하고, 아직까지 스승에게는 무조건 충성하고픈 제자가 있다. 또한 스승에게 배운 금강경의 내용은 다 잊어버렸지만 가슴속에 간직한 오직 한가지는 스승의 자애로운 눈빛이라고 말하는 제자가 있다.

나는 이러한 제자 송암스님과 광덕 큰스님과의 인연은 한 생이 아니라 삼생(三生)의 인연으로 믿고 싶다. 금생(今生)에 보여 주었던 스승과 제자의 모습을 들여다보면, 전생(前生)에도 너무나 다정한 사제(師弟)지간이었을 것이며 또 후생(後生)에도 스승과 제자의 인연을 비껴 가지는 못할 것 같다. 아마도 두 분의 인연은 세세생생(世世生生)으로 이어질 억겁의 행원(行願)이 되리라.

이 책에는 한 제자가 스승을 향해 부르는 간절한 사부곡(思父曲)이 그리움이 되어 행간마다 메아리 친다. 제자와 스승 사이에 오가는 따스한 정과 가르침이 잔잔히 전해지고 자신도 모르게 가슴이 벅차 오르고 눈시울이 붉어진다. 이 책이 큰스님의 법문을 정리한 법어집(法語集)이었다면 이토록 뜨거운 눈물을 보이지는 않았을 것이다.

어느 제자인들 이렇게 소상하게 스승의 모습과 일상을 기록할 수 있을까. 스승에게 일어나는 하루 스물네 시간의 일들이 제자의 눈을 통해 감동적으로 그려진다. 스승이 던지는 말 한마디가 제자에게는 금언(金言)이 되고, 스승이 보여 주는 행동 하나하나가 제자의 눈에는 언제나 보현행(普賢行)이 된다. 그때마다 스승의 가르침에 제자는 감격한다. 그래서 광덕 큰스님이 송암스님에게 지어준 별명이 '감격시대'.

진달래 꽃밭을 좋아하고 독일 민요를 즐겨 불렀던 광덕 큰스님. 그렇지만 제자의 잘못을 고쳐주기 위해서는 3일 동안이나 말문을 닫았던 엄격한 스승이다. 가장 위대한 스승은 가장 평범하다고 했다. 아마도 법상(法床)에서만 가르침을 전하는 스승이었다면 제자의 기록은 그다지 솔직하지 못했을 것이다. 우리는 이 책을 통해 광덕 큰스님의 자비와 미소는 일상 속에서 보여 주는 깨우침의 화현(化現)이었다는 것을 다시 한번 깨달을 수 있다.

그래서 나는 이 책을 '타임머신'이라고 부르고 싶다. 가장 가까이서 광덕 큰스님을 다시 뵐 수 있기 때문이다. 큰스님의 기침소리와 다정한 음성과 따스한 눈빛이 실제처럼 느껴진다. 문득 문득 큰스님이 아주 가까이 앉아 계시는 것만 같다.

이 책을 읽을 때마다 나는 괜한 걱정이 앞선다. 아무리 생각해도 송암스님이 평소 큰스님을 존경하고 따르던 사부대중에게는 못할 짓을 한가지 더 한 것 같다. 생전의 모습보다 더 생생하게 큰스님의 면모와 정을 그려 놓았으므로 그들에게 광덕 큰스님을 더 보고 싶어하고 그리워하도록 만들었으니까.

이 책은 스승을 어떻게 모셔야 하는가에 대한 확실한 지침서며 효경(孝經)이다. 부처님 당시에 아난존자가 있었다면 이 시대에는 송암스님이 바로 아난존자다. 송암스님의 효심 넘치는 목소리를 통해 광덕 큰스님의 가르침이 한 권의 경전으로 다시 결집(結集)된 것이나 다름없다. 제자가 스승을 향해 부르는 그리움의 노래다.

그렇다면 이 책이 우리에게 던지는 교훈은 무엇일까. 출가하지 않았다면 시인(詩人)이 되었을 것이라는 스승을, 이제는 제자가 시인의 목소리로 이렇게 말한다. 최상의 행복은 존경하는 스승과 함께 있는 것이라고.

금하당(金河堂)과 다석(多夕),
송암지원(松庵至元)과 박영호(朴永浩)

여경 방상복(如鏡 房相福) | 신부(神父)

이 땅에 태어나서 나의 큰 행복은 진리를 크게 깨달으신 두 분의 어르신을 알게 되었다는 것이다. 한 분은 금하당 광덕 대선사(1927~1999, 경기도 오산 출생)이시며, 다른 한 분은 다석 유영모(1880~1981, 서울 출생) 어르신이다.

광덕 대선사님은 젊어서 가톨릭을 거쳐 출가하여 반야지혜와 자비 행원을 널리 펼치시고 몸소 실천하신 이 나라의 손꼽아야 할 참된 어른이시다.

다석 선생님 또한 유교·그리스도교·불교를 넘나들며 아우르는 세계 최초의 독창적인 종교 다원주의 사상을 펴신 어르신으로, 종교 전쟁까지 불사하는 이 어리석은 중생들에게 그 어르신의 가르치심은 온 인류가 닫힌 마음의 문을 열고 꼭 깨달아 들어가야 하리라 생각하는 분이다.

1,600여 년의 찬란한 한국 불교 역사는 이 겨레의 살과 피가 되어 왔다. 생명사상은 불교만한 종교도 없다. 두 어르신의 가르침이 반드

시 이 땅의 백성들에게 구현되지 않으면, 우리는 밝은 미래를 기약할
수가 없다.

한때나마 동시대를 살아오신 분들이셨으나, 우물 안 개구리 격인
나는 그 두 어르신들을 직접 뵙지 못했다는 것이 천추의 한이었다만
"나를 보았으면 아버지를 뵌 것이 아니냐?"는 나의 스승님 말씀처럼,
나는 두 어르신을 꼭 빼어 닮은 두 제자 또한 알게 되었으니 이미 두
어르신을 뵌 것이나 다름없다. 다석 선생님의 제자인 박영호 선생님
과 오늘 이 자리의 주인공이신 광덕 대선사의 상좌 송암지원 스님,
바로 그분들이시다.

송암스님의 스승이신 광덕 대선사님에 대한 뜨거운 정은 실로 눈
물겨운 일이다. 우리 가톨릭에도 이런 뜨거운 사제지간이 있기를 소
원하는 맘 크다. 좋은 스승님 두신 송암스님은 얼마나 행복하시며,
광덕 대선사님 또한 지극 정성의 애제자(愛弟子) 두셨으니 얼마나 기
쁘실까? 『광덕스님 시봉일기』를 시리즈로 내며 천일기도까지 바치시
는 송암스님을 통하여 큰 어르신의 진리에 대한 헌신과 자비정신은
우리를 항상 행복하게 하리라 생각한다.

나와 동국대 동문이기도 한 송암스님이 정진하며 수행해 가는 아
름다운 모습을 틈틈이 보고 있음이 가톨릭 신부인 나의 큰 행복임을
여기서 이렇게 고백한다.

2002년 부처님 오신 날을 앞두고

如鏡 房相福 神父 두 손 모음

종교의 세계로 들어가라

정암 김경일(靜庵 金慶一) | 신부·성공회

　나이가 들면서 점점 실감하는 것은 나를 낳아준 부모의 은혜도 한량없는 것이지만, 인연의 바다에서 만난 스승의 은혜는 어버이 그 이상의 것임을 더더욱 절실하게 느끼게 된다는 것이다. 진리를 깨우치려 몸부림치는 과정에서 만난 스승과 도반의 관계는 부모형제보다 더 깊은 우애와 정을 나누는 진정한 만남의 교제가 아닐 수 없다는 말이다. 나는 복이 많아 나이 오십을 바라보는 지금에 이르기까지 몇 분의 스승을 만날 수 있었다.

　처음 만나 스승으로 삼은 분은 함석헌 선생이신데, 신학원에 다니면서 주일 미사를 거르고 일요일만 되면 평창동에 있는 퀘이커 모임에 출석하였다. 함 선생님의 말씀을 직접 듣고 그 넉넉한 인품에 푹 안기고 싶었기 때문이다. 함 선생님의 사상과 삶에 대해 내가 언급할 주제는 못 되는 것 같고 그분에 대해 인상 깊었던 일화를 소개할 수는 있을 것 같다.

　1982년 봄이었다. 퀘이커 모임에서 서울 인근의 산으로 야유회를 갔다. 평생 일일일식(一日一食)을 하시던 함 선생님의 그날 식사는 양이 조금 많았다. 큰 통닭 한 마리와 김밥 도시락 하나, 그리고 인절미까지 꽤 긴 시간에 걸쳐 천천히 드셨다. 늘 동행하던 담당 형사가 무례한 말투로 회중이 모인 자리에서 핀잔주듯 한마디 던졌다.

"아니, 선생님은 일일일식을 하신다면서 식사량이 우리 세끼 먹는 양보다 훨씬 많으니, 일식 하나마나 아니요?"

"응, 그렇지. 오늘 양이 좀 많긴 해. 그래도 가끔은 위를 좀 늘려 주어야지."

그리고는 흰 수염을 내리 쓰다듬으며 그 호방한 너털웃음을 웃으셨다. 무례한 형사의 말에 모두들 모욕을 당한 듯 낯을 붉혔지만 선생님은 아무렇지도 않게 따뜻한 웃음으로 받아 넘기셨다. 시간이 흐르니 결국 담당 형사마저도 선생님의 추종자가 되어 버렸다.

두번째 스승으로 삼은 분은 원주에 사시는 사회운동가이신 장일순 선생님이시다. 나는 선생님을 존경한 나머지 신혼여행을 원주로 갔다. 선생님은 큰절을 받으시고 메모지를 꺼내든 나에게 형형한 눈빛으로 한 말씀 하셨다.

"중국의 장개석이 이끌던 국민당 군대에 비하면 그 세력이 한 줌밖에 안 되던 중국 공산당은 대륙의 변방을 쫓겨다니는 대장정을 하였지만, 그 고난을 이긴 경륜으로 중국을 통일하였네. 한국은 나라가 좁으니까 우리는 통일을 위해 시간의 대장정을 할 수밖에 없네. 그래야만 네 강대국의 막강한 힘을 뚫고 통일을 이룰 큰 경륜이 나온단 말일세. 최소한 50년은 통일을 주제로 씨름해야 할 걸세. 내 자네에게 부탁이 있다면, 앞으로 한 10년 동안 직업 없이 실업자로 살 수는 없겠는가? 10년 동안 아무 일하지 말고 책 만 권만 읽게. 세상 모든 이치가 눈에 환하게 들어올 걸세."

갑작스런 충격적 제안에 자신이 없어 밋밋하게 대답은 하였지만, 듣던 중 가장 심장이 뛰는 선동이었다. 말이 씨가 되었는지, 아니면 선생님이 미리 무얼 보신 건지 그후 10년 동안 직업 없이 떠돌이 생활을 하였다. 책은 만 권은커녕 천 권도 제대로 읽지 못했으니, 아무리 훌륭한 말씀도 받을 그릇이 못 되니 땅바닥에 구를 뿐이었다.

세번째로 만난 스승은 신학원에서 배운 바 있는 이현주 목사님이시다. 술로 세월을 보내는 불량학생을 여기저기 데리고 다니며 어른들에게 인사를 시켰다.

"이 친구, 큰 인물이 될 터이니 두고 보십시오."

사실 그때 상황을 돌이켜보면 참 하품 날 노릇이다. 금치산자와 다를 바 없는 폐인 몰골로 누가 봐도 혀를 찰 인물을 그런 식으로 소개하니 상대방은 심드렁한 표정으로 대할 뿐이다. 그런 식으로 소개하는 사람이 어디 나뿐이었겠는가. 그러나 내가 지금껏 인생을 살면서 누구에게나 길을 열어주는 역할을 하시는 어른은 이분밖에 만나지 못했다. 아마 인간으로서 자존감을 갖고 살라는 뜻이었을 것이다. 하도 학교생활을 엉망으로 한 탓에 신학원을 졸업하고도 10년 만에야 사제서품을 받게 되었다.

선생님은 서품식에 참석하셔서 나를 따로 불러 세 가지를 당부하셨다. 첫째, 복수하지 마라. 둘째, 사제가 되었다고 사람이 변해서는 안 된다. 셋째, 진정으로 종교의 세계로 들어가라. 나는 10년 만의 서품에 흥분되어 별 생각 없이 대답은 시원하게 잘 했지만 세월이 많이 흘러 그 말씀을 되짚어 보니 어느 것 하나 제대로 지키지 못했다. 서품을 공개적으로 막았던 분들에게는 어떤 식으로든 복수를 하였고, 사제가 되고 난 뒤에는 목에 너무 힘이 들어가 부러질 지경이고, 종교의 세계에는 아예 입구에도 가보지 못했다. 절대사랑, 절대용서,

절대평화, 그 절대의 세계는 나 같은 천생(賤生)에게는 허락되지 않는 세계임이 분명해졌다. 두 분 선생님은 이미 돌아가시고 한 분 선생님, 이현주 목사님은 아직 젊으신 까닭에 공부에 발전이 없는 제자의 답답한 질문을 그리 귀찮아하지 않고 응해 주신다.

사실 『광덕스님 시봉일기』와 별 상관없는 이런 실패한 제자의 애기를 길게 늘어놓는 이유는 광덕스님 같은 큰스님을 가까이에서 모실 기회를 누렸던 송암스님이 너무 부러워서이다. 광덕스님과 제자인 송암스님 간에 형성된 절대 신뢰는 그것 자체로도 이미 종교의 세계가 아니고서는 찾아볼 수 없는 절대의 세계이다. 송암스님의 스승에 대한 기록은 정확한 정도를 넘어 호흡마저 옮겨 놓은 것처럼 정성의 극치에서 나온 결과다. 오죽하면 "잘 적어둬"라는 당부까지 기록해 놓았을까. 멋들어진 글을 써야겠다는 개인적 의지는 깨끗이 접고, 오직 말씀하신 그대로를 기록으로 남겨야겠다는 소박하고 겸손한 열정이 여실히 드러나는 글이었다.

사실 이런 글이 책으로 엮어지지 않았다면 광덕스님을 한번도 뵙지 못한 나 같은 사람은 그 높은 인품과 깨달음의 향기를 짐작도 하지 못 했으리라. 송암스님의 글은 광덕스님 곁에서 마치 내가 시봉을 드리는 느낌이 들 정도로 생생하다. 정말 부럽다. 사실 기독교는 스승과 제자가 한 공간에 함께 살면서 가르침을 받을 기회가 거의 전무하다고 해도 과언이 아니다. 게다가 불교에 비해 수행의 방편이 너무 부실한 것도 기독교의 큰 약점이다. 그러니 기독교는 갈수록 맹신에 의한 광신도를 양산하는 형국으로 치달림으로써 그 장래가 매우 우려되는 시점에 와 있다.

오늘날 기독교 내에 불교에 대한 관심이 높아지고, 이미 불교학을 전공한 신학자도 급증하는 추세다. 기독교가 깨달음의 종교로 가야한다는 것은 이미 거스를 수 없는 대세가 되어가고 있고, 또 그 길만이 기독교가 살아남을 수 있는 돌파구라고 여겨지고 있다. 그렇다고한다면 불교는 기독교에 대해 가르쳐 줄 바가 많다고 본다. 내가 스승으로 모신 분들에 대한 이런저런 얘기를 늘어놓았지만 같이 생활해 보지 못했기 때문에 제대로 가르침을 배울 기회를 얻지 못했다. 이게 안타깝고 통탄스러운 것이다. 열심히 공부해서 스승인 자신을능가하길 간절히 원했던 광덕스님은 당신이 선물로 받은 귀한 염주를 제자에게 건네줌으로써 크나큰 서원을 물려받길 원했다.

애절한 스승에 대한 그리움이 어찌 크지 않겠는가? 책 한 권을 행복하게 읽으면서 귓가에 맑은 시냇물 흐르는 소리가 내내 들리는 듯아름답기 그지없는 시봉일기였다.

아름다운 관계

박원출(朴元出) | 국무총리 국무조정실 심사평가조정관

사람이 산다는 것은 많은 사람들과 관계를 맺고 이를 가꾸고 풀어 가는 과정이 아닌가 생각한다. 부모와 자식으로 태어나는 것, 부부의 연을 맺는 일, 친구로 함께 지내는 일, 스승과 제자로 만나는 일 등등……. 우리가 살아가면서 맺어야 하는 여러 관계가 우리의 삶을 형성하는 요소들이라 할 수 있다. 한 사람이 이러한 관계를 어떻게 이루고 쌓아가느냐 하는 것은 그 사람의 삶을 결정하는 가장 중요한 요인이 될 것이다. 많은 관계를 아름답고 뜻깊게 이루고 가꾸어 간다면 그 사람의 삶은 그만큼 값진 것이 될 것이고, 그렇지 않다면 고단하고 어려운 삶이 되지 않을까 생각해 본다.

송암지원 스님이 쓴 『광덕스님 시봉일기』를 읽으면서 두 분의 삶이 참으로 아름답다는 생각을 하게 된다. 스승과 제자, 그것도 부모와 자식 같은 불가에서의 관계를 그토록 사랑과 존경과 고마움으로 가꾸어간 모습을 생생하게 기록한 내용을 읽으면서 사람의 마음을 맑게 해 주는 글이 아닌가 하는 생각을 한다. 스승을 향한 절절한 그리움과 경외심, 스승의 사랑과 가르침이 책 속의 모든 행간에서 아름답게 나타나 있다.

두 분의 삶이 더욱 아름다운 것은 스승과 제자가 세상을 보다 더 나은 곳으로 만들려는 뜻과 실천을 함께 했다는 데 있다 하겠다. 새 불교운동을 통해 이 땅에 바라밀의 이상을 실천하려 한 스승의 뜻을 이어 펼치려는 노력을 하는 제자의 모습이 아름다운 것이다.

오늘날 우리 사회에 벌어지고 있는 여러 가지 어려운 문제들의 근원도 따지고 보면 사회 구성원들이 가지고 있는 생각인 것이다. 사회적 제도와 체제에서 문제의 해결책을 찾는 데는 한계가 있다. 우리 불교가 이 시대 이 땅의 민중들에게 해 주어야 하고 해 줄 수 있는 일이 바로 광덕스님이 주창하고 실천했으며 송암스님이 이어가고 있는 반야바라밀 운동을 통한 의식의 개혁과 실천이 아닌가 생각한다.

1975년경 동료의 책상에 놓여 있던 「불광」이라는 월간지를 보고 아주 좋은 내용이 있었다는 기억만이 남아 있었는데 이렇게 수십 년이 지난 후에 잡지를 만들었던 분들을 글로나마 만나게 된 것도 인연이라면 인연이리라. 송암스님의 글을 통해 만나게 된 광덕스님을 그분의 생전에 만나 뵙지 못한 것이 매우 아쉽고 안타깝지만 이것도 또 다른 인연이 아닐까 조용히 생각해 본다.

새로운 불교의 세계를 접하고 나서

하현수(河賢水) | 재정경제부 서기관

참으로 우연한 기회였다. 내가 송암스님을 알게 되고 그가 쓴 불교 책을 만나게 된 것이 말이다. 나는 어느 날 뜻하지 않는 방문객을 통해 『광덕스님 시봉일기』라는 불교 책을 받아들었다. 제목으로 미루어 보아 그저 깊은 산사에서 일어나는 고상한 분들의 특별한 이야기쯤으로 생각했다. 우리 속인들과는 동떨어진 스님들의 선문답(禪問答) 이야기거니 하고 사무실 책상 위 한쪽에 밀쳐 놓고 그만 잊어버렸다.

그 얼마 후 우연히 저자인 송암스님과 인연이 닿아 도피안사를 참배하게 되었다. 그때 스님을 만나 이런저런 세상 돌아가는 이야기도 하고 차도 마셔가며 불교 이야기도 듣게 되었다.

오랜만에 도회의 번거로움을 떠나서 고요한 산사의 분위기에 젖다 보니 우리는 비록 초면이었지만 시간 가는 줄 모르고 마냥 이야기꽃을 피웠다. 사실은 송암스님의 자상하고 진지한 분위기가 우리네 세속 이야기까지도 귀기울여 잘 들어 주었기 때문이라고 해야 할 것이다. 아마 내 무의식 중에도 그런 차분하고 넉넉함이 좋았던 모양이다. 그래도 정도 차이이지 그만 일어서 가려고 하는 나를 기어이 붙들어서 저녁공양을 하고 가야 한다고 강권해서 맛좋은 공양도 배불리 먹었다. 모처럼만의 담백한 채식과, 이야기하면서 계속 마신 차 덕분에 저녁공양은 그야말로 별미로 입안에 상큼했다.

공양이 끝나자마자 인사를 하고 나오는 나에게 예의 스님이 쓴 책을 또 주었다. 사무실에 있다고 하니까, 그것은 옆 사람에게 주라고 하면서 부득부득 저자 싸인까지 하여 내 손에 들려 주었다.

나는 그날 집에 돌아와서 혹시나 하는 마음으로 그 책을 펼쳐 들었다. 우선 글이 무척 쉬웠다. 대개 불교 책들은 천편일률 어렵기만 한 것이라고 지레 겁을 먹고 있었는데 이 책은 나의 상상을 깨고 있었다. 처음 앞에 몇 단락을 읽으니 술술 읽혔다. 그래서 한동안 읽다가 잠이 들었다. 다음날 사무실에 나가서도 틈틈이 시간 날 때마다 조금씩 읽었다. 근무시간 사이에 읽는 책이기에 어쩌면 주마간산(走馬看山)격이긴 해도 자꾸 눈길이 갔고 또 술술 책장이 넘어갔다. 있는 그대로 쉬이 책장을 넘기면서 부담 없이 읽었으나 마음에 와 닿는 느낌은 무척 진지했고 나를 돌아보게 하는 내용들이었다.

불교의 스승과 제자의 이야기라고 해도, 우리 속세의 아비와 자식 간의 가정사 이야기와도 크게 다를 바 없는 내용들이라 매우 친근감 있게 읽혔다. 그것은 또한 내가 자식으로서 자라온 시절과 아비가 되어 지금껏 자식 키우면서 느낀 심정들이 한데 어우러져 여러 가지 영상으로 교차되기도 하고 또 묘한 느낌을 자아내기도 했다. 그래서 줄곧 입가에 드리운 미소를 지울 수가 없었다.

외람스러운 이야기가 되겠지만 송암스님의 수행과 식견 정도라면 불가에서 흔히 사용하는 차원 높은 법문들을 인용하며 고상하게 쓰기가 쉬웠을 텐데, 그런 어려운 표현들을 가급적 피하여 누구나 읽기 쉬운 용어를 사용함으로써 불교를 가까이 접할 수 있게 했다. 우리 일반인들 누구도 이 책을 통해 스님들과 마음을 함께 할 수 있도록 몸을 크게 낮춘 것 같아 나 또한 글을 읽으며 마음이 겸허해지는 것을 느꼈다.

종교(宗敎)란 글자 풀이대로 인간의 근원적인 가르침이라고 본다. 그 근원적인 가르침이란 곧 누구나 쉽게 이해하고 느낄 수 있어야 한다고 생각한다.

그런 뜻에서 송암스님은 스승이신 광덕 큰스님과의 수행생활에서 보고, 듣고, 느끼고 또한 부족한 자신의 생각들을 진솔하게 밝힘으로써 읽는 이로 하여금 마음을 한없이 평안하게 만들고 있다. 그리고 그것은 독자들에게 위안도 주고 대리만족도 주게 하는 큰 낮춤을 통해 불법(佛法)의 광채를 한껏 발휘하고 있는 것이다. 이점에서 시봉일기는 매우 귀한 책이고 누구나 읽어야 하는 책으로 자리매김이 되는 것이 아닐까 생각해 본다.

송암스님이 정성을 다하여 쓴 책을 보다 깊이 있게 읽어서 큰 도를 얻어야 하는데도 기껏 몇 번의 감동으로 끝나고 말았으니 그점이 저자인 송암스님에게 미안할 뿐이다.

2002년 3월, 관악산에 새 봄이 오는 창 밖을 내다보며
재정경제부 서기관 하현수 합장

'금하 효행상'의 공동 주최

지관 김태원(智觀 金泰源) | 안성문화원 원장

1999년 음력 4월 8일 부처님 오신 날이다.

우리 불자들의 생일날이다. 우리들 육신의 생일은 부모님으로부터이나 참생명의 생일은 석가모니 부처님의 공덕생명을 이은 날로부터이기 때문이다. 그러기에 그날은 아침부터 하루종일 절에서 지내야 한다. 우리 모두의 생일날 찾아오는 주인공(손님)들을 극진히 모시고 대접하기 위해서다. 평소 자주 보던 이웃의 벗들도 그날은 의미가 더 깊은 이웃이고 소중한 불자형제다.

내가 도피안사와 인연이 된 것은 그해 3월, '스님의 날' 행사에 오신 청화 큰스님을 친견하기 위해 처음 걸음을 했을 때였다. 도피안사에서 청화 큰스님이 법회를 하신다는 이야기를 내가 모시고 있던 최병찬 원장님으로부터 며칠 전 듣게 되었다. 오래 전 칠장사에 잠시 계시기도 했던 청화 큰스님은 우리 한국 불교계에 너무나 잘 알려진 고승이시다. 그리고 아울러 부처님의 진신사리 친견법회도 있다고 하니 나는 이참저참 잘 되었다는 다행스러운 생각을 하게 되었고, 그날은 꼭 가리라 다짐하고 있었다. 당일 아침 일찍 원장님을 내 차에 모시고 함께 도피안사에 당도하여 대웅전을 참배한 뒤 큰스님을 친견했다. 사실 그때까지만 해도 우리 안성 관내에 도피안사가 있다는 이야기를 듣긴 했어도 처음 들여놓은 발걸음이었다.

사찰 입구에 들어서는 순간, 속으로 무척 놀랐다. 이야기 듣던 것보다 직접 와 보니 터가 좋았고, 또 주차장 가득 차 있는 차량과(버스 등) 전국 각지에서 오신 신도님들이 인산인해를 이루고 있었기 때문이었다. 그런데 또 좀 다르게 놀란 것이 있었다. 그것은 도피안사의 겉모습이 다른 사찰과 매우 달랐던 것이다. 고래등같은 팔작 지붕이나 맞배지붕의 대웅전도 찾아볼 수가 없고 기와집 한 채 제대로 지어져 있지 않았기 때문이었다.

단지 현대식 양옥 한 동과 대웅전은 무슨 공장 분위기를 느끼게 하는 조립식 건물이었다. 좀 의외였다. 그러나 대웅전 올라가는데 조감도를 자세히 보니 미래 불교의 종합타운을 형성하고 있는 것이 아닌가.

나는 대웅전에 들어가 좁은 틈새를 비집고 자리를 잡았다. 스님의 날 행사가 시작되기 전에 수계식이 있었다. 나는 그동안 불자이면서도 수계를 하지 못했는데 이곳 도피안사에서 청화 큰스님께 계를 받고 싶어서 미리 준비하고 있었다. 나뿐만 아니라 우리 가족 모두 함께 그날 정식 불자가 되었다. 그리고 영광스럽고 감명 깊은 불명을 제각각 받았다. 나는 지관(智觀)이라고 지어 주셨다. 아마도 모든 사물을 관찰함에 지혜의 눈으로 보라는 뜻과 신중하고 깊이 있게 인생을 살며 깨우치라는 뜻이 아닌가 생각해 보았다.

이것이 내가 도피안사와 인연을 맺게 된 과정이다.

그후 행사 때마다 도피안사를 참배하고 주지인 송암스님과 자주 이야기를 나누게 되어 한층 가까워졌다. 그러다 보니 지난해(2001)에는 송암스님께서 '금하 효행상'을 제정하여 그 첫 시상식을 우리 문화원과 공동으로 주관하였다. 도피안사의 개산조 어른이신 금하당 큰스님의 정신을 잇는 불사로 행해지고 있지만 상을 받는 대상은 굳이 종교를 가리지 않았다. 효행이 지극한 청신사·청신녀를 선정하여 상을 드린다. 그리고 금일봉과 상패를 전달하여 가문의 효행을 길이 찬탄하고 격려한다. 이는 세상이 각박하여 제 살 궁리만 하고 이기주의가 팽배한 세태에서 맑은 바람 같은 일이다. 사실 이런 일은 전국을 통틀어서 우리 안성의 도피안사가 처음일 것이다.

나는 틈만 있으면 송암스님 만나기를 좋아한다. 스님 자신은 바쁠지 몰라도 나는 마음이 편안해지고 그때마다 깨달음이 있기 때문이다. 그러한 내 마음의 편안함과 깨우침이 어디서 오는지는 모르겠다. 아마 맑고 밝은 송암스님의 표정 때문이리라.

그렇다, 송암스님은 나에게 『광덕스님 시봉일기』를 읽을 수 있도록 그 많은 양의 원고를 써서 책을 만들었다. 그로 말미암아 스님들의 세계를 새롭게 보게 되었고 내 자신을 다시 돌아보게 된 중요한 계기가 되기도 했다. 나는 시봉일기를 읽고 난 뒤, 그 책을 여러 사람에게 나누어 주었다. 그만큼 나에게 소득이 있었기 때문에 저절로 발심이 되었음은 말할 여지도 없다.

'훌륭한 스승 밑에 훌륭한 제자', '용장 밑에 약졸은 없다'는 옛말과 같이 그렇게 훌륭하신 광덕 큰스님을 한번도 뵈온 적이 없는 나는 지척에 살면서도 인연이 없었다는 것이 못내 아쉬웠다.

비록 직접 친견하여 뵙지는 못했어도 큰스님의 행적과 사상의 업적은 너무나 밝은 이 시대의 횃불이었던 것을 글을 통해 알게 되었다. 큰스님의 여러 가지 일들은 그 책에 기록된 그대로이겠지만 우리에게 꿈과 희망을 주었고 자애로운 모습으로 우리를 대해 주셨다는 것은 참으로 고귀한 일이라는 생각이 든다.

생전에 큰스님을 친견한 많은 불자들이 한결같이 말하고 있는 점은 거의 같다. 난들 거기서 예외일 수가 있을까. 속담에 '골이 깊으면 물도 깊다'고 했다. 큰스님의 제자는 과연 큰일을 도모하고 있다는 것을 송암스님은 우리들에게 잘 보여 주고 있다.

역사를 사람이 만드는 것이듯, 성현의 출현은 성현의 가문에서 저절로 탄생하는 것이 아니다. 스스로의 노력과 정진으로 만들어 가는 것이다. 송암스님은 큰스님의 수행을 후세 사람들의 삶의 표본이 될 수 있도록 기록으로 남겨 큰 은혜를 베풀어 주었다.

송암스님께서 시봉한 내용을 진솔하게 기록으로 남긴 것은 그 책을 읽는 나로 하여금 인생을 새롭게 추스르게 하였다. 바라건대 송암스님께서 아주 오래오래 건강하여 뜻한 바 모든 것을 꼭 이루기를 기원한다.

2002년 4월 30일
안성시 비봉산 지관재에서 지관 합장

신부님들께도 상좌가…

김영배(金榮培) | 안성시청 공무원

1998년 2월 초순경, 내가 안성시 죽산면 사무소에 근무할 때였다. 마침 오전 시간이라서 좀 바쁠 때였는데 내 책상에 앉아서 얼핏 창구를 바라보니 처음 보는 스님 한 분이 무언가의 서류를 민원대에 접수하고 있었다.

나는 천주교 신자이지만 불교에도 많은 관심을 가지고 있었던 터라 지역 내의 절은 거의 다 가보았는데, 그런데 한번도 본 적이 없는 스님이 나타나서 민원을 접수시키고 있었다. 나는 내 업무를 보면서도 계속 관심을 가지고 창구 쪽으로 주의를 기울였다. 그런데 스님과 직원의 대화 내용은 다 들을 수는 없었지만 무엇인가 스님께서 불편해 하는 것을 느낄 수 있었다. 나는 살며시 직원을 불러 알아보았다.

내용인즉, 진정서를 접수하고 접수증을 달라고 하는데 접수대장에 기입했으니 걱정 말라고 했지만 부득부득 접수증을 달라고 한다는 것이었다. 사실상 민원서류를 접수하신 사람들에게 접수증을 발급하는 것이 원칙이지만 보통 읍·면사무소에서는 접수증을 원하는 사람들이 거의 없어 그 직원은 그렇게 알고 있었던 것 같고, 스님은 원칙

대로 접수증을 원하고 있었던 것이다.

그때 내가 스님께 다가서서 직원대신 사과를 하고 접수증을 해 주었다. 당시 스님은 정중히 인사를 하고 그 직원에 대해서는 일언반구의 불편한 기색도 없이 돌아갔다.

그날의 스님이 바로 송암스님이었고 그 인연으로 이 글까지 쓰게 된 것이다. 그후 용설리에 있는 도피안사를 찾아갔더니 불사를 시작한 지 얼마 안 되는 절이었다. 그렇지만 절터는 무척 편안하고 안락했다. 우리 죽산에 이런 명당이 있었나 하고 새삼 놀라운 생각이 들었다. 개산한 지 얼마 안 된 아늑하고 넓은 절터에는 조립식 대웅전과 조립식 요사채가 전부였다.

그런데 조립식 자재의 두께가 얇아서 몹시 추웠다. 그런 냉방 같은 곳에서 주지인 송암스님이 앉아서 책도 읽고 손님도 맞이하고 좌선도 하는 것 같았다. 잠깐 앉아 차 한잔 얻어 마시고 일어서는데도 손발이 시려울 지경이었다. 그렇게 시작한 도피안사와의 인연은 나날이 찾는 빈도가 늘어갔다. 왜냐하면 도피안사가 내게는 좋았고, 또 검소하고 자신에게 엄격한 스님의 생활을 보고 오히려 내게 교훈이 되기도 했기 때문이다. 그리고 항상 맑고 밝은 모습으로 맞이해 주는 스님의 일상은 때로는 피곤에 지친 나를 위로해 주는 청량제가 되기도 했다. 그래서 스님이 보고 싶을 땐 마치 어린아이처럼 시도 때도 없이 달려가곤 했다.

이즈음 와서 그때를 생각해 보면 철부지도 아니고 어린아이도 아니고, 좀 지나쳤다는 생각마저 든다. 어떤 때는 피곤한 기색이 역력하신 저녁시간에도, 또 어떤 때는 손님들과 이야기하는 중에도 나는 아랑곳하지 않고 스님을 만나려고 기다렸으니 말이다. 돌이켜보면 웃음이 나곤 한다. 그런 분별 없는 나를 이해해 주고 감싸주고 불편한 기색을 전혀 나타내지 않았던 스님이 고마울 뿐이다.

그러던 1999년 2월 말경, 스님을 찾아뵈었더니 스님의 모습에서 평소에는 좀처럼 느끼지 못했던 진한 슬픔을 느낄 수가 있었다. 늘 스님의 밝은 모습만 보아왔던 나로서는 뜻밖이었다. 혼자 이리저리 궁리해 보아도 전혀 감이 잡히지 않았다. 한참만에 스님이 스스로 입을 열었다.

"제가 불효를 저질렀습니다. 제 스승님을 잘 모시지 못했어요" 하며 말을 잇지 못했다. 그리고는 자리에서 일어나 범어사로 서둘러 길을 나서는 결연한 모습 사이로 어린 눈물을 보았다.

나로서는 생전에 단 한번도 뵌 적이 없는 광덕 큰스님이시지만 송암스님이 쓴 시봉일기를 읽으면서, 또한 송암스님의 체취에서 광덕 큰스님을 늘 만날 수가 있었다.

나는 비록 조그마한 성당의 성가대 지휘자로 봉사하고 있지만 쉬는 시간을 이용하여 가끔 수녀님과 성가대원들에게 사찰의 생활과 송암스님의 기도를 통한 스승님에 대한 존경과 헌신을 이야기하곤 한다. 그리고 스승님의 사바세계 환생을 바라는 간절한 기도는 어제 오늘의 일이 아니라고 그들에게 강조하기도 한다. 송암스님과 큰스님과의 관계를 통해 세속의 부모 자식의 관계보다 더 절절한 인간애를 보며 흠모의 정을 지나 외경심마저 갖게 된다는 이야기를 자주 한다.

처음에는 이상하게 생각했던 성가대원들도 지금은 나와 송암스님과의 인연을 인정하고 가끔은 불교에 대하여 질문도 한다. 불교방송이나 텔레비전을 통해 얻은 짧은 상식으로 그들에게 대답을 하기도 한다. 그럴 때는 나도 몰래 목소리 톤이 올라가고 설명도 진지해진다.

그것은 내가 스님에 대하여 아는 것이 많아서도 아니고 불교의 지식이 많아서도 아니고 단지 수년간 송암스님을 자주 만나면서 느꼈던 인간적인 면모 때문이라고 보며 그 원형은 바로 스승님께 얻었을 것이라고 나는 생각한다.

나는 이 순간에도 이런 생각을 하고 있다.

'송암스님은 무슨 마음으로 광덕 큰스님의 말씀 한마디 한마디를 놓치지 않고 일일이 메모를 해 놓았을까? 미리 큰스님에 대한 일대기를 책으로 펴내려고 작정을 하고 있었던 것일까? 그렇다고 하더라도 그것이 하루 이틀도 아닌 오랜 세월 속에서 결코 쉬운 일이 아니었을 텐데' 하고 말이다.

그것은 평소 스승님에 대한 존경과 스승님에 대한 진정한 사랑이 없었다면 불가능하였을 것이다.

큰스님께서 이곳 도피안사에 계실 때, 누워만 계시면 기력을 회복하실 수 없다는 생각으로 큰스님께서 걸으실 만큼의 보폭 넓이로 벽돌을 마당에다 심어 발걸음을 떼시기조차 힘든 큰스님의 손을 잡고 걸음마를 하게 하시던 모습을 가만히 상기하노라면 나를 무척 숙연하게 만들기도 한다. 스승님의 쾌유를 가슴속 깊이 기도했던 송암스님의 글 한구절 한구절은 나에게는 마치 무슨 경전 구절 같기도 하다.

2001년 늦은 봄, 나는 도피안사 불자님들과 함께 경북 영주 부석사와 봉화 축서사를 순례한 적이 있다. 그때 축서사의 주지이신 무여 큰스님께서 설법하는 가운데 많은 부분을 광덕 큰스님과 송암스님을 찬탄하셨다.

"여러 불자님들은 부처님의 제자이자 효자이신 송암스님을 모시고 수행한다는 사실 하나만으로도 참으로 행복한 분들입니다.”

나는 무여 큰스님의 말씀을 들으면서, 평생 주님을 증거하시다가 은퇴하시는 신부님들이 떠올랐다. 만약 그분들께도 송암스님 같은 효자가 있었다면 하고 깊은 생각에 잠겨본 것이다.

효자는 하늘이 낸다고 했는가?

『광덕스님 시봉일기』 15권까지를 계획하여 자료를 모으고 찾고 준비하여 써 나가는 송암스님이 불교뿐만 아니라 이 세상 만고의 효자라는 생각을 해 본다. 아마 이 글을 읽는 독자들도 나의 의견에 공감할 것이다.

아무쪼록 이 세상에서 어버이의 뜻을 받들고 이어가는 모든 마음, 그리고 스승님의 사바세계 환생을 간절히 기도하는 송암스님의 뜻이 꼭 이루어지길 기원한다.

수미산처럼 우뚝했고 고결했으며 훤출했던 스승을 회고함

승진행 박원자(勝進行 朴元子) | 월간 「해인」 기자

'광덕스님 시봉일기', 모처럼 마음으로 읽은 귀한 책이다.

몇 권의 책을 읽는 내내 한 쪽도 대강 책장을 넘기지 못했고, 밑줄을 그어 읽으며 감동했다. 그리고 더러는 눈시울을 붉혔다.

이 책은 열아홉 소년이 구도의 뜻을 품고 출가하여 '넘을 수 없는 산이며 초인'이었다는 스승 밑에서 이십여 년간 시봉하며 몸과 마음으로 익힌 가르침을 기록하고 있다. 어느덧 지명(知命)의 나이인 오십의 문턱에 이르러 장년이 된 제자는 스승에게 받은 가없는 은혜와 제자로서 다하지 못한 회한을 스승의 법어(法語)와 동정(動靜)을 통해 낱낱이 토해내고 있다.

수행자라는 한 이름으로 묶인 이 두 스승과 제자의 모습엔 인간으로 태어나 가장 수승한 길을 간다는 자부심이 진하게 배어 나오고 있다. 그래서 이 책은 더 아름답다.

1. 관세음보살님이 왜 신문에 났을까?

몇해 전, 어느 불교신문에서 스님들의 동정란을 읽다 놀란 적이 있다. 여러 스님들의 사진 속에 관세음보살님 사진 하나가 끼어 있는 것이 아닌가. 편집상의 실수라고 직감한 순간 사진 밑에 눈길이 머물렀는데, '광덕(光德)' 스님이라고 적혀 있었다. 아주 자그마한 사진에선 관세음보살만이 갖추고 있는 자비의 빛이 한없이 뿜어져 나오고 있었고, 나는 오래도록 눈길을 떼지 못한 채 그를 바라보고 있었다. 그것은 수행이 무르익어 나오는 내면의 밝은 빛이었으며, 깊은 정진 끝에 나오는 수행자의 아름다운 빛이었다.

그리고 얼마 후 신문에 났던 관세음보살님이 세연을 거두었다는 소식을 접했고, 한번 만나 뵈리라던 희망을 이루지 못한 채, 지난해 '선(禪)'에 대한 기사를 쓰기 위해 자료를 찾다가 잊을 수 없는 한 명언을 만났다.

"평범하게 세상을 살고, 욕망이나 채우다가, 혹은 세상의 명예나 낚다가, 혹은 실패하고, 이럭저럭 살다가 늙으면 죽는 것이다. 인생은 그런 것의 연속이라고 알고 있던 것이 깨져버린, 그걸 넘어선, 위대한, 영원한, 보다 값있는, 보다 권능적인, 그야말로 물량 환경조건에 종속적인 그런 비속한 존재가 아닌 위대한 존재, 그 위대한 존재가 인간이라고 하는, 그런 뭔가가 있다는 것을 알아들었다는 것, 그것이 첫째 선의 효능이라고 해야겠지요."

이 책을 쓴 저자의 스승인 광덕스님의 말씀인데, 필자의 짧은 식견 탓일지도 모르겠으나, 나는 우리의 삶 속에서 수행이 어떤 역할을 하는가에 대한 답을 이렇듯 명쾌하게 드러낸 것을 접하지 못했다.

이 책은 '그걸 넘어선, 영원한, 비속한 존재가 아닌 위대한 존재가 우리 인간'임을 깨우쳐 주고 있다. 인간은 물론 살아 있는 생명체는 '불성의 빛〔佛光〕'으로 가득하다는 가르침이 깊은 울림으로 다가오고 있다.

저자는 수행자다운 담백하고 기품 있는 문장으로 스승이 그에게 가르쳤던 수행자가 지녀야 할 서원과 직분, 그리고 수행자의 근본과 생명에 대해 말하고 있다.

'수행자'라는 낱말에 '나'를 대입시켜 읽어 보라.

마지막 책장을 덮으며 '보다 값있는 보다 권능적인', 그래서 '빛으로 꽉 차있는 존재가 바로 자신'이라는 사실과 맞닥뜨릴 수 있을 것이다.

2. 수미산처럼 우뚝했고 고결했으며 훤출했던 스승

저자는 그의 스승에 대해 '견고한 사상가였고 왕성한 활동가였다. 불멸의 신념과 깊은 신심, 뜨거운 정열을 가지고 소년같이 순수하게 시종일관 한 생을 살았다'고 회고한다. 스승의 환한 모습 앞에 서면 아무리 큰 고뇌도 눈 녹듯 사라지고 말았다는 그의 스승의 모습을 한 후학은 이렇게 전한다.

"스님은 빼어나게 청순한 모습에 서정 시인의 정서가 듬뿍 넘치면서도, 지사(志士)와도 같은 불 같은 열정을 지니었다. 광덕스님의 환하고 명랑한 기운은 먼발치에서 보거나 여러 대중들 속에서 보거나 또는 언제 봐도 군계일학이었다. 그러나 타고난 허약한 체질을 속으로만 감내하여 평생 병마와 씨름하면서도 끝내 아이 같은 평온함과 수행자로서의 꿋꿋한 위엄을 잃지 않던 평소의 모습들이 눈에 박힌

듯 선연하다.”

대각회와 불광회를 창립, 이 땅에 보현행원운동을 전개한 사상가
며 실천가였던 그의 스승이 실천한 보현행은 무엇인가. 스승의 모든
것을 눈으로 배우고 익혔던 제자의 노트엔 이렇게 적혀 있다.

“불교를 불자 개인의 머릿속이나 가슴속에만 가둬 놓지 말고 힘을
통해 거리마다 골목마다 풀어놓는 것이다. 앉아서 죄업을 생각하며
우는 것에만 수행의 가치를 두지 말고 공(空)을 통한 활발발한 신앙
과 수행으로 세상을 밝히고 진리를 행해야 한다. 그것이 보현행원운
동이다.”

자신의 수행의 힘을 남김 없이 중생에게 회향했으며, 매주 한 번씩
이뤄진 불광의 심지법문을 통해 신도들은 나날이 성숙되어 갔고, 보
리심을 발하여 실천과 정진이 두드러졌다고 제자는 전한다.

아침이면 병든 몸을 일으켜 신도를 맞이하고 저녁이면 끙끙 앓았
던 스승이었으나, 법당의 부처님 앞에 서서 허리를 깊숙이 숙여 절하
는 모습은 모든 것을 부처님께 남김 없이 바쳐버린 무아의 절대경지
를 보게 했으며, 위법망구(爲法忘軀), 그 깊고 높은 헌신을 느끼게 했
다고 제자는 스승을 회고한다.

3. 수행자는 무엇이어야 하는가

속가에선 아들이 제 아비를 닮듯 제자는 스승을 닮게 마련인 법,
저자는 스승을 모시고 사는 것이 목숨보다 소중했고, ‘세세생생 스승
을 모시고 보살도를 닦아가겠다’고 서원하며 수행자로 성장하고 있
다. 한없는 칭찬으로 생명의 맑은 물줄기를 끌어올리고 제자의 영혼
을 살찌게 했던 스승 밑에서 그는 수행자로서의 위의와 기품을 갖춰

나갔던 것이다.

그러나 무릎꿇고 앉아 받은 스승의 절절한 훈도도 있었고 죽비를 맞으며 꾸짖음을 받은 적도 있었다. 풋내기 수행자이던 시절, 철야정진 중 수마를 이기지 못하는 제자에게 "이 잠꾸러기 곰 같은 녀석, 잠자러 절에 왔나? 밥값도 못하는 녀석!"이라고 꾸짖으며, 생각이 큼직한 수행자로 만들기 위해 스승은 이렇게 훈도한다.

"큰 서원을 가져야 큰 자비와 지혜와 용맹이 나오는 법이야. 수행자에게 서원이 없으면 밥값도 못하지.……"

천방지축 우쭐대는 제자에게 "수행자의 죽음은 육신의 소멸이 아니라 정신의 교만이다. 수행자는 겸손해야 해. 부처님에게나 사람들에게나 한없이 하심하고 겸손하지 않으면 수행은 더 이상 진전이 없어"라고 간곡히 이른다.

참으로 아름다운 법문이 아닌가. 어찌 이 말씀이 한 제자에게만 내린 법문이겠는가. 세상을 살아가는 모든 이들이 귀기울여야 할 값진 가르침이다. 이 책은 이러한 보석 같은 가르침으로 가득 차 있어 읽는 이들의 마음을 적신다.

열반하기 한 해전 가을 어느 날, 노쇠한 육신을 이끌고 제자를 보러 왔다가 떠나며 한 말씀은 이 땅의 수행자 모두에게 전하는 절절한 메시지와도 같다.

"출가자는 대자대비로 가득해야 해요. 요즘 나는 야심과 탐욕에 가득 찬 사람들을 많이 봐. 형상은 출가자지만 마음 씀씀이에 있어서는 출가정신을 조금도 볼 수 없어. 부디 송암의 가슴에 대자대비를 가득 담아요. 그래야 부처님의 가호가 있게 돼요."

스승의 말씀 속엔 언제나 축원과 기도가 있었다고 제자는 토로한다.

수행자의 근본은 하심이며, 수행자가 서 있는 토대는 인욕이며, 수행자의 생명은 감사라고 가르쳤던 스승을 그리워하며, 체험에서 얻은 진리를 손에 꼭 쥐어주었는데도 미욱하여 알아듣지 못했노라고 제자는 가슴을 친다.

저자의 스승에 대한 찬탄과 회한은 실타래처럼 풀려 나와 심금을 울린다.

새벽녘에 제자가 잠든 방 앞에 서서 등과 팔다리를 좀 만져달라고 하소연했던 스승에게 왜 좀더 잘해드리지 못했는가 하는 뼈아픈 회한, 스승이 계셨던 곳을 수리하다가 '이런 뱀 껍질 같은 방에 스승을 모셨다니' 하며 자책에 떨며 우는 그 앞에 다시 눈시울이 뜨겁다.

라디오에서 흘러나오는 '불효자는 웁니다'라는 유행가를 들으며 차안에서 한없이 울었다는 스승, 언덕에 핀 들꽃이 너무 아름다워서 자동차를 세우고 제자와 함께 생명의 아름다움을 만끽했다는 스승, 아직 입을 만한 옷을 버리면 옷이 운다며 떨어진 옷을 손수 기웠다는 스승, 생명력이 왕성한 녹음에서 제자를 만나면 더 좋은 대접이 될 것 같아서 병든 몸을 이끌고 밖에 나와 있었던 스승, 다음 생에도 출가 수행자가 되어 염불과 전법과 부처님 각(覺) 사업을 실컷 하리라던 스승은 두해 반 전 그의 곁을 떠났다.

'보폭을 크게 해서 양손을 흔들며 걷는 연습을 하면 기력이 회복된다'는 말을 듣고 동체대비의 병을 앓고 있는 스승을 위해 벽돌로 징검다리를 놓은, 스승의 죽음이 믿어지지 않아 온몸을 만져보고 또 만져보았다는 효성 지극한 제자를 남겨둔 채.

저자는 지금 도솔산에 갇혔다. 천일 동안을 스스로 즐겨 그곳에 갇히기로 한 것이다. 그에게 수많은 깨달음과 은혜를 주었던 스승이 이 땅에 다시 오기를 기원하며, 그리고 스승을 닮은 수행자로 거듭나기를 발원하며.

4. 우리, 그런 스승으로 남을 수 있는가

저자는 스승을 회고하며 자신을 향한 조용한 성찰과 수행자로서의 굳은 서원을 다지고 있다. 그리고 이 책을 통해 우리 모두에게 부드럽고 뜨겁게 묻고 있다.

"스승을 만났는가. 하늘 아래 어느 한 사람에게라도 그런 스승으로 남을 수 있는가."

자신이 지나온 세월과 지금 서 있는 자리를 되돌아보고 싶은 수행자들과 '자신이 무엇으로 있어야 하는가'에 답을 얻고 싶은 이들에게, 오늘 바로 이 책 읽기를 권한다. 내일이면 늦으리.

오랜 가뭄에 내리는 단비

조연현 | 한겨레신문 문화부 기자

『광덕스님 시봉일기』를 읽으면서 목이 메었다. 가슴엔 가랑비로 촉촉이 젖는 느낌이었다. 한량없는 사랑의 눈길로 제자를 바라보는 스승과 그 스승에 대한 경외감과 환희심으로 스승을 바라보는 눈과 눈이 내 가슴에 박혀 눈물의 강을 이루었다.

말이나 글이 감동을 주는 것이 아니다. 아무리 수려한 문체라도 진심이 담겨 있지 않으면 감동을 줄 수 없다. 광덕스님께서 '반야가 무엇이지' 하고 물었을 때, 당시 송암수좌는 '제법실상'이라고 답했고, 이에 대해 스님께서는 '교학적'이라고 평했다. 이제 송암스님은 이 책에서 반야를 교학으로 전하지 않았다. 반야를 말로 하거나, 글로 쓰지 않고, 다만 스스로 빛이 되어 아름다운 삶을 비춰주고 있다. 말이나 글보다는 '삶의 예화'가 더 깊은 감명을 전해준다.

광덕스님이 이처럼 많은 사람들의 빛이 되고 있는 것도 그가 말이나 글만을 남긴 것이 아니라 평생 불편한 몸에도 불구하고 불법을 세상에 구현하기 위해 실천적 삶을 살아온 때문일 것이다.

나는 송암스님도 본 적이 없지만, 광덕스님도 뵌 적이 없다. 이 책을 읽으며, 훌륭한 선지식을 뵙지 못한 게 너무도 안타깝지만, 그래도 송암스님의 사실적 묘사는 마치 광덕스님을 직접 대한 것 같은 착각을 불러오곤 한다.

제자에게 아름다운 진달래꽃을 보여 주고 싶어하는 한없는 자애심과 때로는 자비심으로, 때로는 침묵으로 제자를 경책하는 광덕스님의 모습은 스승의 진면목을 그대로 보여 주고 있다. 이처럼 위대한 스승만큼이나 아름다운 것이 일심으로 스승께 귀의하는 제자의 모습이다. 스승이 자신을 자애할 때만 아니라, 좌선 때 졸다가 대중들 앞에서 '이 잠꾸러기, 곰 같은 녀석!'이라는 꾸중을 들을 때조차 감히 스승을 시비하기보다는 스스로를 경책해 습을 끊고, 그 공덕을 스승께 회향하고 있기 때문이다.

아무리 스승이 끊임없이 법비〔法雨〕를 내려 준다 하더라도, 바가지를 거꾸로 들고 있다면, 스승의 지극한 자애도 효과를 거둘 수는 없는 일이다. 오히려 반대로 눈을 뜨지 못한 사람에게조차 지극한 효심으로 자신을 던졌을 때 자신도 연꽃으로 피어나고, 모두가 함께 눈을 뜰 수 있게 된다는 것을 '심청전'은 전해 주고 있다. 우리가 불(佛)·법(法)과 함께 스승〔僧〕에 삼귀의(三歸依) 하는 것도 그 숙이고, 수용하는 마음이 아상과 아집을 끊는 첫걸음인 때문일 것이다.

최근 중진 스님과 밤을 새워 얘기를 나눈 적이 있다. 진솔한 그 스님은 지금까지 몸을 던질 스승을 만나지 못한 것이 천추의 한이 되고, 또 스승을 만나기 위해 그만한 노력을 하지 못했다며 가슴 아파했다. 송암스님이 애초부터 광덕스님과 같은 선지식을 만난 것은 그의 전생 공덕 덕분이라 여겨지기도 하지만, 그 뒤로도 그가 오직 순일한 마음으로 스승께 귀의하지 않았다면 이런 책을 통해 법잔치를 할 수 없었을 것이다.

나의 방 창을 열면 인왕산의 나무와 하늘밖에 보이는 것이 없다. 나의 마음이야 오늘 하루에도 이 생각 저 생각으로 분주하며, 같은 사람을 놓고도 존경했다가 실망했다가 하는 경우도 많지만, 저 나무들은 다만 저 자리에서 푸르게 서 있다. 저처럼 '나가 없어' 나무가 아닐까. 가끔은 이런 생각을 해보기도 한다. 내가 없이 스승께 귀의하고, 스승의 스승으로 이어져 마침내 붓다에게 귀의할 때, 삼계(三界)의 모든 것이 있는 그대로 아름답지 않을까. 새삼 온 천지의 스승에 대한 고마움을 일깨워 준 송암스님께 감사한다. 이 아침 밥 한술의 은혜, 이 책 한 권의 은혜가 더욱 감사하다.

2001년 9월 9일
조연현

동충하초로 맺은 인연

성재모(成載模) | 강원대 자원생물환경학부 교수

1.

'광덕스님 시봉일기'에 대한 감상문을 쓰기에 앞서 이 감상문을 쓰게 된 인연에 대하여 잠깐 말해 볼까 한다.

1998년 가을 학기가 한창 진행되어 바쁜 일정을 보내고 있을 때였다. 어느 날 연구실 문을 두드리는 소리와 함께 키가 커다란 신입생이 들어섰다. 자기 소개를 간단히 하고는 나의 연구실에 들어오고 싶으니 허락해 달라는 것이다. 한편 학생이 없어 구하려던 차에 자진하여 나의 일을 도우면서 배우겠다고 하니 속으로 반가웠다. 그래도 나는 다짐을 받고 싶어 "왜 1학년부터 이 실험실에서 고생을 하려고 하는가?" 하고 물어보았다. 그러자 그 학생이 실험실에 들어오려고 선배들에게 물어 보았더니 성재모 선생님이 맡고 있는 버섯을 연구하는 균학실험실에 들어가면 후회 없는 대학생활을 할 수 있다고 하였다는 것이다. 나는 그때서야 허락을 하게 되었고 지금까지 그 학생이 실험실에서 차분히 나를 돕고 있다.

그 학생과 함께 전북 임실에서 동충하초를 채집하고 돌아오는 길에 경기도 안성에 있는 도피안사를 참배하게 되었다. 그 절 주지인 송암스님과 통일벼 이야기도 하고 여러 이야기를 나누게 되었는데, 그때『광덕스님 시봉일기』에 대한 서평의 글을 써 달라고 했다. 사실 나는 글 쓰는 재주가 없어 망설였지만 혹시 나의 글이 다른 불자들에게 조금이라도 도움이 되었으면 하는 마음으로 용기를 내게 되었다.

내가 광덕스님을 처음 알게 된 것은 1984년에 춘천에 있는 불교문화원에서「불광」이라는 월간지를 통해서였다. 처음 본 불교잡지였지만 불광의 기사가 너무나 좋아서 매달 읽고 내 나름대로 불심을 다져갔다. 그러한 인연으로 불교를 알게 되고 시간이 있을 때마다 절을 찾게 되었다. 마침내 송암스님이 쓴『광덕스님 시봉일기』를 만나서 읽게 되었으니 더더욱 확실한 불자가 아닌가. 나는 시봉일기를 읽는 동안 줄곧 감탄의 연속이었다. 어떻게 스승을 그렇게 모실 수 있을까, 그리고 낱낱이 가르침을 기록하고 남길 생각을 할 수 있었을까 하는 놀라운 생각이 머리를 떠나지 않았다. 속세의 사람들이 부모님들을 모시는 것과는 또 다른 도리와 격식이 거기에 있었다. 송암스님이 새로 보였고 무척 놀랍게 느껴졌다. 그리고 그렇게 존경할 만한 스승님을 곁에서 모실 수 있었던 그가 부럽기도 했고, 또 내 자신을 다시 돌아보게도 했다.

2.

나에게도 두 분의 스승님이 계시다. 한 분은 필자가 대학을 다닐 때 필자의 길을 인도하여 주신 분으로 현재 학술원 회원이신 조재영 박사님이고, 다른 한 분은 미국 식물병리학자로 지금은 고인이 되신 스나이더 박사님이시다.

먼저 대학시절 나를 무척 아껴주시던 조재영 선생님의 이야기다.

나는 대학을 졸업하고 농업이 아닌 다른 분야의 회사에서 한동안 종사했다. 그러나 거기서 일하면서도 나는 줄곧 내 길을 찾고 있었다. 어렸을 때부터 마음먹은 대로 농업관련 기관에서 일하고 싶은 생각이 간절했기 때문이다. 그래서 다시 선생님을 찾아뵈었더니 식물에 발생하는 병을 연구하여 보라고 하시면서 수원에 있는 농촌진흥청으로 가길 권하셨다.

지금은 없어졌지만 서울역 앞에 있는 버스 터미널에서 선생님과 함께 버스를 타고 수원으로 향했다. 가는 동안 선생님께서는 많은 이야기를 해주셨는데, 그 중에서 지금도 생생히 기억나는 것은 앞으로 십 년만 식물에 병을 일으키는 곰팡이에 대한 공부를 열심히 하면 좋은 일이 있을 것이라고 확신을 가진 예언을 하셨다. 그러시면서 마음을 변치 말라고 누누이 당부하셨다. 선생님께서 농촌진흥청 식물병리과에 나를 소개해 주셨다. 선생님 덕분에 나는 그동안 하고 싶었던 일, 식물병리에 대한 연구를 할 수 있었다.

그 시기는 우리나라에 쌀이 자급자족되지 않아 쌀을 수입해 올 때였다. 볍씨가 개량이 안 된 상태이고 그런 기술이 무척 뒤떨어져 할 일이 너무나 많았다. 그때 정책 입안자들의 적극적인 농업정책과 품종 개량 방침으로 우리는 밤낮을 가리지 않고 연구에 연구를 거듭했다. 그 결과 통일벼를 만들어 식량을 자급자족하게 되었다. 뿐만 아니라 연구의 힘이 결집되어 병충해 예방에도 획기적인 성과를 올렸다. 나는 그 일원으로 농작물의 병 퇴치를 위한 연구에 줄곧 매달렸다. 많은 시간이 흘렀지만 지금 생각해 보아도 기억이 새롭다. 우리가 그렇게 노력한 보람으로 국가적으로는 식량을 자급자족할 수 있었고 나 개인적으로는 선진국인 미국에 가서 식물병리학을 더 공부할 수 있는 기회를 얻었다. 그때 만난 스승님이 그 분야의 세계적인 학자 스나이더 박사였다.

수원 농촌진흥청에서 농작물의 병을 열심히 연구하고 있을 때, 미국에서 한국의 농업기술 지원으로 온 유명한 식물병리학자인 스나이더 박사를 만나게 되었다. 나는 선생님의 지도아래 신학문에 몰두했다. 그 결과, 선생님의 추천으로 나는 미국에 가서 광범위하고 체계적인 공부를 더 하게 되었고 학문적인 영역을 넓히게 되었다. 새로운 학문 방법과 좋은 실험시설을 통해 학문의 진수를 느끼기까지 했다. 즐겁고 기쁜 마음으로 내 연구분야를 개척할 수 있었다. 그 덕분에 나는 국립 강원대학교의 교수가 되어 독자적으로 연구를 계속할 수 있는 터전이 오늘처럼 마련되었다. 지금 내가 연구하고 있는 여러 가지 중에서도 버섯의 일종인 동충하초 연구에 전념할 수 있어 늘 감사하게 생각하고 있다.

그러나 나를 이제까지 키워 주신 조재영 선생님을 매년 1월 2일 한번씩 찾아가는 것으로 그 은혜를 갚는다고 마음속으로 생각하며, 또 다른 사람들에게 이야기하면서 자랑한 것이 못내 부끄럽다. 미국에 계시던 선생님은 1982년에 돌아가시고, 이어서 1986년 사모님까지 돌아가셨다는 편지를 받았다.

나는 선생님의 도움으로 균학 공부를 할 수 있었으며, 1984년 강원대로 옮긴 다음부터는 현재 많은 사람에게 널리 알려진 동충하초를 전적으로 연구하게 되었다. 나는 동충하초를 연구하기 위하여 우리나라 산을 거의 돌아다니면서 유전자원을 수집했다. 그리고 누구나 손쉽게 재배할 수 있는 기술을 개발하여 공개함으로써 동충하초를 산업화시킬 수 있었다. 우리나라에서 나의 연구결과가 발표되기 전까지는 아무도 동충하초에 대한 관심이 없었다. 그러나 지금은 많은 사람에게 알려지게 되었고 약효도 인정되어 동충하초가 앞으로 한국의 대표적인 유전자원이 될 것이라는 생각이 든다. 그래서 시간이 나면 한국을 비롯하여 세계 여러 곳을 방문하여 유전자원을 수집하여 연구하는 데 모든 열과 성을 다하고 있다. 이러한 성과는 오로지 나를 가르쳐 주신 선생님들의 은혜라고 생각한다.

3.

내 개인 이야기가 좀 길어졌지만 송암스님을 만나게 된 인연 역시 동충하초로 비롯되었다. 나는 동충하초의 신비함을 알리기 위해 서울 인사동에서 매년 동충하초 사진전시회를 열었다. 물론 내가 다니면서 찍은 사진들이었다. 그 동충하초 사진전을 하는 기간에 스님이 우정 오셔서 따뜻한 격려와 관심을 표명해 주었다. 그리고 그때『광덕스님 시봉일기』라는 책을 주셨다. 실험실에서 나를 돕고 있는 학생의 어머니가 송암스님의 절, 도피안사의 신도이셨다. 그런 인연으로 멀리 안성에서 짐짓 서울 인사동까지 걸음을 하셨던 것이 송암스님과 나와의 첫 인연이었다.

내가 비록 스승님께 잘 해드린 것은 없지만『광덕스님 시봉일기』를 읽으면서 나에게도 송암스님과 같은 제자가 있다면 앞으로 동충하초의 연구는 활발하게 이루어질 터인데 하는 생각을 했다. 세상의 일은 역시 혼자 하는 것이 아니고 다 함께 하는 것이라는 생각이 든다. 아무리 내 혼자 발버둥을 쳐보아도 한계가 있는 것은 너무나 뻔한 사실이니까 말이다. 역시 수행이나 학문은 이어지는 것일 수밖에 없는 것이라고 생각해 본다.

그리고 효자 가문에 효자 난다고 송암스님께도 훌륭한 제자가 나오기를 진심으로 바란다.

만남의 연(緣)으로 깨달은 부처님의 마음

진각행 김혜숙(眞覺行 金惠淑) | 교수, 동국대 국어교육과

1.

1984년. 긴 시간 망설이던 프랑스 유학을 떠나기 열흘 전이었다.

서른을 넘긴 나이에 결혼은커녕, 그 안정된 고등학교 교사직도 그만두고, 더구나 대학강사까지 마다하고 뜬금없이 유학을 가겠다는 나를 성원해 줄 사람은 아무도 없었다.

김장호 교수님. 그분은 나의 특별한 스승이시다.

뛰어난 학식과 신들린 가르침, 감성과 의지의 작품 활동, 철저한 준비와 세밀한 계획에 따라 오르는 산행, 그리고 개인적 자상함과 사랑. 이 모든 모습과 행적들을 통해, 진정 배운다는 것은 자기를 낮추는 일이요 가르친다는 것은 다만 희망에 대해서 이야기하는 것임을 깨닫게 해주시며 내게 지워지지 않는 당신의 자리를 만드셨다. 선생님의 손가락 끝을 바라보다가 어렴풋하게나마 내 향방을 가늠하고 학문의 길로 들어선 나는 오로지 선생님의 권유 한마디로, 꿈꾸고 절망하고 또 일어서서 뜀박질하는 삶을 위해 그 두렵고 외로운 유학길을 선택한 것이다.

오로지 김장호 선생님만이 부추기고 격려하고 축하하는 마당이니, 선생님과의 송별은 당연한 일이었다.

함께 떠나기로 한 홍정운 선생과, 그리고 국어교육과 후배 몇 명. 우리는 선생님을 모시고 희양산을 올랐다.

무사히 정상을 디딘 후 산 중턱에 텐트를 쳤는데, 어둠이 깔리는 순간부터 장대비가 쏟아지며 추위가 밀려왔다. 나와 홍 선생이 함께 든 얇고 초라한 텐트 너머엔 에베레스트 정복의 신화를 지닌 방풍·보온의 선생님 텐트가 아늑한 온기를 내뿜으며 위풍당당하게 버티고 있었다.

"그리 추우면 이리 건너와 자라!"

우리는 주저할 겨를도 없이 눈도장으로 서로의 동조를 구하고는 선생님 텐트로 넘어갔다. 금방 떨림은 가셨고, 그제야 산을 때리는 빗소리가 낭만과 아늑함으로 가슴을 덮어왔다.

옆으로 쪼그린 채 선생님께 등을 보이며 엄습해 오는 피로로 눈을 감는데, 선생님의 손바닥이 내 뒤통수를 따뜻이 감싸왔다.

"에고, 뉘 데리고 가려나……"

무슨 말씀을 길게 하고 싶으셨는지, 한숨이 꽤 길게 늘어지신다. 다시 한번 내 머리를 쓰다듬는 선생님의 따뜻하고 도타운 손길은 더 이상의 충고와 격려 없이도 내게 길고 깊게, 그리고 강하게 여운이 남아 유학 내내 내게 숨은 힘이 되어 주었다.

새천년. 개강을 코앞에 둔 어느 날, 돌아가신 스승님에 대한 절절한 아픔이 고통으로 날 덮칠 때, 그리움을 마음에 접는 연습을 하고자 울릉도에 다녀왔다. 고독하고 아름답고 슬픈 섬. 청마 시인이 '국토의 막내'라고 한 그곳에 서니 꼭 인생의 끝자락에서 나를 정리하는 처연함이 느껴졌다. 허리까지 차오르는 눈길을 뚫고 성인봉을 오르며 잠깐 눈에 홀렸던가 보다. 선생님께서 나를 응시하시며 내 앞에서 러셀(russel : 등산 용어로, 눈을 쳐내어 길을 트면서 나아가는 일)을 하고 계시는 게 아닌가!

"역시 동행하셨어. 그래! 날 혼자 보내실 리가 없지."

뒤에서 오던 동료가 어깨를 툭 치는 바람에 선생님 모습은 흩어져 버렸지만…….

울릉도는 선생님과 함께 가려 했던 곳이었다. 2000년에는 꼭 울릉도의 성인봉과 스위스의 알프스를 함께 가자고 약속했는데…….

해마다 이즈음이면 어스름이 발목을 슬며시 잡아당기는 저녁나절, 마음이 교통하는 몇몇이 선생님을 모시고 술잔을 한 순배 돌려야 새 학기를 시작하곤 했는데…….

어디에선가 예리한 칼날처럼 다가온 그리움이 스쳐 지나가면서 가슴을 재빠르게 베어버린다.

아, 베인 자리에는 섬뜩할 만치 싸아한 아픔이 배인다.

보고 싶은 내 선생님.

선생님 돌아가신 지 벌써 두 해째! 늘 해오던 습관대로 선생님 행적을 밟아가지만, 이젠 뵈올 수 없다는 허전함은 여지없이 9월을 시리게 한다. 가르침을 받은 모든 선생님들 중 그 어느 한 분 귀하지 않은 분이 있을까만은, 그래도 그중 내 마음에 가득히 품항을 안겨주는 김장호 선생님! 나는 과연 스승님께서 내게 준 힘과 사랑만큼 나의 아이들에게 무사심한 정열과 의욕으로 나의 경험과 지식을 온전하게 베풀고 있는 걸까? 스승님께서 내게 내려 주신 그 후광으로 뜨겁게 내 제자들을 위해 보시하며 살고 있는 걸까? 스승님이 내게

전수해 주신, "많이 퍼가는 우물이 가장 맑은 법임을 깨닫고 실천하
며 살라"는 다짐을 나는 과연 얼마나 실천하고 있는 걸까?

'첫모 방정에 새 까먹는다'는 말처럼 우리는 어느 참에 삶의 소중
한 것들을 잃어버리고 아귀아귀 살아가고 있는지 모르겠다. 그러나
이 세상에 언제나 넉넉히 안길 수 있는 푸른 산 같은 우리 시대의 스
승이 있는 한, 세상이 아무리 어지럽고 허망해도 역시 인간 사이에는
변치 않는 사랑의 힘이 존재할 것이다.

2.

송암스님으로부터 "읽은 후 편안히 단상을 정리해 봐요"라는 말씀
을 들었을 때만 해도 이렇게 글을 시작하려는 마음은 아니었다. 그
저, 송암스님의 깊은 효심이 배어 있는 글들을 통해, 생전에 한번도
뵈온 적이 없는 광덕 큰스님을 떠올리고 책(玉箸) 속에 녹아 있는 불
법을 감지하여 그 감동을 정리하려 하였다. 아! 그런데 난 책을 한쪽
씩 넘기고 읽은 부분이 많아질수록 내 스승님을 떠올릴 수밖에 없었
고, 그리고 정말 마음 깊이 나의 스승님이 그리웠다.

정말 이러려던 게 아닌데…….

하지만 어찌할 도리 없이 난 마음가는 대로 내 스승님을 향한 글
로 시작하고 말았다. 송암스님께서 그 너그러운 음성으로, "격식도
필요없고 매수도 한정 없이 그저 마음가는 대로 써봐요"라고 하신
말씀에 용기를 얻어!

도피안사를 두번째 방문했을 때였나 보다. 연수생을 받은 상태라
묵을 방이 없다며 조심스레 대웅전 옆에 붙은 내원을 내주셨던 적이
있다.

"광덕스님이 계시던 곳입니다."

혜안 거사님이 그리 말씀하실 땐 난 그 말의 속뜻을 몰랐다. 그저, "아! 송암스님의 스승님이신 어른 스님이 잠깐 머무셨던 곳인가 보다"는 정도의 경외심뿐이었다.

이제 송암스님의 옥저 두 권을 모두 접한 후의 그곳은 감히 쳐다보기도 어렵고 가슴이 서늘, 경건해지며 새로운 감동과 존경심이 덮쳐오는 느낌이다. 그리도 송암스님의 가슴 저 밑바닥에서부터 시작하여 모든 외연의 행동과 모습 면면에 이르기까지 담기고 덮이고 묻어 있는, 스님 삶의 지침이 되고 살아가는 힘이 되고 행업의 표본이 되는 그 큰스님의 흔적이 곳곳에 배어 있는 방이었다니!

내가 송암스님의 글을 대한 건 1999년 겨울 어느 날이었다. 선배 소개로 알게 된 도피안사에서 며칠씩 묵으며 논문 한 편을 끝내고 나가곤 하던 두번째 방문 시기인 겨울방학 때였다. 여름방학 중 들렀던 일주일여 동안은 단 한번도 스님을 만날 기회를 갖지 못했기에 스님께서 요사채에 계신다는 것만으로도 괜히 엄숙해지고 조심스럽던 터였다.

단 한번의 차 한 잔 나눔과 대화. 깊은 시선과 따뜻한 음성으로 날 맞이하시는 품 넓은 스님의 배려를 받으며, 스님의 옥저를 품고 나오던 기억이 엊그제 같다. 인간사 모두 다 인연으로 얽히며 흘러간다지만, 그동안 겪은 내 사회싱과 자아를 순결하게 깨우치는 짧은 순간이기도 했다. 스님의 옥저 『내일이면 늦으리』는 또 다른 나를 보게 만들었고, 그 어떤 귀한 전문서적보다 더욱 가까이 내 곁에 둘 만큼의 넘치는 사랑과 힘과 설법이 들어 있었다. 그 이후 또 이렇게 1년여가 지났다.

속세에서 사회생활을 하면서 나이 들어간다는 것이 늘 그렇듯, 난 그저 내 눈앞의 일 처리에 급급했고, 그로 인해 허망해 했고, 그러면서 날 잊어가고 있었다. 참으로 도망을 꿈꾸었기 때문에 꼼짝할 수 없는 속세의 감옥에 갇혀 열쇠를 손에 쥔 채 늘 날 수 있는 날을 기다리던 차였다.

그런데 참 이상한 일이다. 역시 '궁즉통(窮卽通)'인가 보다. 아니, 역시 연이 깊은 사람들은 같은 생각을 하고 같은 의식을 누리는가 보다. 방학 내내 외국에 발표하러 가랴, 아버님 팔순 잔치 치르랴, 학교 일 보랴, 논문 쓰랴 헉헉대면서도 늘 도피안사를 떠올리며 갈 날을 손꼽고 있었던 터였다. 그러던 차에 돌연 걸려온 스님의 전화 한 통은 생명수 그 자체였고, 보내주신 옥저『징검다리』는 한 달여 동안 내 품을 지키고 내 연구실을 지키고 내 베갯머리를 지켜주었다.

이제 마지막 장을 아주 느린 손길로 보물함 닫듯이 덮으며 난 감동 속에서 한참을 연구실 책상 곁을 떠나지 못한다. 송암스님의 효심과 광덕 큰스님의 맑고 자애로운 모습이 오버랩(overlap)되면서, 그만큼의 깊이에 내 스승을 생각하는 내 뜨거운 사랑과 그리움이 겹친다.

나는 다시 글 속에 빠져든다. 갑자기 몽환 속을 헤매인다. 나는 티베트 서부 고원지대에 송암스님 대신 올라 있다. 아니 잠깐, 난 그 넓고 아름답고 허허로운 마나슬로바 곁에 앉아 있다. 스님의 글은 내 눈으로 들어오고 내 눈과 마음속을 파고드는 그 환상들은 내 가슴을 울리고 있다. 스님의 스승님을 향한 뜨거운 동경과 회환과 일체감이 내게 그대로 전달되어 입으로 뜨거운 김을 뿜어내면서 난 그 자리에 주저앉는다!

송암스님! 스님은 그 격한 호흡으로 자신 외에는 아무것도 생각할 수 없게 하는 고원의 극한상황에서도, 티베트의 강함 속에 유일하게

부드러운 마나슬로바 호수에서도, 아니 삶의 일체 그 어느 곳, 어느
때에도 모든 것을 스승과 함께 하고 스승을 위해서 움직이고 스승을
향하며 살고 계셨구나!

　　　님에게 아까운 것 없어
　　　무엇이나 바치고 싶은 이 마음
　　　거기서 나는 보시(布施)를 배웠노라.

　　　님께 보이고자 애써
　　　깨끗이 단장한 이 마음
　　　거기서 나는 지계(持戒)를 배웠노라.

　　　님이 주시는 것이면
　　　때림이나 꾸지람이나 기쁘게 받는 이 마음
　　　거기서 나는 인욕(忍辱)을 배웠노라.

　　　천하 하고 많은 사람이 오직
　　　님만을 사모하는 이 마음
　　　거기서 나는 선정(禪定)을 배웠노라.

　　　자나깨나 쉴 사이 없이
　　　님을 그리워하고, 님 곁으로만 도는 이 마음
　　　거기서 나는 정진(精進)을 배웠노라.

　　　내가 님의 품에 안길 때에
　　　기쁨도 슬픔도 님과 나의 존재도 잊을 때에
　　　나는 거기서 지혜(智慧)를 배웠노라.

인제 알았노라.

이 몸께 바라밀을 가르치라고

짐짓 애인의 몸을 나툰 부처시라고……

「육바라밀(六波羅蜜)」 - 춘원(春園)의 애인(愛人)에서

진정 송암스님께서 광덕 큰스님을 향한 마음을 그대로 보여 주는 시가 아닌가!

자신과 세계를 잊고 스승만을 떠올리고 강구하며 사시는 송암스님의 존안을 빨리 뵙고 싶어진다.

‘심정즉불토정(心淨卽佛土淨)’이라 했던가! 스님의 청정한 마음과 오래도록 마주 앉을 영광을 받고 싶고, 도솔산 도량돌이에 뒤따르며 부처님의 곁에서 본심자성(本心自性)으로 돌아가고 싶다.

난 불교를 잘 모른다. 부처님의 일생을 낱낱이 순서 밟아 이야기한다든가, 어려운 인도의 지역명이나 인물들을 빼놓지 않고 꿰어 서술한다는 것은 더욱 내게서 멀다. 그러나 난 분명 부처님 속에서 살고 있다. 허긴, 중생 누구나 부처가 될 가능성은 본래 타고나는 것이라 하지 않던가.

불교는 그저 내 삶을 지켜주는 내 스스로의 인지(認知)이고 힘이거니 하며 그 속에 섞이고 묻혀 살고 있다. 우리는 살아가면서 슬픔이 불현듯 닥쳐오기도 하고 삶은 무거운 짐일 수 있다. 이럴 때 내게 있어 부처님을 떠올리는 것은 공기를 들이키고 물을 마시는 일과 같고 사찰을 방문하는 일은 홀로 있어도 외로움에 잠기지 않는 일이며, 그로 인해 가까이 있는 여러 사람들의 삶을 내 삶으로 소중히 여기며 내 곁에 있는 모든 인연에 진심과 애정을 준다. 이만하면 난 내면적 불자로서 마땅하다 할 수 있지 않을까? 아이구! 너무 건방졌나 보다!

송암스님을 통해 내 스승님을 돌아보았고 송암스님의 글을 통해 내 삶을 반추하고 스님과의 만남을 통해 나의 가치를 돌아보았다면, 내가 스님과 가지는 인연 또한 작은 거라고는 할 수 없으리라.

미혹하고 우매하면 부처가 중생이 되나, 깨치고 지혜로우면 중생이 부처가 된다고 했던가? 지혜롭고 자비로운 자가 앞장을 서지 않는다면 속세의 어두움은 끝나지 않을 것이요, 정토구현도 요원할 것이다.

나는 감히 그 인물로 송암스님을 꼽고 싶다.

송암스님이야말로 광덕 큰스님의 뿌리가 원동력이 되어 그칠 줄 모르고 타는 불심으로 사바세계를 지켜줄 거라 확신한다. 큰스님으로부터 얻은 반야지혜인 불성을 지니신 송암스님을 통해, 나는 잡고 있던 온갖 것을 한번 놓아보는 지혜를 얻었다. 모두 벗어 던지는 순간 펼쳐지는 청정한 세계를 잠깐이나마 난 맛볼 수 있었다. 어쩌면 이런 내 마음의 비움으로 인해, 송암스님이 스승님의 환생을 기원하듯 내게도 모양 없는 본체 가운데서 인연에 따라 내 스승님의 환생을 내 몸 속에서 얻게 될지도 모른다는 믿음과 함께……

한번도 존안을 뵌 적이 없는 광덕 큰스님! 송암스님은 스승님을 당신의 마음속에만 품고 숨기지 않으시고 만인에게 큰스님을 알려 큰스님의 덕목을 펼치시고 큰스님을 사랑하게 만드셨다. 대단한 원력임에 틀림없다. 이게 바로 진심(眞心)이라는 것 아닐까? 송암스님은, 세상을 움직이고 인간을 움직이는 것은 '마음'이라고 설파하신다. 결국 자기 자신을 분명히 보고 있고 남을 정확히 알려고 하는 그것, 이름은 여러 가지이지만 근본은 하나인 마음!

송암스님은 두 권의 옥저를 통해 스님 자신의 바로 그 마음을 보이셨고, 그 진심은 많은 사람들을 통하게 했으며, 그로 인해 불국정

토를 이룩하는 데 큰 몫을 해 내셨다. 이 모든 것이 송암스님에게는 광덕 큰스님이 계신 덕이요, 그 스승을 받들 줄 아는 송암스님의 효심 덕이요, 그것을 뚫어 볼 줄 아는 불심(佛心)이 많은 인간들에게 아직 남아 있기 때문이리라!

'줄탁동시(啐啄同時)'라 했던가? 특히 불가의 사제지간은, 스승과 제자가 서로의 노력이 더해질 때 깨달음에 다다르게 된다는 걸 의미한다. 송암스님은 '스승 노릇하기'에 대해 이렇게 표현하신다. "제자에게 무한정 주어야 하는 것이고 무엇이 필요한 것인가를 미리 알아야 하며 적절한 때를 놓치지 않아야 하는 것"이라고!

결국 스승과 제자는 둘이 아니며, 가르침과 배움에 정진하는 하나의 자세는 둘이 아님을 밝히는 깨달음이 될 것이다.

진정한 '줄탁동시'의 길을 걸었던 광덕 큰스님과 송암스님!

석가모니 부처님께서 인간 위에 군림하지 않으셨듯이, 큰스님 또한 송암스님의 삶 전체의 동반자로서, 올바른 길을 가르쳐 주는 선각자이시고 훌륭한 교육자이셨으니, 큰스님이야말로 진정 부처님이라고 할 수 있으리라. 아니, 송암스님이 곧 큰스님이시니 두 분은 한 분이시고 그분은 바로 부처님이시리라.

"심경(心經)을 바르게 만나면 스스로의 심경(心境)이 심경(心經)이 된다"는 말이 있다. 내 송암스님과 만나 큰스님을 알게 되고 그 법문에 어설프게나마 걸터앉으며 부처님의 마음의 소리를 들으니 이 아니 법열이 솟구치지 않을쏘냐!

이제 사흘만 지나면 송암스님을 뵈러 간다. 벌써 가본 지 일 년이 넘은 그 아늑하고 여유로운 도피안사를 난 설레는 마음으로 찾아가려 한다.

　아마도 대웅전 부처님은 가없는 눈길로 날 내려다 보시고 도솔산은 예전보다 한 걸음 더 다가와 있을 것이다. 내 마음이 그만큼 가까이 가 있으니까!

　지금 스님은 광덕 큰스님의 환생을 염원하는 3년간의 결사에 들어 있으시다. 환희심과 대비심을 떠나서는 생각할 수도 없는 우리 송암 스님! 예전 몇 차례 방문을 해도 뵈올 수 없던 스님을 이제는 훌쩍 속세를 잠시 뒤로 놓기만 하면 언제나 뵈올 수 있으리.

　"부처님, 이렇게 당신 향하여 합장하고 우러를 수 있게 된 이 인연에 감사드립니다. 나무마하반야바라밀."

불기 2545. 9. 17.
학림관 연구실에서 香 사르고 삼가 적다.
眞覺行　合掌

나도 선생님인데

묘안명 고영지(妙岸明 高英芝) | 성남초등학교 교사

나는 『광덕스님 시봉일기』의 마지막 장을 덮으며 경건한 마음으로 합장하고 머리 숙였다. 스승을 부모처럼 모시며 지고지순하게 살아온 삶 앞에 두 손을 가슴에 모으는 것 말고 무슨 말이 더 필요할까?

『광덕스님 시봉일기』는 쉽게 읽히는 불교에 관한 글이지만 거기엔 인내와 정성과 사랑이 절절히 맺혀 있기에 감히 생각으로 형상을 지어 만들고 또 그것을 아무렇게나 발설하고 말하기가 부끄럽고 조심스러워진다.

그러나 스님이 말씀하신 '종이거울(시봉일기)'에 나를 비춰보고 더욱 나 자신을 다듬고 보충하여서 아이들 앞에 서야겠다는 각오로, 시봉일기라는 거울을 통해 내 모습을 찬찬히 들여다보았다.

돌이켜보면 젊은 교사시절 눈에 드러나는 결과에만 급급하여 지혜보다는 지식을 주려고 얼마나 몸부림치며 정열적으로 기염을 토하며 가르치려고 했던가. 반듯한 나무들만 쳐다보며 흐뭇해하고, 거기에는 비뚤어진 나무들도 함께 어울려 있었는데도 눈길 한번 제대로 주지 않았다. 그랬기에 서로 어우러진 아름다운 숲을 보지 못하는 교육적인 어리석음을 수없이 많이 저질렀다. 생각하면 참으로 자괴심이 앞선다.

초등학교의 특성상 하루 종일 아이들과 밀착된 생활을 해야 하므로 자연 아이들이 교사를 통해 보고 배우는 부분도 매우 많다. 그러나 오후가 되면 긴장이 풀어져 어느새 주의해야 할 부분을 놓친다거나 함부로 불쑥 말을 쏟아 놓는다거나 편애를 하는 일들도 많다. 언제 어느 때이고 교사의 역할과 언행은 매우 중요하며 아이들 일생의 계기도 될 수 있는 것인데도 말이다. 무심코 던진 교사의 말 한마디에 상처받는 아이도 있었을 터이고 교사의 짤막한 칭찬과 인정 속에 앞 길이 훤히 트이는 행운의 아이도 있었을 것이다.

또한 아이들은 교사인 나를 비춰주는 거울이기 때문에 그날 나의 표정과 마음은 그대로 아이들 얼굴에 다 나타나고 드러난다. 끊임없이 자기의 이야기를 다 들어주길 바라는 아이들 앞에서 내가 온전히 비워져 있지 않으면 포근한 마음으로 그들의 소원을 다 담을 수가 없다.

학창시절 머리가 희끗한 노 교수님께서 안경너머 빛나는 눈으로 '교직은 성직이다'고 하셨다. 그땐 말로만 희미하게 받아들였는데 나이가 든 이제서야 가슴으로 느끼게 되다니 새삼 지나간 시절이 안타깝다.

그러한 생각을 이래저래 하고 있던 중 나는 『광덕스님 시봉일기』를 읽게 되었고, 또한 거기서 깨닫는 바가 매우 컸다. 함이 없이 행한 송암스님의 스승 공경 정신에 숙연해졌다. 아울러 나는 나의 스승인 아이들에게 사랑의 샘물을 끝없이 퍼 올려줘야 하겠다고 이 글을 읽으면서 가만히 다짐했다.

　그리고 반야바라밀 신앙을 통해 끊임없이 나를 담금질하여 부처님 말씀을 언어로만 되뇌일 것이 아니라 스님이 펼치시는 보현행원 운동에 동참하여 좀더 적극적인 불자, 행동하는 불자가 되자고 원을 세운 것도 모두 '시봉일기' 덕분이다.

　특히 우리나라의 모든 교사들이 이 '시봉일기'를 필수과목으로 다 읽어서 거기에 있는 가르침을 잘 받든다면 아마 우리나라는 세계에서 가장 뛰어난 교육의 나라가 되리라 믿는다. 그런 뜻에서 전국의 모든 선생님들께 이 책을 읽어보시기를 감히 권하고 싶다. 아이들의 지도와 선생님 자신들의 새로운 다짐을 위해서 말이다. 그리하여 평온한 마음으로 아이들을 쓰다듬어 개개인에 내재된 씨앗이 자기에 맞는 향기와 색깔로 꽃피어 이 세상이 이상적인 곳(佛國土)이 되도록 다 함께 노력했으면 좋겠다는 생각을 해본다. 차가운 머리만이 아닌 뜨거운 가슴을 지닌 사람들(부처님)이 우리나라 여기저기에서 수없이 태어날 수 있도록 끝없이 노력하고 싶다. 불자의 한 사람으로서 소원해 본다. 『광덕스님 시봉일기』는 모든 사람이 읽어야 할 국민 교과서, 인생의 지침을 일러주는 이정표 같은 책이라고 말해도 될까.

　큰스님의 구국구세의 횃불을 넘겨받아, 높이 들고 묵묵히 길을 가는 송암스님께 감사한다. 이 책을 쓴 그 노고에 깊이 절한다.

　나무마하반야바라밀.

찬연히 빛나는 크리스털의 퍼즐 조각

정욱성(鄭旭盛) | 남서울대 일문학과 교수

좋은 인연이 있어, 경기도 안성 죽산에 있는 도솔산 도피안사의 주지스님을 친견할 수 있었다. 그때의 인연으로 『광덕스님 시봉일기』를 읽으면서 느꼈던 감회를 몇 자 적어 본다.

『광덕스님 시봉일기』는 존경스러운 광덕 큰스님의 모습을 상좌 송암스님이 그린 찬연히 빛나는 크리스털의 퍼즐 조각이다. 마치 퍼즐의 조각들을 하나하나 정성들여 맞추어 가듯, 이미 지난날 스승님의 모습들을 다시금 영원의 시간 속에 재구성해 가는 상좌 송암스님의 주옥같은 수행 일기장이다.

나만의 비밀스런 미륵보살 스님
언제나 평화롭고 온유함을 잃지 않았던 스님
하심과 인욕을 가르쳐 주신 스님
항상 소년 같으셨던 스님
어느 때나 어느 누구에게나 한결 같으셨던 스님
항상 맑은 미소로 맞이하셨던 스님

산 할아버지 같으셨던 스님
짐이 되지 않으려고 하셨던 스님
자비와 사랑을 가르치셨던 스님

간추려 보자면 이런 소제목과 거기에 따르는 내용과 문구들이 '시봉일기' 전편에 도도히 흐르고 있다. 마치 송암스님의 일기가 하나의 강이라면 이러한 강물이 큰바다를 향해 흘러가고 있는 것이고, 앞의 내 표현대로라면 큰스님에 대한 주옥같은 추억의 퍼즐들이라는 것이다.

이와 같이 큰스님을 향한 추억과 큰스님의 가르침이 무욕, 무위한 송암스님의 순수한 마음에서 담백한 필치로 그려지고 있다. 그래서 이 책을 읽고 있으면 큰스님의 자비하신 모습, 혹은 사랑 가득한 모습, 때로는 천진무구한 모습 등이 우리들 앞에 생생한 모습으로 나타난다. 비록 내가 광덕 큰스님을 친견한 적은 없지만, 송암스님의 다감하고 섬세한 필치로 말미암아 생명력 충만한 지혜와 자비의 거룩한 모습으로 우리들 앞에 다시금 부활하여 그 모습을 나투게 해 주셨다. 마치 당신의 육신은 병환으로 힘들었지만 뜨거운 당신의 숨소리와 자비를 알려 주고픈 비원으로 살며시 우리 곁에 오신 듯한 전율마저 느껴진다. 죽되 죽지 않는 불교의 진리를 사람들에게 알리기라도 하려는 듯, 읽는 이로 하여금 안타까움과 동시에 법열의 환희로 인도한다.

이렇듯, 큰스님의 무량한 자비사랑은 따로 조건을 두지 않았고 존엄하신 진리의 가르침은 불교라는 위계나 테두리, 그릇에 담겨져 있지 않았다. 그러기에 무한히 순수하고 한없는 인간적인 참사랑의 교감을 느끼게 한다.

이는 스승이 제자를, 아버지가 자식을, 모든 이웃을, 나라를 아끼고 사랑하는 마음의 깨달음을 느끼게 하려는 지존하고 숭고한 정신의 결정체이며 사랑의 결정적인 하모니다. 큰스님의 사랑은, 사랑을 가르쳐 주신 것이 아니라 사랑을 하는 것이었고, 그 사랑을 통해 배우게 하는 것이 아니라 깨우치게 하는 것이었다. 이 '시봉일기'는 그러한 큰스님의 자비롭고 존엄하심을 예찬하고 전함과 동시에, 큰스님의 모습이 비치고 있는 거울 또한 한량없이 순수하고 아름답다. 마치, 아직도 스님에게 응석을 부리고 싶어하는 천진한 그리움이 마냥 우리를 안타깝게 하고 또 흐뭇하게 한다.

'스님에 대한 것에 어찌 만족이 있겠는가. 끝없이 후회되고, 아무리 후회하여도 한번 지나가 버린 것이 되어 다시 고쳐 드리지도 못한다. 이러한 후회가 나의 잘못일 수도 있겠지만, 무엇보다도 스님에 비해 느끼는 끝없는 나의 부족함이 이와 같은 눈물나는 후회를 낳았다.'

보라! 이 얼마나 애틋하고 천진한 그리움과 지나간 아쉬움에 마음 아파하고 있는가? 이 책을 읽는 우리들의 마음도 어느새 그리움으로 물들고 자신을 비추는 거울이 되어 부모님이나 스승님께 정성스럽지 못했던 지난 시절을 쓰리도록 뉘우치게 하고 가슴을 저미도록 아프게 한다. 이처럼 큰스님에 대한 변함 없는 응석, 바로 이 응석이라는 글자 위에 나의 눈물이 뚝 뚝……
『광덕스님 시봉일기』는 교직에 있는 나뿐만이 아니라 우리 모두에게 많은 가르침을 주었다. 스승님에 대한 제자의 그리움이 이처럼 넓고 깊을 수가 있을까? 아니 큰스님의 제자와 중생에 대한 사랑이 이렇게도 무량할 수 있을까? 숙연하기만 하여 어느새 눈물망울이 맺힌 듯 내 얼굴이 붉어지고 만다.

　나는 학생들에게 무엇인가를 주려고 나름대로 열심히 가르쳐왔다. 그러나, 이제 이 시봉일기를 접하고 보니 얼마나 순수하게 사랑으로 그들을 대하였나? 다시 내 자신을 돌아보게 된다. 아쉽고 부족함에 부끄럽기만 하고 뉘우침을 금할 길이 없다. 이렇듯 시봉일기는 이제 단순히 상좌스님이 큰스님을 그리워하는 그리움에 머물지 않고, 사랑에 메마른 사람들에게 사랑을, 힘들고 어려운 사람들에게 자비의 진정한 의미를 일깨워준 교훈서이며, 나와 같이 부족한 사람에게 인간의 길을 알려 주는 훌륭한 지남침이다. 모든 사람들에게 참신한 충격과 새로운 깨달음을 일깨워 주는 이 시대의 메시지이다.

대대로 불교 집안에 자란 나

혜안 김태근(慧岸 金泰根) | 광운대 반도체 및 신소재 공학과 교수

나는 대대로 불교 집안에서 자랐으면서도 사실 불교에 대해 아는 바가 너무나 없다. 그러나 어디를 가든 나의 종교를 묻는 곳에는 불교라고 당당하게 말하고 쓴다. 실제로는 부족하기 그지없는, 그야말로 이름만 불자이기에 『광덕스님 시봉일기』를 읽고 서평을 쓴다는 것은 외람된 일인지도 모르겠다. 그렇지만 이런 기회를 통해서 조금이라도 더 불교에 가까이 갈 수 있었으면 하는 바람으로 용기를 내어 책 읽은 느낌을 몇 자 적어보기로 했다.

처음 저자인 송암스님으로부터 원고 청탁을 받고 망설인 것은 내가 불교에 대해서 잘 모른다는 점보다 오히려 내가 쓴 글이 큰스님이나 저자인 송암스님에게 누가 되지 않을까 하는 조심스러운 심정 때문이었다.

그러나 또 한편으로는, 그래도 내가 불법(佛法)과 인연을 맺고 오늘날 나의 가족을 있게 해주신 부처님, 조상님 등 주변의 모든 분들에게 감사하고 보은하는 마음에서라도 '시봉일기'에 관한 느낌을 진솔하게 써야 할 것으로 한번 더 생각을 했다.

나는 이 책에서 지은이 송암스님의 스승을 향한 마음가짐에 깊은 감명을 받았고, 글을 읽는 내내 참으로 흐뭇하고 훈훈한 인간의 냄새를 마음껏 맡았다. 그리고 그것은 나에게 하나의 부러움이기도 했다. 그러나 나 또한 은사님이 계시고, 지금 제자를 가르치는 처지이다 보니 양쪽 입장 모두를 생각해 보는 좋은 계기가 되었다. 그동안 공부하느라 거의 외국에서 시간을 보낸 나로서는 우리만의 특별한 정서인 이런 기회를 갖는다는 것은 여러 가지로 나를 추스르고 내가 분명 한국인이라는 사실을 확인하는 데 매우 긴요한 일이기도 했다. 그러기에 더 자세히 읽고 더 깊이 음미하면서 그야말로 안광(眼光)이 지배(紙背)를 철(徹)할 정도로 찬찬히 읽었다. 그런 노력 덕분인지 이 책을 다 읽고 책을 덮게 되었을 때, 새삼 인간관계의 숭고함과, 특히 스승과 제자의 한국적 모습이 무척 아름답고 고귀하다는 것을 느꼈다.

우선 나는 이 책이 갖는 의의를 말하고 싶다. 그것은 송암스님이 출가하여 행자시절부터 가지게 되었던 큰스님과의 인연을 기록으로 남겼다는 자체가 하나의 귀감이 된다고 할 것이다. 아마도 이런 종류의 책이 그동안 거의 없지 않았나 하는 생각을 한다. 그런데 송암스님으로 말미암아 이렇게 새로운 분야가 개척되었다고 한다면 지나친 말일까. '시봉일기'의 내용을 떠나서 우선 그 존재 자체로서 큰 의미를 가진다고 말하고 싶다.

그 다음이 지은이 송암스님의 진솔한 자세다. 특별히 꾸미지 않고 있는 그대로를 담담하게 기술해 가고 있는 점이 무척 감동적이다. 지은이 송암스님은 심지어 자기 자신의 허물이 되고 흉이 될 수 있는 것까지도 남김 없이 기록해 놓았기 때문이다. 이것은 스승 앞에서 철저하게 자신을 낮추고 있음, 즉 하심하고 있다는 것을 말해주고 있는 것이다. 부모 앞에서 자식은 언제나 어린아이라고 하듯이, 스승 앞에서 제자는 역시 어린아이와 같다는 것을 잘 보여 주고 있다. 이 책의 저자의 약력을 보면 그도 이미 오십 줄에 들어선 사람인 것 같은데, 그렇다면 체면도 차릴 나이고 득실을 미리 셈하여 자기 계산을 할 수 있을 터인데도 불구하고 스승 앞에서 철저하게 하심하고 몸을 낮춘다는 것이 무엇보다 큰 장점이고, 또 우리(讀者)가 이 책에서 배워야 할 점이라고 본다. 그리고 그것이 바로 읽는 사람으로 하여금 감동을 느끼게 하는 주된 이유라고 생각한다.

나는 안타깝게도 큰스님을 친견, 아니 멀리서나마 뵈올 기회도 없었다. 그러나 이 글을 쓰는 인연으로라도 다음 생에는 꼭 뵙고 싶은 바람이다. 이런 생각은 비단 나뿐만이 아니라 이 책을 읽은 나 같은 사람—큰스님을 친견 못한—이라면 누구나 갖게 되는 생각이 아닐까 헤아려보기도 한다.

지금 나의 장인어른은 갑작스러운 병마로 인해 위중한 상황에 놓여 계신다. 남의 일만 같았던 아픈 현실이 나에게도 어김없이 찾아왔다. 생명의 불길이 서서히 꺼져가고 있는 장인어른을 지켜보는 가족들 모두의 마음이 너무나도 괴롭다. 이러한 상황에서 '시봉일기'의 본문 중에 지철스님의 이야기를 읽고 나는 그만 눈물을 참을 수가 없었다.

나와 불교의 인연은 집사람의 만남과 더불어 깊이를 더해갔다. 힘들 때 나도 모르게 집에 모신 부처님의 경전 앞에 가서 합장하는 일련의 행동들이 집사람을 비롯해 처가댁의 불심 덕분이라는 것을 나는 잘 알고 있다. 큰스님의 법구 앞에 엎드려 절을 올린 뒤 스승의 싸늘한 얼굴에 자기 얼굴을 맞대어 비비는 지철스님의 마음. 한 사람의 구도자이기에 앞서 인간이었던 지철, 그에게는 한국 불교의 중흥

을 위해 모든 수행자들에게 사표가 되신 선지식이기에 앞서 그 순간
에는 불가의 아버지이셨으리라. 나는 그 장면에서 흐르는 눈물을 주
체할 수가 없었다. 이 책에서 이와 같은 장면은 수도 없이 많다. 어느
한 장면 소홀한 데가 없고, 가슴 뭉클하지 않은 곳이 없다. 그래서 나
는 이 책을 많은 사람들이 정독했으면 하는 바람을 가져본다.

　　이 책은 종교적인 책이기에 앞서 인간의 책이라고 말해야 할 것이
다. 그리고 인간 세상에서 가장 중요한 관계인 스승과 제자의 세계가
이상적으로, 그러나 어렵거나 멀지 않게 잘 그려져 있다. 모든 이들
에게 교훈이 될 수 있고 모델이 될 수 있다고 본다. 모처럼만에 좋은
책을 만났다.

2002년 여름방학 중에
서울 월계동 연구실에서

인 연

황유정(黃裕貞) | 커뮤니케이션즈 와우 대표

'인연'이란 말에선 어쩐지 따듯함과 설렘이 느껴져 좋다. '인연'이
란 단어를 새기고 살자면 내가 만나는 사람, 내가 하고 있는 일, 스치
는 풍경 하나하나도 소중하지 않는 것이 없게 된다.

세상을 살다보면 별의별 일과 다양한 사람을 두루 겪게 되지만 어
느 일, 누구 하나 빼놓을 것 없이 어떤 의미로든 가르침을 준다. 그런
데 그 중에서도 어떤 만남은 존재 의미와 삶의 가치를 새롭게 발견
하게 할 만큼 '특별한 인연'으로 자신의 삶으로 들어오는 경우가 있
다. 그저 흘려 보낼 수도 있는 덤덤한 삶에 한줄기 빛을 보태주고 미
욱한 사람을 눈뜨게 하여 길을 열어주는 그러한 인연은 세상 무엇과
도 바꿀 수 없이 소중하기만 하다.

그래서 감히 말하건대 나는 송암스님이 부럽다. 스승이신 광덕 큰
스님이 열반하신 후 죽 상심해 있는 송암스님께는 해괴한 소리로 들
릴지언정, 나는 송암스님이 맺은 스승과의 인연에 부러움을 넘어 질
투심을 느낄 정도이다. 송암스님의 책을 읽어 가다보면 글줄마다 배
어 있는 스승에 대한 흠모와 존경, 그리고 그런 스승께 배울 수 있었

던 희열이 고스란히 전해져 온다. 자신의 마음속까지 꿰뚫어 보고 헤아려 주는 분. 그런 스승을 곁에서 모실 수 있었다는 것은 속가, 불가를 따질 것 없이 얼마나 큰 행복인가.

책을 읽다가 불현듯 내 지난날의 아픈 기억이 떠올랐다. 내게도 사회 생활을 시작하며 스승으로 생각했던 어떤 분이 계셨다. 일이 고되고 심신이 지쳐도 그분이 나를 인정해 주신다는 기쁨에 힘든 줄을 몰랐다. 그런데 나의 기대와 진심을 저버리고 그분은 한순간 타인의 말만 듣고선 나에 대해 판단하고 나를 떠나 보냈다. 한마디의 꾸지람조차 없었다. 나는 모두가 나를 오해한다고 해도 그분만은 나를 알아줄 것이라 철석같이 믿고 있었는데, 다른 사람도 아닌 그분이 나를 몰라준다는 한가지 때문에 큰 상처를 받았다. 그때 나는 변명도 항변도 하고 싶지 않았고 그간 쌓아왔던 그분에 대한 존경과 신뢰를 애써 지우고 잊고자 했을 뿐이다.

굳이 지난 얘기를 되새기게 된 것도 모두 송암스님의 글 때문이다. 하긴 인간관계라는 것이 어디 어느 한쪽만의 의지로 유지되는 것인가. 광덕 큰스님, 송암스님은 그 스승에 그 제자가 되니 서로 간에 그토록 두터운 사랑과 믿음을 새겨 줄 수 있었을 것이다. 믿고 따르면 보채지 않아도 모르는 사이에 큰 무엇을 가슴속에 넣어 주시는 분이 스승일 것이다. 또한 꾸지람을 해도 원망하기보다는 그 안에서 진정한 참회와 깨달음을 구할 줄 알고, 침묵으로 대해도 그 속에 담긴 금언을 찾아낼 줄 아는 자가 참 제자일 것이다.

나는 불교 신도가 아니라서 불가의 예법을 잘 알지 못한다. 그러나 광덕 큰스님을 기리는 송암스님의 속내를 헤아리는데 신도면 어떻고 아니면 또 어떠할까. 송암스님은 봄볕보다 따뜻한 스승의 사랑 속에서 정진할 수 있었기에, 또한 무릎꿇고 참회할 대상이 계셨기에 참으로 행복했을 것이다. 자신을 키우고 알아주신 스승. 말이 쉬워 그렇지 누구에게나 있을 수 있는 인연은 아닐 것이다. 우리는 죽음을 곁에 두고 살면서도 또한 늘 죽음을 잊고 사는 존재들 아닌가. 부모가 세상을 떠난 후 목놓아 울며 생전의 불효를 한탄하는 모습은 우리 모두의 자화상이다.

송암스님의 글을 대하면서, 광덕 큰스님의 열반 후 부모를 잃은 아이 마냥 상심하고 방황했을 송암스님의 모습이 떠올라 가슴 아팠다. 삶의 지표가 되어 주셨던 스승이 떠나신 후 그로 인한 상실감과 회한이 오죽이나 컸을까. 실제로 스님을 찾아뵈었을 때, 광덕 큰스님이 열반하신 후 티베트를 방황했다는 말씀을 들려 주셨다. 그러나 송암스님의 말씀을 듣던 중 나는 알아차릴 수 있었다. 광덕 큰스님은 송암스님의 말씀 속에, 그리고 생활 속에 영원히 살아 계신다는 것을. 그러므로 광덕 큰스님은 떠나가신 게 아니라는 것까지⋯⋯.

부모와 자식, 스승과 제자 같은 특별한 인연은 생사를 초월한다는 것을 다시 한번 깨달았다. 광덕 큰스님은 생사의 경계를 넘어가셨을 뿐이지 인연을 끊으신 게 아니므로, 앞으로도 송암스님의 영원한 스승으로서 뜻을 어떤 방식, 어떤 형태로든 송암스님께 전해 주실 것이다. 내가 도피안사에 가서 송암스님에게서 발견한 것은 회한과 슬픔만이 아니었다. 연꽃처럼 웃으시는 송암스님의 모습에서 나는 책에서만 뵈었던 광덕 큰스님의 모습을 찾아볼 수 있었다.

미천대업(彌天大業)

김성배(金成培) | 미국 연방정부 법무성 근무

상좌(上佐)가 스승님이 입적하자 생전에 보고 듣고 배운 것을 정리하여 『광덕스님 시봉일기』라는 명칭의 시리즈로 엮어내는 것을 보고 참으로 귀한 일임을 느꼈다. 이미 출간된 제1권 '내일이면 늦으리'에 이어 제2권 '징검다리', 그리고 제3권 '구국구세의 횃불' 등과, 앞으로도 여러 권이 더 출간되어 총 15권으로 마감된다고 하니 무척 방대한 분량이 아닐 수 없다. 그 많은 분량을 혼자의 힘으로 한다는 것 자체가 나에게는 커다란 놀라움이었다. 오직 이 일을 전념하기 위해 저자는 천일기도를 입재하여 산문 밖을 두문불출하고 있다니 요즘 같은 문명시대에서 그것도 역시 흔치 않은 일임은 비단 나만의 느낌은 아닐 것 같다.

이것은 참으로 귀한 시작이다. 스승의 가르침을 낱낱이 찾아 밝히고 평생의 삶을 꺼지지 않는 등불(책)이 되게 하여 후인들에게 지남이 되게 하고 진리를 찾아 방황하지 않도록 배려하고 있으니 말이다. 미천대업(彌天大業)이라는 말과 같이 큰스님이 하신 일들은 세상을 가득 채우고도 남을 것이라고 생각한다.

스승의 다락방 속에 들어 있는 책 몇 권과 꿀병 사건(제1권, p.51)을 통해 숨어 있는 진리를 한 술씩 배우며, 바구니 속에 든 계란(제1권, p.116)을 통해 소홀함이 없는 수행을 받고, 반야가 무엇인지(제1권, p.118)를 물으시는 큰스님을 통해 가르침을 받는 모습은 마치 『금강경』에서 세존께서 수보리존자에게 존중해야 할 바른 가르침을 주시는 모습을 연상시켜 주고 있다.

나는 1984년 미국으로 유학 와서 학부와 대학원 과정을 마치고 미 연방정부 법무성 법무차관실에 근무하면서 휴가차 고향(경기도 안성시)에 들른 1999년, 안성시청에 근무하는 큰형님의 소개로 눈 쌓인 산사에 들러 송암스님을 찾아뵈었다. 그때 『광덕스님 시봉일기』 제1권 '내일이면 늦으리'라는 책을 얻게 되었고 그 속에 들어 있는 백여덟 가지 일화를 통해 대선사와 상좌의 깊은 인연을 보게 되었다. 그 두 인연은 마치 '두 줄기의 눈물과 따뜻한 체온'(제1권, p.321)이 승화된 법연(法緣, 진리의 인연)으로 스승과 제자의 불가분의 인간관계로 현대인들의 마음을 비추고 있는 듯 보였다.

한편으로 스승과 제자의 '정들자 이별하는 삶'(제1권, p.324)을 통해 사바세계의 '인'과 '연'을 보여 주고, 스승을 그리워하며 끝없이 밀려오는 아픔을 큰산을 나는 학처럼 승화하려는 모습 속엔 마치 스승께서 한국전쟁 전 돌아가신 둘째 누님을 산에 매장하고 내려오며 한없이 쏟아지는 눈물을 감당할 수 없어 길이 보이지를 않았다는 것과 같이 때묻지 않은 인간애를 진솔하게 보여 주고 있다. 가마 타고 시집가던 큰누님을 쫓아가겠다며 떼를 쓰던 어린 시절 스승의 모습. 그 스승을 먼저 떠나보내고 스승의 발자취를 쫓아 충심을 다하여 정진하려는 송암스님의 모습 속엔 예표론적(Typological)인 인연을 다시 보여 주고 있다. 『금강경』에서 세존께서 이 땅을 떠나신 후 있을 일들

을 걱정하는 수보리에게 후오백세에도 계율을 지키며 모든 이를 위
해 복을 짓고 정진하는 이가 있으리니 걱정할 게 없다 하신 세존의
말씀과도 그 맥을 같이 하고 있다 하겠다.

2002년 4월

김성배

Washington, D.C., U.S.A.

꽃피고 새 울면

수월심 강미혜(水月心 姜美惠) | 우바이

우…… 가야지, 가야지
꽃피고 새 울면 나는 가야지
산 넘고 물 건너 혼자 가야지
꽃이 피면 꽃에서 자고
바람 불면 바람에 자고 …….

광덕 큰스님께서 작사하신 '가야지' 찬불가 가사처럼 꽃피고 새
우는 지난 삼월 친정 부친께서 세상을 뜨시고 나니 아버님 생각날
적마다 새록새록 가사 내용이 나의 가슴을 적셨다.

"오냐, 오냐, 잘 가라고, 나무아미타불."

나의 아버님께선 내게 광덕 큰스님은 못 뵈었지만 시봉일기를 쓰
신 송암스님을 뵈올 수 있는 인연을 맺어 주셨다. 아버님 49재 법공
양으로 『광덕스님 시봉일기』 1, 2권을 법보시하여, 대전과 청주 지역
인연들에게 나누었다. 그 인연으로 많은 사람들이 시봉일기를 읽을
수 있었다. 읽은 사람들이 한결같이 고마워했고 나를 찬탄하며 그들

이 받은 감동을 나에게 전하기 바빴다. 결과적으로 광덕 큰스님과 송암스님 덕분에 내가 사람들에게 칭송을 받았던 것이다. 사실 거기에 대한 감사의 뜻으로 이렇게 글을 쓰고 있는 것이다. 그러므로 나의 글은 두 분 스님들께 감사의 인사를 전하는 형식이 될 것 같다.

큰스님 덕분에 많은 부분을 알게 되었고 또 깨닫게 되었다. 그동안 불자로서 스스로 자부하고 꿋꿋하게 살았지만 이 책을 읽은 후 나는 참으로 많은 부족을 느끼게 되었고 무엇이 참 수행인가 하는 것도 다시금 챙기게 되었다. 한 권의 책을 통해 이렇게 큰 힘을 느끼다니 역시 문서포교야말로 대단히 중요한 일임을 절감하기도 했다.

감동을 크게 느낀 만큼 아쉬움 또한 컸다. 그것은 바로 생전에 큰스님을 친견치 못한 것 때문이다. 모두가 내 복 없음에 연유한 것임이 틀림없겠으나 그래도 자꾸만 아쉬움이 남는다.

나와 큰스님과의 인연은 큰스님께서 지으신 찬불가 가사를 통해서였다. 나는 평소 어느 모임에 나가서 찬불가를 가르치고 있는데, 그때마다 큰스님의 가사를 보며 큰 신심을 느끼며 감사하고 있었다. 큰스님이 지으신 가사로 찬불가를 함께 할 때는 사뭇 신심과 환희심이 마음 깊은 곳에서 용솟음쳤다. 그런 인연으로 큰스님께서 매월 발행하는 「불광」지를 만나게 되었고, 또 이와 같이 '시봉일기'도 만나게 되었다.

나는 '시봉일기'를 읽고 큰스님의 일상생활에서부터 그 크신 업적을 소상히 알게 되었다. 그리고 우리 불교에 이토록 아름다운 이야기가 있다니 하는 탄성이 저절로 터져 나왔다. 이런 만세의 귀감이 될 스승과 제자, 부모와 자식의 인연이 어디에 또 있을까? 수없이 생각해 보았다. 두 분 스님만의 행복한 일이 아닌 것 같다. 이 책을 읽는 모든 분들의 행복이라는 생각이 들었다. 그래서 마침내 이 세상 모두가 행복하신 분들이 될 것이라는 생각까지 했다. 이 세상을 불국토로 아름답고 멋지게 장엄하고 수놓으신 큰스님 교화의 행적을 섬세한 필치로 그려 놓은 것을 보노라면 그 정경이 눈에 환히 떠오르고 머릿속에 선연히 그려진다.

사실 큰스님의 상좌가 어찌 송암스님 혼자뿐일까만, 시봉일기는 오직 송암스님만의 효행이라는 생각이 들어 큰스님 못지 않게 훌륭한 분이구나 하는 생각을 했다.

우리들 주변에 이미 가정교육이 무너지고 효가 상실되어 가는 모습을 수도 없이 보고 있는 때, 마치 경종이라도 울리듯이 시봉일기가 등장했으니 이 어찌 불보살님의 뜻이 아니겠는가. 그러므로 이 시대 사람들은 누구나 다 시봉일기를 읽어야 할 것이라고 생각을 하며 나아가 전 국민의 필독서가 되었으면 좋겠다고 생각한다. 이 책을 읽은 후에 나는 출가·재가를 떠나서 불교·비불교를 막론하고 읽어야 할 인간 수업의 교훈이라고 생각하여 주위에 적극 권하고 있다. 시봉일기를 읽은 내 심정은 마치 청아하고 향기롭고 아름다운 한 폭의 수채화를 감상하고 난 뒤의 마음이랄까? 이루 말로 표현하기 벅찬 감동을 받았고, 그 책을 읽으면서 나는 내내 행복했다.

큰스님의 은혜는 아버님 타계 후 삼성의료원 영안실에서 큰스님께서 창건하시고 주석하신 불광사 연화부 회원들의 기도도 받게 되었다. 서울이 객지라 마음속에 간절히 아버님 영전에 목탁 치며 극락발원 축원을 드리고 싶었다. 이러한 나의 뜻을 부처님께서 알아주시어 불광 불자들 십여 분이 목탁 치며 무상계, 반야심경, 축원, 찬불가(빛으로 돌아오소서)로 기도를 해주었다. 그때의 감사와 감동은 지금도 잊을 수 없는 기억으로 간직하고 있다.(당시 우리는 삼성 영안실 1호실에 아버님을 모셨고, 바로 옆 2호실은 불광사 신도 댁이어서 그 며느

님께 부탁하여 독경이 이루어졌음)

불광 불자들 한 분 한 분이 전법자가 되어 주위를 밝히는 횃불을 든 모습을 그때 보았던 것이다. 광덕 큰스님의 출가·재가의 모든 제자들이 우리 불교의 선봉이 되어 이 사회 구석구석에 자비를 나눠주는 거룩한 모습, 그것은 바로 큰스님의 또 다른 모습(分身)이었고, 불멸의 큰스님이 항상 우리와 함께 하고 있는 구체적인 광경이라고 생각한다.

나는 거기서 앞으로 남은 나의 삶을 보았다. 이제부터 남을 돕는 삶을 살겠노라, 지혜롭게 살겠노라, 남에게 기쁨 주는 보살행의 삶을 살겠노라고 굳게 다짐하고 마음의 각서를 쓰며 나 자신을 거듭거듭 추스렸다.

시봉일기의 큰스님처럼 살고 싶다. 읽으면서 웃음이 나오기도 하고 눈물이 나오기도 하고 아쉬워 가슴 저리며 공감하고 공명했다. 아무튼 시봉일기를 통해 내 자신을 무수히 돌아보는 계기가 되었음은 틀림없는 사실이다. 이제부터라도 하루하루 지극정성으로 불자의 삶을 살아가노라면 먼 훗날 큰 바위 얼굴처럼 참다운 보살이 되겠지! 나무마하반야바라밀.

2001년 백중 전날

수월심 합장

세상만사 모든 것이 인연…

무행 송혁(無行 宋赫) | 연세대 의공학과 재학

세상만사 모든 것이 인연 아닌 것이 없다고 하지만, 그 모든 '인연'이라는 말은 사실 시작할 때 하는 말이 아니라 끝났을 때 하는 말이라는 생각이 든다. 그러므로 인연도 이르고 늦고 하는 '시간'을 가지고 있나 보다.

얼마 전 아버님 상(喪) 중에 송암스님이 오셔서 기도를 해주었다. 주위에서 사람들은 송암스님의 스승인 광덕 큰스님이 계셨는데, 참 훌륭한 분이셨다는 말을 자주 했다.

나는 그동안 자라오면서 원효나 서산, 경허나 성철, 그리고 법정 정도는 알아도 송암은 누구고 또 광덕은 누구냐는 식으로 생각을 했다. 무식하면 용감해지는 나의 못난 습성이 잠시 후 궁금함으로 변화 작용을 일으킨 계기가 있었다.

그것은, 송암스님과 함께 오신 불교신도들이 우리 아버님의 영정 앞에서 기도하는 광경을 보고 나는 다소 약(?)이 올랐다. 나를 낳아주시고 길러주신 자식인 나도 저렇게까지는 기도를 못하는데 그들은 처음 본 영정 앞에서 지극 정성으로 기도를 드렸기 때문이다. 그때까지도 용감성(?)을 계속 유지하고 있던 나는 스님을 모셔 온 친척에게 물어보지 않을 수 없었다.

"혹시, 저 열 명도 넘는 신도들 돈 받기로 하고 기도 드리는 것 아닙니까?"

하지만 나의 의심스러운 기대는 안타깝게도 빗나가고 말았다. 그들이 보살행을 닦는 것이라는 사실을 알게 되었을 때, 나는 의아하기도 했고, 또 감동을 느끼기도 했다.

몇해 전부터 나의 형은 경기도 안성에 있는 '도솔산 도피안사'라는 절에 '가뭄에 콩 나듯' 가끔 가곤 했다. 그때 형이 집에 돌아오면서 책을 가지고 온 것 같은데, 독서를 즐겨하는 나는 그래도 눈은 높아서 고전이나 유명한 책이 아니면 잘 읽지 않았기 때문에 그 책은 찬밥 신세를 면치 못하고 이리저리 굴러다니거나 아니면 서가에 잠들어 있었다.

아버님 상을 무사히 마치고 돌아온 나는 예전 생각이 나서 형이 가지고 왔던 책을 찾기 시작했다. 불과 얼마 전까지만 해도 이리저리 굴러다녔던 것 같은데, '개똥도 약에 쓰려면 없다'고 하더니만 마음먹고 책을 한번 읽어주려고 했는데 쉽게 찾아지지가 않았다. 집안 사람들에게 "그 책 봤어?" 하고 물어보기도 하고, 이곳저곳 책꽂이 사이사이를 뒤져서 한참만에 보물 찾듯 찾아냈다.

책 표지 제목이 '내일이면 늦으리', "제목은 괜찮군!" '송암지원 지음', "음 내가 찾는 송암지원이 맞는 것 같군" 하면서 책을 펼쳐 들었다.

나는 비로소 송암스님을 통해서 광덕 큰스님을 알게 되는 순간이었다. 그리고 제자인 송암이 스승에 관한 시봉일기라는 것을 처음 알았다. 책을 읽으면서 희한한 것은 예전에는 아니, 불과 엊그제까지만 해도 길가에 굴러다니던 돌[石] 보듯 했던 그 책을 시간이 갈수록 무릎을 치면서 읽었으니 말이다. 그러므로 인연에도 늦고 빠르기가 있다는 생각이 들었고, 이 글 처음에 언급했던 나의 생각은 여기에서 비롯된 것이다.

우리가 살면서 고승이라는 말을 하면, 보통 사람이 흉내낼 수 없는 신통술을 부린다든가, 아니면 10년 정도 잠에 들지 않고 장좌불와(長坐不臥)하며 용맹정진 했다는 흔히 보통 사람이 하기 어려운 것을 연상하고 그런 말들을 한다. 나는 이러한 말을 들으면 경탄(敬歎)하기도 했으며 한편으로는 부러워하기도 했다. 하지만 이러한 것은 나에게는 멀게만 느껴졌고, 삶을 살아가는 데 별 도움을 주지 못했던 흥미거리에 지나지 않았다. 그래서 고승이란 어떤 분일까 하고 생각해 보았다. 과연 고승은 잠시 스쳐 지나가는 사람이 아니라 부처님같이 시간이 흐르면 흐를수록 우리 삶 속에 더욱 명확한 진리로 남아 많은 사람들을(중생) 이끌어 주는 분이 아닐까?

그리고 글을 아주 잘 쓰는 경지에 이르면 '읽은 사람이 그 글을 읽고 나도 저 정도는 쓸 수 있겠다'는 느낌을 준다고 한다. 마찬가지로 '광덕스님 시봉일기'를 읽으면서 가슴으로 다가온 것은 '나도 조금만 힘써 노력하면 이 정도는 쓸 수 있겠다'는 감흥을 받았다.

광덕스님이 행하신 불도는 그리 어렵지 않았다. 그렇다고 난 몇 마디로 광덕스님에 대한 모든 것을 다 나타낼 수는 없지만 굳이 표현해 보자면, '부처님을 진정으로 닮아가려고 했던 삶, 어떤 중생이라도 귀히 여겼던 지극 정성, 하심(下心), 인욕(忍辱), 바라밀결사운동, 보현행원' 등등일 것이다.

　흔히 대개의 일반인들 삶 속에서 중요한 몇 가지를 들라고 하면 '독서'라는 것이 들어갈 것이다. 나 또한 독서의 중요성을 알게 되면서부터 주위 사람들에게 독서를 해야 한다고 말을 곧잘 하곤 했다. 하지만 귀기울여 듣지 않는 사람에게는 아무리 손쉬운 말이라도 더 이상 말을 하지 않는다. 그렇지만 삶에서 '독서라는 도구'를 이용할 줄 모르는 사람은 '자기 손해'이다. 그런 점에서 조금은 안타깝지만 더 이상 말을 하는 것은 나의 힘의 낭비요, 시간의 낭비다. 독서의 중요성을 스스로가 깨달아야 하는 것이지 누가 말로 설명해서 되는 일이 아닌 까닭이다. 이렇듯 나는 현재 이 땅을 사는 사람들에게 과감히, 그리고 조심스레 광덕스님을 한번 만나보고 바라보라고 말하고 싶다. 비록 이 땅을 떠난 광덕스님이지만 그분의 발자취는 남아 있으니 지극히 다행이라 할 수 있다. 진리라는 것은 우리 삶 속에서 조금만 노력하면 행해질 수 있는 것들이어야 '참 진리'요 '고급진리'라고 본다. 이러한 것을 나는 광덕스님을 통해서 보았고, 느꼈고, 감명을 받았다.

　참 진리(고급진리)를 평생 실천하기 위해 수행했던 광덕스님이 나에게 준 숙제가 두 가지 있다. 하나는 다소 쉬운 숙제요, 다른 하나는 꾸준함과 노력이 필요한 숙제이다. 쉬운 숙제부터 말하면 조만간 나는 봄바람처럼 훈훈하고 소리 없이 범어사와 불광사를 다녀올 것이다. 광덕스님을 한번도 뵌 적은 없지만, 그곳 어딘가에 남아 있을 광덕스님의 숨결이라도 느끼다가 돌아오고 싶다. 다른 숙제는 광덕스님을 본받아 나 또한 '참 진리'를 위해 숨이 다하는 날까지 꾸준히 정진할 것이다. 이것이 스님이 나에게 준 숙제이니 나는 반드시 잘 해내어 훗날 저승(극락)에서 광덕스님을 만나 뵈었을 때에는 숙제 검사를 받아 보리라!

아! 예전에는 돌[石]이
이제는 옥(玉)이 되어
마음의 문(門)으로 들어와
온몸으로 퍼져
나를 움직이는 힘이 되니
아, 인연 인연 인연이여!

'스승'이란 무엇인가

박정현 | 동국대 국어교육과 재학

길지는 않지만 오늘까지의 생을 살아오면서 현재 나의 모습을 있게 해 준 많은 선생님들이 계셨다. 아직은 미숙하고 사리에 밝지도 못하지만, 크게는 가치관 작게는 습관까지 모든 나의 모습은 그러한 선생님들의 영향을 받지 않은 것이 거의 없을 것이다. 나의 모습은 항상 가변성의 진행형에 있고, 그런 나는 다른 이들의 선생님이 되고자 하는 장래 계획(마음)으로 살아가고 있다. 그저 막연하고 추상적인 미래의 일(생각)로……

『광덕스님 시봉일기』를 쓴 저자가 스승인 광덕 큰스님을 모시면서 쓴 글을 읽게 되었다. 불가(佛家)에 생소한, 다만 관심은 많은 나로서 모든 부분을 다 이해할 수는 없었지만 큰 의미로 다가왔다. 이 책은 '스승'이란 무엇인가? 스스로 끊임없이 되묻는 질문에 하나의 답을 전해 주는 글들이었다.

'선생님'이라는 말을 우리는 너무 쉽고 가볍게 생각하는 것 같다. 나조차도, 일상적으로 '선생님'에 대해 이야기하고 목표로 쉽게 정하고 단편적으로 생각해 왔던 것이 사실이니까 말이다. 그런데 그러한 생각은 너무도 위험한 것이었다. 한 사람의 인생 지침을 잘못 놓을 수도 있고, 한 사람의 중요한 가치를 한순간에 휴지처럼 구겨버릴 수도 있는 무서운 자리가 선생님의 위치라는 것을 인식하지 못하고 있기에 말이다.

다행히 나의 인생을 돌아보았을 때, 모두 훌륭하신 선생님들을 만났기에 순탄히 자랄 수 있었지만 내가 막상 그 자리에 서야 한다는 생각을 하게 되니 이제 두려운 생각이 앞선다. 무심코 던진 선생님의 한마디 말이 학생의 인생 행로에 큰 영향을 줄 수 있다는 것을 생각하면, 지금 나의 모습으로는 학생들 앞에 선다는 것 자체가 모험이고 도박이라고밖에 할 수 없다. 학생들의 생(生)을 살찌우고 풍파를 이겨낼 수 있는 강한 사람으로 키우는, 진정으로 도움을 주고 학생 개개인의 삶에 바람직한 영향을 줄 수 있는 선생님이 되기 위해서는 교사 스스로의 신념과 확고한 상(像)이 있어야 할 것이다.

그동안 내가 추구한 선생님의 모습은 극히 단편적인 이러저러한 잔상들이었다. 하나의 통일된 전체의 모습이 아닌, 상황에 따른 그때그때 내가 생각하고 그려 온 선생님들 모습의 복사판이었다. 그렇기 때문에 일관되지 못했다. 때로는 유하게 때로는 강하게, 상황에 맞게 지도 역량을 발휘해야 하는데도 오히려 교사 스스로 혼란스러운 상황이었으니 말이다. 그러므로 이대로 가다가는 학생들이 나에게 무엇을 배운다는 것은 불가능할지도 모르겠다.

그런 점에서 광덕스님의 모습은 나에게 하나의 모범으로 다가온다. 제자를 이해하려 노력하시고, 타이르고, 믿음을 통해 스스로 깨닫게 하는 모습. 그런 일련의 과정이 복잡한 교육이론이나 방법, 교훈을 인용하지 않더라도 가슴에 와 닿는 것이 많다. 내가 교사가 돼서 학생들을 가르치는 자리에 서게 된다면 꼭 큰스님처럼 하고 싶다는 열망이 책을 읽어가면서 내 가슴에 차곡차곡 쌓여갔다. 아니 어쩌면 읽어가는 동안에 나도 모르는 사이 자연히 생겨났던 것 같다. 학생들 편에서 이해하려 하고, 잘못을 저질러도 우선 용서하고 그들 스스로 깨달을 수 있는 시간을 주고, 정해진 지식보다는 살아가는 지혜를 일러주는 그런 선생님의 모습이 상(像)으로 잡힌다. 하지만 스님과 같이 훌륭하지 못한 나로서는 이러한 생각도 후에는 스쳐 지나가는 또 하나의 잔상으로 기억될 수도 있을 것이라는 두려운 생각이 든다.

왜냐하면 나 스스로를 알지도 못하고 또 수없이 흔들리면서 다른 사람을 이해하고 그의 입장에 설 수는 없기 때문이다. 자칫 지혜도 없으면서 단편적인 지식을 과대포장해서 위압적으로 학생들의 머리에 집어넣는 그런 교사가 되어버리고 말지도 모르겠다. 그런 점에서 이 책을 접하게 된 것을 나는 큰 다행으로 생각한다. 수정처럼 맑고 고요한 아이들의 눈망울과 마음을 본 후에 이런 두려움을 느끼는 것이 아니라 조금은 앞선 시간에 미리 느껴볼 수 있는 기회였다고 생각한다. 광덕스님의 모습은 앞으로도 오래도록 나에게는 하나의 교육지침으로 남아 있을 것 같다. 비록 지금 머릿속은 여러 생각들로 복잡하지만 광덕스님의 체온이 느껴지는 것 같은 따스함에 흐뭇한 기분이다. 부처님이 그의 제자 가섭에게 진리를 전하던 방식이 문득 떠오른다. 스승과 제자가 서로 신뢰하고 진정한 진리를 이심전심(以心傳心)으로 전하는 모습, 그러한 모습이 진정한 교육상이 아닌가 생각해서다.

동서고금에 등장하는 많은 위대한 스승들은 우리가 존재할 수 있는 기반을 마련해 주었다. 모두 그 방식(교육)은 다르지만 추구하는 것은 같은 것이었다고 생각한다. 스승과 제자가 서로 믿고 의지하며 인간의 실체를 규명하고 좀더 나은 삶을 그려 나가려는 노력들이 지속되어 왔다. 숨쉴 틈도 없이 빨리 변하는 오늘에도 교육이 추구하는 바는 바뀌지 않을 것이다.

　나는 두려움도 크지만 교사로서 커다란 사명을 갖고 있는 것도 사실이다. 나는 굳건한 신념으로, 순수한 학생들 앞에 당당히 서기 위해 스스로를 더 갈고 다듬어야겠다는 다짐을 이 책을 통해 다시 다잡는 계기가 되었다.

세상을 바라보는 바르고 맑은 눈

송해림 | 동국대 국어교육과 재학

불교의 심오한 진리가 담겨 있는 글이라는 생각 때문에 『광덕스님 시봉일기』에 다가가기는 쉽지 않았다. 나 같은 속세의 사람이 이해할 수 있을까 하는 걱정이 앞섰기 때문이다.

하지만 막상 책을 펼쳐 읽기 시작하니 너무 편하게 다가왔고, 특히 선생님이 되고자 하는 나에게 공감할 수 있는 부분이 많았다. 또 그때그때 방향을 제시해 주는 것 같아 사뭇 의미가 깊었다. 이 책에서 전하는 광덕 큰스님의 가르침을 모두 이해할 수는 없었지만 부분부분 작은 깨달음을 내 깜냥대로 얻을 수 있었다.

가장 인상 깊었던 내용은 광덕스님의 '내일이면 늦으리'라는 말이었다. 봄날, 아름답게 핀 꽃을 보여 주기 위해 전화를 하신 광덕스님의 모습을 떠올리면 지금도 입가에 미소가 감돈다. 나와 같은 세인들에게 그 일은 분명 특별한 사건으로 여겨지지 않을 수 없다.

세상의 모든 것은 빨리 돌아가고 있고, 우리 어깨에 지워지는 짐은 쉴 틈 없이 늘어만 가고 있다. 바쁘다는 말을 입버릇처럼 달고 다니고, 어떤 일을 하든 무엇을 생각하든 항상 무언가에 쫓기는 기분으로 살아가고 있다.

이러한 때에 스님께서 하신 '내일이면 늦으리'라는 말씀은 정신 없이 살아가는 우리에게 큰 깨달음을 주신다. 이 말을 통해 나는 나에게 있어 진정 중요한 것이 무엇인가에 대해 다시 생각해 보게 되었다. 그리고 그때서야 내 주위에 파란 하늘이, 그리고 따스한 봄기운이 있음을 느낄 수 있었다. 항상 있었을 그것들을 너무 오랫동안 잊고 살아왔다는 것을 비로소 알게 된 것이다. 이처럼 큰스님의 말씀에 담긴 진리를 모두 다 알 수는 없었지만 분명 나에게는 큰 가르침으로 다가왔다.

스님은 훌륭하신 수행자이자 더불어 훌륭한 스승이라는 생각을 하였다. 제자들을 늘 이해하려 하시고 감싸주시는 모습, 그리고 진정으로 사람이 살아가면서 중요하게 생각해야 할 것들에 대해 몸소 실천을 통해 잘 알려 주시고 계신다. 거기에 비해 선생님이 되고자 하는 나의 모습을 돌아보면 부끄럽기 짝이 없다. 마치 이 책이 나를 비춰 주는 거울 같아서 교단에 서기 위한 후보생으로 나는 무엇을 하고 있는가에 대해 크게 생각하고 반성하는 기회가 되었다.

나는 여느 사람들처럼 순전히 교과서의 지식만을 암기하고 바쁜 세상을 살아나갈 전략에 대해서만 생각하고 있었다. 물론 그런 것도 중요하기는 하겠지만 보다 근본적인 인식 없이는 학생들에게 과연 무엇을 전할 수 있을까 하는 강한 회의가 든다. 나의 지난 학창시절을 조금 돌아보면, 창피한 이야기지만 수업시간에 대한 많은 기억은 수업의 내용에 대한 것이 아니라 아카시아 향이 머리를 어지럽게 만드는 봄날 선생님께서 해 주신 꽃 이야기, 어린 시절 비 오는 날이면 선생님께서 일부러 전등을 끄고 해주신 무서운 이야기 같은 것들이다.

　　교육에 있어서 교과의 내용은 절대적이라고 할 만큼 중요하겠지만 실제로 사람들에게 오래 기억되고 삶에 영향을 줄 수 있는 것이 무엇인지 생각해 보아야 할 것이라는 사실을 이 책을 통해 새삼 깨닫게 되었다. 무가치한 이야기, 흥미만을 자극하는 이야기를 전해 주는 것은 안 될 것이다. 삶의 지혜와 위트가 넘치는 생각들, 그리고 진실한 가슴에서 우러나오는 참된 말들을 학생들 또한 경청하여 마음으로 듣게 될 것이라고 생각한다.

　　이런 생각을 하노라면 또 내 가슴이 답답해진다. 비단 교단에 서서 하는 일이 아니더라도 다른 사람들을 만났을 때, 내가 하는 말들과 행동들이 그들에게 어떤 영향을 미칠까 하는 것을 생각해 보면 지금의 나는 너무도 부족하다는 생각뿐이다. 그래서 우선 세상을 바라보는 바르고 맑은 눈부터 가져야 할 것 같다. 많이 생각하고 배우고 음미하는 많은 시간이 필요할 것이다.

　　봄의 기운이 완연해 가는 날씨를 보며, 나를 다시 한번 돌아본다. 어디에 아름다운 꽃이 피는지 눈을 돌려 찾아야겠다. 오늘 아무리 바쁘더라도 자신을 성찰하는 이 일만은 '내일이면 늦으리'…….

지독한 짝사랑

이수민 | 동국대 국어교육과 재학

'춘래불사춘(春來不似春)'이라는 말을, 황사가 세상을 누렇게 만들어 버린 며칠간 절감하고 있었다.

그런데 오늘 집에 오니 할아버지께서 바구니 한가득 봄기운을 그대로 간직한 진달래 꽃잎을 따오셨다. 그러고 보니 이미 산등성이 듬성듬성, 동네 구석구석에서 노란 개나리며 진달래가 한껏 봄을 알리고 있었다. 그 모래바람이 세차게 불어대는 동안에도 이들은 우리에게 봄을 알릴 준비에 여념이 없었던 듯싶다. 상투적인 것 같지만 변하지 않는 진리처럼 어느새 또 한번의 겨울이 가고 본격적인 시작의 총성과도 같은 울림을 전하는 봄이 온 것이다. 이쯤 되면 벌써 5년 전의 일이 되어버린 지독한 짝사랑의 기억이 살포시 고개를 들이밀곤 한다.

정신 없이 시끄러운 교실에서, 아직 몸에 배지 않은 어색한 교복을 걸치고 괜한 긴장감을 덜어내기 위해 한껏 수다에 열을 올리며 고등학교 1학년 첫 담임선생님의 등장을 기다리고 있었다. 그리고 잠시 후, 황토색 체크무늬의 양복에 역시 황톳빛 넥타이를 조금 엉성하게 맨 모습으로 출석부는 팔에 끼고 입은 귀에 걸고 들어오시는 분이 있었으니, 아직까지도 무척이나 그립고 애틋한, 살랑대는 봄바람처럼 가슴 설레게 만드는 힘을 가진 지독한 내 짝사랑의 주인공이셨던 선생님이시다.

지금과 같이 화창한 봄날의 따뜻한 햇살이 비추던 나른한 오후, 광덕스님이 '내일이면 늦으리' 하시며 이 책의 필자인 송암지원 스님에게 진달래꽃을 보여 주시고, 시시각각 늘 변하는, 언제고 꼭 같은 모습일 수 없는 만물의 무상함을 일러주셨다면, 내가 정말 좋아하고 존경했던 그 선생님은 그렇게 좋은 봄날에도 누적된 피로에 정신 없이 졸며 빡빡한 수업시간을 채워나가기에 급급했던 우리들에게 또 다른 봄을 선물하셨다. 50분을 꽉 채운 수업대신 교실에서나마 해바라기를 할 수 있는, 따사로운 봄볕에 잠시나마 눈을 부칠 수 있는 시간을 일부러 내주시곤 하셨던 것이다. 선생님이 주셨던 그 봄의 선물은 지금도 힘들고 바쁠 때일수록 쉬어 가는 여유를 갖게 하는 시작이었으리라 생각한다.

광덕스님이 송암스님에게 이 책에서와 같이 그토록 크게 존경받을 수 있었던 것은 그가 상좌에게 보여준 일상의 생활, 그 자체가 본보기였고 모범이 되었기 때문이라는 생각이 든다. 누가 있고 없고의 여부를 떠나 언제나 바른 자세로 불교공부에 끊임없이 정진하며 죽기 직전 심각한 병환 중에도 가능한 대중들의 고민과 갈등들을 들어 주고자 애쓰셨던 진정한 스승이셨기에 존경하지 않을 수 없었던 것이리라.

나의 선생님도 내겐 마찬가지다. 선생님은 수업시간에 목소리가 터질 정도로 열심히 수업하셨고, 밤늦게까지 시행되던 자율학습 시간에는 언제나 맨 뒷자리 책상에 앉으셔서 함께 공부하곤 하셨다. 치마를 입은 여학생들이 바닥에 무릎을 꿇고 걸레질하는 것이 보기 싫다며 서서 걸레질할 수 있는 기구를 어느 날 느닷없이 들이밀며 직접 사용방법을 알려 주셨고, 청소시간엔 교무실에 앉아 다른 업무를 보시기보다 거의 매일 빗자루를 들고 칠판지우개를 들고 학생들 틈에 끼어 깨끗하게 청소하는 방법을 알려 주셨다. 우리는 들고 있던 빗자루와 걸레를 빼앗긴 채 시범을 보이시는 선생님의 청소 설명을 듣는 날이 많았다. 우리는, 특히 나는 그런 선생님의 수업을 열심히 듣지 않을 수 없었고, 청소를 열심히 하지 않을 수 없었고, 자율학습을 땡땡이 칠 수 없었다. 이러한 것이 바로 스승이 제자들에게 보여 줄 수 있는 가장 큰 본보기의 위력이 아닌가 싶다.

짝사랑은 이성간의 관계뿐만 아니라 우리가 맺는 수많은 인간관계의 고리 속에서 작용하고 있다고 생각한다. 송암스님이 광덕스님을 평생 사모하고 존경했던 것도 일종의 끝없는 짝사랑이었을 것이며, 동시에 광덕스님에서 송암스님을 향하는 내리주는 사랑 역시 헤아리기 힘든 큰사랑이었을 것이라고 생각한다. 짝사랑의 상대가 엇갈리지 않고 서로에게 향하는 것이라면 우리는 대개 그제서야 완성된 사랑이라고 이야기하지만 내 생각에는 사랑의 방향이나 정도의 차이와 상관없이 진심에서 우러나오는 것이라면 그것 자체로 충분한 사랑이라고 생각한다. 그러하기에 짝사랑 역시 부족하거나 뭔가 채워 넣어야 할 무엇이 아니라 그 자체로 충분히 아름답고 진실된 사람들의 마음인 것이다.

광덕스님도 송암스님을 제자로서 아끼고 사랑했으며, 송암스님 역시 스승을 존경하고 사랑했으니 이는 흔히 우리들이 이야기하는 쌍방향, 서로에게 향하는 완성된 사랑일 법한데, 이상하게도 내겐 스승과 제자 간의 사랑은 서로를 향한 완성된 사랑이라고 말하기보다 방

향은 서로에게 향하고 있으되 그 사랑이 갖는 의미와 성격은 다른
듯하다. 그래서 스승이 제자를 향한, 제자가 스승을 향한 서로에 대
한 완전 이해가 불가능한 지독한 짝사랑이라 하는 게 훨씬 더 어울
릴 법하다는 생각이 든다. 그러나 어디까지나 이건 내가 존경하고 좋
아했던 선생님과 관련한 주관적 경험이 지나치게 작용한 데서 온 자
의적 해석일 수 있다는 점을 못내 떨쳐버리기 힘든 것도 사실이다.

송암스님은 상좌로서 광덕스님과 함께 하면서 배우고 깨달았던 과
정들을 108개의 일화에서 과장이나 미화로써 의도된 스승과 제자의
모습을 연출하지 않고 다만 솔직하고 있는 그대로의 스승과의 생활
을 깨달음 중심으로 함축성 있게 담아내고 있다. 하기에 한번에 밀려
오는 큰 파도와 같은 감동을 받지는 못했지만 잔잔히 밀려오는 사소
한 감동들이 모여 오히려 더 오래도록 여운이 남게 하는 것 같다.

스승과 제자 그 두 사람의 사이는 단순히 논리적이고 합리적으로
이러저러해서 훌륭한 스승님이시며 훌륭한 제자라고, 또는 이런 이
유와 근거로 인해 존경하고 좋아한다고 사랑한다고 이야기할 수 없
는 미묘하면서도 신비한 관계인 것 같다. 어떤 연인도 내 남자친구
를, 내 여자친구를 논리적이고 객관적인 조건을 갖추고 있기 때문에
좋아하며 사랑한다고 이야기하지는 않을 것이다. 진짜 사랑하는 사
람들은 대개 좋아하는 데 이유가 어디 있느냐고 오히려 반문하는 경
우가 대개일 것이다. 스승과 제자 사이의 알 수 없을 듯한 그 사랑도
마찬가지일 거라 생각한다.

내가 고등학교 시절 선생님을 향한 지독한 짝사랑을 할 수밖에 없
었던 것은 단순히 선생님이 수업을 잘 하셔서, 청소를 함께 해주셔
서, 우리들의 마음을 잘 이해해 주셔서 등등과 같은 단편적이고 파편
적인 이유와 근거들 때문이 아니라 그냥 좋은, 존경할 수밖에 없는

나조차도 알 수 없는 무언가가 존재했기 때문인 것이다. 아니 어쩜 그 무언가는 위에서 이야기한 선생님이 좋은 이유들의 수많은 파편 조각들의 합일지도 모르겠다. 그 합이 좀 넓은 시각에서 생각해 봤을 때 삶의 지침이 되고 지금의 나를 있게 한 철저한 도우미 역할을 했기 때문이라고 그럴 듯하게 이야기할 수도 있겠다.

학교의 붕괴, 교실의 붕괴라는 말이 아무렇지도 않게 익숙해져 버린 요즘, 말 그대로 '참 좋은 선생님'을 꿈꾸는 나에게 있어『광덕스님 시봉일기』는 그저 쉽게 지나쳐 갈 수 있는 책이 아니었다. 종교를 초월해서 한 제자의 스승으로서, 모든 대중의 스승으로서 그네들의 삶의 훌륭한 조력자가 되고 지침서가 되는 본보기적 삶을 살았다는 점만으로도 충분히 존경할 수 있는 분이라는 생각이 든다. 직접적인 나의 스승은 아니지만 책을 통해 얻은 간접적 스승이라 하면 어떨지…….

내 지독한 짝사랑의 주인공이었던 선생님도 물론 내게 있어 잊을 수 없는 고맙고 감사한 스승이지만 사실 아직 송암스님만큼, 또는 선생님으로 인해 내 인생이 바뀌었다고 자신 있게 말하는 사람들만큼 인연 깊은 스승을 만나지 못한 것은 참으로 안타깝다. 하지만 아직 희망은 있다. 꼭 학교에서 만나는 스승이 아니라 해도 살아가는 동안 어디서 어떤 훌륭한 스승님을 만나게 될지는 아무도 모르는 일이며, 만일 그런 스승을 만나지 못한다 해도 훗날 내가 만날 학생들에게 내 자신이 그런 스승이 될 수 있도록 열심히 노력할 것이기 때문이다.

교사와 학생 양자 모두 서로를 인정하지도 이해하지도 못하는, 아니 이제 아예 시도조차 하지 않으려는 요즘 학교 현실이 이 책을 읽고 난 이후 더욱 안타깝게 느껴진다. 지금의 많은 선생님들과 학생들이 이 책을 접하게 된다면 책 속의 스승을 하나 얻을 수 있을 테니 기쁨이요, 현실의 자신을 반성해 볼 수 있을 테니 또한 기쁨일 것이다. 서로 간의 신뢰를 기반으로 먼저 이해하고 배려하며 지독하게 짝사랑하는 광덕스님과 송암스님과 같은 선생님과 학생, 스승과 제자 사이가 많이 늘어났으면 하는 바람을 가져본다.

스승이라는 이름으로, 제자라는 이름으로

최영미 | 동국대 국어교육과 재학

스승은 나로 하여금
미지의 나라를 알게 했으니

발 없이 걷는 법을
눈 없이 보는 법을
귀 없이 듣는 법을
입 없이 먹는 법을
그리고 날개 없이 나는 법을
스승은 나에게 가르쳤으니

해도 없고
달도 없고
밤도 없고 낮도 없는 곳에서
내 사랑과 명상은
시작되었네.

먹지 않고 나는 감로를 맛보았으며
물이 없이 내 목마름은 가셨네.

나, 까비르는 말한다.
스승은 언어를 넘어서 있으니
그것이 제자의 덧없는 행운이네.
— 까비르의 「스승」 중에서

송암스님이 이 시를 보면 어떤 기분이 들었을까? 옷깃만 스쳐도
인연이라는데 어떤 질긴 인연을 타고났기에 스승이라는 이름으로 제
자라는 이름으로 만나고 또 가슴속에 간직한 채 잊지 못하는 것일까?

송암스님은 행복한 사람이다. 진심으로 부모같이 모시고 봉양할
수 있는 대상이 있었으니 말이다.

이 책은 한편으로는 송암스님의 기분을 묻는 나 자신을 보면서 나
에게는 그런 사람이 없었는지 돌이켜보는 계기를 마련해 주었고, 다
른 한편으로는 스승이라는 존재에 대해서 다시 생각할 수 있는 뜻깊
은 기회를 부여받을 수 있었다.

발 없이 걷는 법을, 눈 없이 보는 법을, 귀 없이 듣는 법을, 입 없이
먹는 법을, 그리고 날개 없이 나는 법을 스승은 나에게 가르쳤으니
특별하다는 생각을 가질 것이다. 과연 특별한 가르침을 받은 것만이
스승에게서 얻을 수 있는 전부일까? 뒤집어 생각해 보면 스승은 발
을 통해 걷는 법을 가르치셨고, 눈을 통해 보는 법을, 귀를 통해 듣는
법을, 입을 통해 먹는 법을, 날개를 통해 나는 법을 가르치신 분이다.
즉 일상의 사소한 것까지 가르쳐 주면서 세상 속에서 하나의 사람으
로 사람답게 살아갈 수 있도록 대가 없는 사랑을 주신 분이다.

군사부일체(君師父一體)라는 말도 있듯이 부모와 스승은 같은 존재이다. 내가 잘못을 하면 같이 꾸중해 주시고, 내가 착한 일을 하면 같이 칭찬해 주시는 그런 분이시다. 송암스님이 스승 광덕스님에게 느낀 것은 지식을 전달하는 선생님이 아니라 자신의 삶 속에서 믿음을 준 부모와 같은 그런 편안함이었다. 가장 기억에 남는 그들의 모습은 대학 합격증을 받은 송암스님과 그것을 보고 기뻐하는 광덕스님의 모습이다. 이 모습은 진정한 스승과 제자의 모습이며, 작은 행복 앞에서 기뻐할 수 있고 교감할 수 있는 순수한 인간의 모습이기도 하다.

위의 까비르 시의 마지막 연에 나온 구절을 통해 의사소통이 교감의 차원으로 넘어가는 경지를 맛볼 수 있다. '스승은 언어를 넘어서 있으니 그것이 제자의 덧없는 행운이네'라는 말을 통해 언어라는 것 자체가 얼마나 유한한 감정만을 소통시킬 수 있는가를 여실히 드러내 준다. 언어를 뛰어 넘어 교감하는 것, 흔히들 눈빛만 봐도 통하는 사이라는 말이 있듯이 말하지 않아도 통할 수 있는 사이가 되었을 때, 진정한 스승으로 광덕스님과 충실한 제자로서의 송암스님의 관계를 이해할 수 있고 내지 파악할 수 있을 것이다.

『논어』의 자한편(子罕篇)에 보면 안연이 슬픈 듯 탄식하며 다음과 같이 말을 한다.

"우리 선생님은 우러러볼수록 더욱 높아지고, 깊이 뚫으면 뚫을수록 더욱 굳어지며, 바라보면 앞에 계시다가 어느덧 뒤에 계시는구나. 선생님께서는 질서 있게 사람을 잘 인도하여 학문으로써 나를 넓히시고 예로써 나를 단속하신다. 학문을 그만두려고 하나 그만둘 수 없고, 이미 내 재주를 다하여 보았으나 우뚝 서 있는 듯하여 비록 따르려고 하니 따라갈 길이 없구나!"

안연의 첫마디인 우러러볼수록 더욱 높아지기에 눈을 내리깔고 보아야 하는 사람이 아니라 받들고 모셔야 하는 분이 바로 스승이시다. 공자와 같은 성인과 그의 제자로서 덕을 갖춘 안연과 같은 제자만이 느낄 수 있는 그런 마음의 경지가 아니다. 믿음! 스승과 제자 사이에 믿음이 있었기에 공자의 제자들이 그의 스승의 말을 책으로 엮은 것이고, 송암스님이 광덕스님을 위해 시봉일기를 바칠 수 있었던 것이다. 결국 조건 없는 믿음과 신뢰가 있기에 송암스님과 같은 제자가, 광덕스님과 같은 스승이 이 세상에 나올 수 있었다.

세상이 아주 메마르고 학교는 붕괴라는 어두운 그림자 속에서 스승과 제자를 찾기보다는 자신의 실리를 찾아가는 사람들이 많다. 군자는 의를 쫓고 소인은 이익을 쫓는다는 말처럼 진정한 의(義)가 사라져가고 있다. 사람으로서가 아닌 물질적 이익으로서 접근하는 모습이 안타까울 따름이다. 의(義)는 정명(正名)과 통하는데 스승은 스승다워야 하고 제자는 제자다운 자신의 이름을 찾을 때 조금은 여유로운 시각에서 세상을 바라보지 않을까라는 생각을 해본다. 아마도 『광덕스님 시봉일기』가 자신의 이름을 이름답게 찾아간 사람들의 사소하지만 풋풋한 이야기가 되리라 생각한다.

『선생자경』에 "제자는 마땅히 배움을 반드시 사랑하며, 그릇된 행위가 없게 하며, 스승을 반드시 공양해야 하고, 스승은 학문을 배우게 하며, 지극한 기예(技藝)를 가르치며, 선도(善道)를 가지고 인도하라"는 부처님 말씀이 있다.

불교라는 종교에만 한정된 이야기가 아니다. 송암스님은 그 나름의 배움을 사랑했고, 그릇된 행위를 하지 않았으며 스승을 공양했다. 스승 광덕스님은 제자 송암스님에게 학문과 기예뿐만 아니라 삶을 가르쳤고 옳은 길로 인도하셨다.

머릿속에 수많은 스승들이 스쳐 지나가고 있다. 학교생활을 통해 지식을 가르쳐준 분만이 아니라 부모의 얼굴도 친구의 얼굴도 모두 스승이라는 이름 앞에 서 있다. 지금 이 시간에도 스승의 모습으로 제자의 모습으로 살아가는 수많은 인생, 뭇 사람들의 얼굴을 떠올린다.

불교와 인간

박경용 | 동국대 경영학부 재학

나는 어렸을 때부터 위인전을 굉장히 좋아했다. 위인전 속에는 많은 배움의 양식이 있기에 책을 읽고 난 후에도 소설처럼 허무하지 않고 또한 교과서처럼 지루하지 않아 부담 없이 좋았다.

'내일이면 늦으리'라는 책을 처음 손에 들고 잠시 동안 뒤적거렸다. 시중에 흔한 일종의 위인전이구나 하면서 일단 안도를 했다. 그래서 전공 공부에 많은 부담을 가지고 있던 나는 특별히 시간을 내서 읽기보다는 지하철을 타고 학교를 오가면서 틈틈이 읽을 생각으로 책을 들고 다녔다.

하지만 그것은 나의 짧은 생각이 일으킨 오판이었다. 왜냐하면 책을 읽어가면서 나도 모르는 사이 점점 책 속으로 빠져들고 있었던 것이다. 마치 나 자신이 송암스님이나 된 것처럼, 때로는 광덕스님을 섬기고 있는 상좌가 된 듯한 착각을 했다. 이것은 송암스님의 글 솜씨가 빼어난 것도 있긴 하겠지만 글 솜씨보다는 광덕스님의 평소 생활과 가르침을 나 자신이 배워가고 있었기 때문이었다.

이렇듯 시봉일기를 통해 광덕스님을 만난 나에게까지 커다란 감동을 주실 만큼 덕이 높으신 분을 스승으로 섬기고, 출가 이후 평생을 가르침 받은 송암스님은 행운아인 것 같다는 생각이 들었다. 그렇기에 송암스님은 스승에 대한 절대적 존경심과 애틋한 정이 더욱 클 수밖에 없었으리라 여겨진다.

이 책을 처음 보게 된 것은 단순한 호기심 때문이었고, 또 교수님의 명령 때문이기도 했다. 그러나 책장을 한 장 한 장 넘길수록 광덕스님에 대한 존경심이 솟아났다. 그리고 책을 읽으며 여러 번 코끝이 찡하고 가슴이 먹먹해 오는 심정을 느끼기도 했다.

내가 이 책을 읽으며 다른 여느 책들보다 더욱 마음에 와 닿았던 것은 내 나름의 까닭이 있다. 이번 2학기를 시작하던 첫주에 나의 유년시절을 행복한 추억으로 가득 채워 주셨던 외삼촌이 급작스레 돌아가셨고, 그 충격이 채 가기도 전에 나에겐 아버님과 다름없는 이모부께서 췌장암 진단을 받아 투병 중이었다. 안타깝게도 상태가 차츰 악화되어 병원에 입원하시게 되었다. 그 시기에 나는 시봉일기를 읽게 되어 더더욱 송암스님의 입장에서 광덕스님과 이별했는지도 모르겠다.

병약한 몸을 이끌고도 초롱초롱했던 광덕스님의 눈망울, 흡사 천진난만한 아기와도 같은 미소를 지녔다던 광덕스님의 모습이 나에겐 이모부의 모습으로 비춰졌다. 내가 병원에서 뵌 이모부의 모습은 애써 아픈 것을 내색하지 않으려고 웃어주신 모습이 오히려 내게는 더 큰 슬픔이 되었다. 또한 오랫동안 군 생활을 하면서 몸에 밴 군인정신으로 병원에서도 이미 포기한 회생 불가능한 몸임에도 불구하고 초롱초롱한 모습을 유지하고 계셨다. 그런 이모부의 모습이 흡사 광덕스님과 같다는 느낌이 들어 이 시봉일기를 읽는 내내 광덕스님과 이모부가 번갈아 떠올랐다.

난 이 책으로 인해서 이모부와 지내오면서 있었던 추억을 회상할 수가 있었다. 이모와 어머니는 정이 두터워서 내 어렸을 적부터 줄곧 한 동네에서 살았다. 그런 까닭에 난 이모 내외분을 부모님과 마찬가지로 여기며 살아왔다. 그래서 이제 곧 떠나보낼 수밖에 없는 이모부를 바라보면서 느끼는 나의 슬픔은 형언할 수가 없다. 인간은 누구나 생로병사를 겪기 마련이라지만 지금 내 바람은 조금이라도 더 이모부께서 살 수 있는 방법이 없을까 하는 것이다.

만약 그것이 될 수 없다면 살아 계시는 동안이라도 더 극진히 병간호를 해드리고 싶을 뿐이다. 송암스님도 나와 같은 마음으로 광덕스님이 열반하시기 전에 '내일이면 늦으리'를 탈고하려고 노력했던 것이 아닌가 싶다.

처음 책 제목이 '내일이면 늦으리'라고 하기에 무슨 의미일까 했는데, 책을 다 읽고 난 후 되짚어 보니 광덕스님 생전에 못다 한 송암스님의 아쉬움과 죄송스런 마음에서 제목으로 정해진 것이 아닌가 싶었다. 송암스님과 광덕스님의 정은 스승과 제자 간의 정일 수도 있지만 속세의 부모 자식 간의 정처럼 더욱 애틋함이 깃들어 있음을 줄곧 느꼈다. 언제나 곁에서 지켜주실 것만 같은 부모님도 언젠가는 돌아가실 수밖에 없는 것인데, 그러한 것을 미리 생각해 본다면 늦지 말고 지금 이 순간부터라도 더욱 효도해야겠다는 마음이 간절하다.

이 책은 나에게 너무나 많은 것을 일깨워 주었다. 내 어린 시절 추억을 회상할 수 있게 해주었고, 부모 자식 간의 도리와 사람과 사람 사이의 정이 무엇인지를 깨닫게 해주었다. 내가 사춘기 시절 마음의 혼란으로 너무도 힘들 때 난 이모부께 나의 고민을 말씀드리고 의지했었다. 그때마다 이모부께선 인자하신 웃음과 함께 나의 마음을 달래주셨고 날 바르게 인도해 주셨다. 이모부는 나에게 마치 또 다른 부모님, 친구, 우상과도 같은 존재였다.

내 어린 시절 기억 속의 이모부는 빨간 마후라를 목에 메고 전투기를 조종하는 멋진 모습이었다. 어디 한군데라도 흠 잡을 곳 없는 멋진 남자의 모습으로 깊게 각인되어 있다. 그때를 생각해 보면 지금 환자복을 입고 병상에 누워 계신 이모부의 모습은 도저히 어울리지 않고 또 그러한 현실이 믿어지지도 않는다. 마치 내가 좋지 못한 꿈을 길게 꾸고 있구나 하는 생각마저 든다.

나는 군대생활을 성남 공군기지에서 했다. 비록 빨간 마후라를 목에 메고 전투기를 조종했던 것은 아니지만 조종사들에게 바른길을 인도해 주는 항공 관제사로 복무했다. 어렸을 적부터 나의 꿈은 이모부와 같은 멋진 조종사가 되는 것이었다. 하지만, 고교시절 유학을 떠나게 되면서 그 꿈은 접을 수밖에 없었다. 그러나 항공 관제사로 근무하면서 어느 정도 꿈을 이룬 셈이기도 하다. 한 달에 두 차례 항공기 특성을 숙지하기 위해서 하는 관숙 비행을 하며 조종 후방석에 앉아 하늘을 날아보았으니까.

요즘 며칠에 한 번씩 이모부 곁에서 밤을 새곤 하는데, 우리 가족들과 교대로 간병을 하기 위함도 있지만 무엇보다도 이모부와 군대 시절 이야기를 하며 지내는 시간이 좋기 때문이다. 내가 궁금했던 비행에 관한 질문을 하면 이모부께서는 아픈 것도 잊고 매우 좋아하면서 대답해 주신다. 그 모습을 바라보며 이것이 내가 이모부 살아생전 마지막으로 할 수 있는 효도구나 하는 생각이 들었나. 이런 것이 사람이 정을 나누는 것이구나 하는 생각도 든다. 좋았던 옛 시절을 회상하며 잠시나마 아픔을 잊을 수 있는 것과 또 그런 모습을 바라보며 마음의 위안을 삼을 수 있다는 것이 말이다.

학기 초 외삼촌 장례를 치르면서 난 너무도 많이 울었고 후회했다.

이런저런 핑계를 꾸며서 날 무척이나 사랑해 주셨던 외삼촌을 몇 년 동안이나 찾아가 뵙지도 않았다. 그리고 올 초에 외삼촌께서 서울에 다니러 오셨다가 우리 집에 잠시 들르셨을 때에도 친구들 만난다는 핑계로 뵙질 못했기 때문이다. 지금 생각해 보면 왜 그렇게 나 자신만을 알고 행동했는지 스스로도 이해가 되지 않는다. 그리고 여러 어른들의 사랑을 뻔뻔스러울 정도로 당연시 여겼는지 후회가 사무친다. 그래서 지금 난 이모부께 더욱 간절한 심정으로 대한다. 이것은 아마도 외삼촌께서 돌아가시면서 마지막으로 내게 남긴 유언일지도 모르겠다. 이모부께서 살아 계시는 동안 자신에게 못다 한 효도를 하라고 말이다.

나는 『광덕스님 시봉일기』를 읽고 마음이 많이 편안해지는 것을 느꼈다. 그건 송암스님과 광덕스님 사이의 정이 내게도 느껴졌기 때문이 아닐까 생각해 본다. 내 글 솜씨가 부족하여 책을 읽으면서 느꼈던 감동을 다 표현할 수가 없다. 그러나 이 책을 통해 광덕스님을 조금이나마 알 수 있었던 것은 크나큰 행복이라는 생각이 든다.

♻ 교수님 덕분에 이 책을 접할 수 있었던 것에 대해 깊이 감사합니다. 교수님 강의시간 중에라도 광덕스님에 대한 얘기를 더 듣고 싶습니다.

편 지

한태문 | 동국대 회계학부 재학

『광덕스님 시봉일기』를 읽으며 웃었던, 또 감동을 받았던 기억들이 너무나 선명하다. 하지만 지금에 와서 가장 뜻깊게 느끼는 것은 아마도 내가 변해 있다는 것일 것이다. 그리고 불교 신도가 아닌 나도 '그분'을 영원히 잊지 못할 것이라는 생각이 든다.

사실 교수님께서 이 책을 읽으라고 했을 때는 좀 모자란 생각들이 머리에 떠올랐다. 즉 '이 책도 고리타분한 불교 책이겠지……' 하는 지레짐작으로 책을 일주일 동안이나 펴 보지도 않았다. 하지만 난 이 책을 다 읽고 이제 와서는 감히 '성서'라고 부르겠다. 특히 나에게는 더없이 훌륭한 가르침을 전해준 책이기 때문이다. 문득 세상이 한없이 따뜻해 보인다.

누구에게나 훌륭한 스승은 기억되기 마련이다. 나의 학창시절도 훌륭하신 스승님들 덕분에 끊이지 않고 바른 길을 걸을 수 있었다. 하지만 이 책을 통해 만나 뵌 광덕스님은 마치 사계(四季)를 모두 품은 거대한 산과 같은 이미지로 내게 다가왔다. 송암스님을 통해 본 광덕스님은 정말 위대하고, 또 그분을 모셨던 송암스님이 그 자체만으로도 얼마나 영광스러웠는지 성당에 다니는 나도 알 것만 같다. 그 분의 넓고도 따뜻한 말씀과 표정들, 송암스님의 묘사로 씌어져 있지 만 그 하나하나의 모습들이 마치 내게 하시는 것처럼 따뜻하게 전해 져 왔다.

나는 추석을 기다리던 마지막 주말에 잠실에 있다는 불광사를 찾 아보았다. 잠실대로를 옆에 낀 도심 속의 평온처였다. 마침 일요법회 중이어서 수많은 신도들이 모여 있었다. 나는 그 광경 속에서 포교와 설법에 열의를 올리시던 광덕스님을 찾아보았다. 그러면서 그분의 신심과 자비로우심이 이 모든 것들을 이룩했으리라는 생각이 들었 다.

구름에도 여러 종류가 있다. 봄날 몽실몽실 피어오르는 솜구름, 여 름 장마 비를 무섭게 쏟아 붓는 소나기구름, 또 가을날 저녁하늘을 엷게 수놓는 새털구름. 광덕스님의 모든 모습도 마치 여러 구름 같았 을 것이다. 단아하신 미소, 사랑하는 제자들을 위한 엄격함, 또 대중 을 위한 자비로움 등, 미처 나의 형언이 다 미치지 못할 일이다.

그리고 나는 이 책을 읽으며 모든 스님들에 대해 좀더 존경심을 가지게 되었다. 불법을 위해, 대중을 위해 자신을 버리고 또한 모든 욕망을 뒤로 한다는 것은 나 같은 속인에게는 너무나 아득한 일로 느껴졌기 때문이다.

나는 『광덕스님 시봉일기』를 읽고 무척 많은 느낌을 받았다. 다소 무례할 수도 있지만 책을 읽고 난 뒤 나는 두 분 스님과 이야기를 해 보고 싶었다. 어쩌면 나 혼자만의 독백으로 끝나버릴 수도 있는 일이 지만 두 분 스님께 보내는 두 통의 편지를 이곳에 적어보겠다. 그나 마 이 편지들을 통해 나의 마음이 조금이나마 더 좋은 생각을 가질

수 있다면 그것은 나에게 행운이 될 것이고 인생의 기쁨과 가르침이
되어 줄 것이라고 믿는다.

　광덕 큰스님께
　스님, 안녕하신지요.
　저는 스님의 상좌인 송암스님이 쓴 시봉일기를 읽고 스님을 알
게 된 한 학생입니다. 먼저 저는 지금 매우 슬프다고 말씀드리고
싶습니다. 왜냐하면 스님을 너무도 늦게 알게 되었기에 말입니다.
　큰스님, 거두절미한 제 말을 들으시고 무척이나 황당하시겠죠?
앞에서도 말씀드렸지만 실은 스님께서 입적하신 뒤 송암스님이 시
봉일기를 책으로 출간하여 읽게 되었답니다. 그 덕분에 저처럼 책
을 통해서 스님을 알게 된 사람들도 매우 많지요. 그 책을 한 줄이
라도 읽은 사람이라면 모두 스님에 대해 궁금해 하고 관심을 가지
게 된답니다. 우리 동국대학교에서 '불교와 인간'이라는 과목의 수
업시간에 담당 교수님께서 『광덕스님 시봉일기』를 읽고 보고서를
써 오라고 과제를 내주었습니다. 그래서 우리 친구들은 모두 그 책
을 읽게 되었고, 읽은 후에는 누구나 저처럼 스님을 존경하게 되었
답니다. 아무튼 저는 스님께 소원하는 일이 있어서 이렇게 편지를
쓰게 되었습니다.
　송암스님의 글을 통해 스님에 대하여 알게 되었는데, 그 제자는
스승인 스님을 매우 존경하고 있더군요. 스님의 너그러우심, 부처
님의 가르침으로 중생을 깨우치시려는 스님의 모습들을 아주 잘
표현해 놓았습니다. 송암스님이 스님의 모든 것들을 너무나 존경
하고 있기에 책 내용도 그대로였어요. 그러한 내용을 읽게 되었으
니 저 역시 스님의 모든 것을 존경하는 것은 너무나 당연한 일이

아니겠습니까. 글을 통해 스님의 일거수 일투족의 자세한 모습들을 보게 되었을 때 너무나 감동이 크게 다가와서 제가 가톨릭 신자임에도 불구하고 잠실 불광사까지 스님의 흔적이라도 느껴보기위해 찾아간 적도 있습니다. 글로만 뵙고 직접 스님을 만나지는 못했지만 스님을 존경하지 않을 수 없었습니다. 진심으로 말입니다.

저는 여러모로 부족하고 모자람 덩어리이지요. 그 중에서도 교만함과 위선들은 스님의 밑에 있었더라면 큰 꾸지람을 듣고 쫓겨났을 것입니다. 그리고 그런 제 부족을 느끼다 보면 때론 내가 나 아닌 다른 사람이었으면 하는 생각마저 들기도 합니다.

시봉일기 책을 읽으면서 스님의 떠나심을 매우 가슴 아파했습니다. 하지만 지금은 또 다른 믿음을 갖게 되었지요. 다시 이 땅으로 돌아오실 것이라는 믿음 말입니다. 다음 번에 오시게 되면 스님을 좀더 빨리 알고 싶습니다. 그래서 스님께 직접 가르침을 받을 수 있으면 좋겠다는 소원입니다.

스님, 아무쪼록 저는 그때를 간절히 기다리겠습니다.

송암스님께

안녕하세요, 스님.

저는 스님께서 쓰신 『광덕스님 시봉일기』라는 책을 읽고 크나큰 감동을 주체할 수 없어 이렇게 펜을 들게 된 한 학생입니다. 편지를 쓰면서도 괜스런 일을 한다 하면서 몇 번이나 망설였지만 가슴속에 그 무엇인가가 자꾸만 꿈틀거려 결국 펜을 들게 되었지요. 양해해 주시기 바랍니다. 그러나 막상 쓰려고 하니 조금은 어색한 느낌도 드는군요. 그러나 이왕 시작한 일이니까 용기를 내서 몇 자 적겠습니다.

먼저 스님의 책을 너무도 잘 읽었습니다. 전에는 몰랐던 큰스님, 광덕스님을 책을 통해 알게 되었다는 사실에 너무도 감사드리고 싶군요. 그리고 스님의 스승님이신 광덕스님에 대한 뜨거운 존경심에 깊이 공감합니다. 만약 제가 그분을 만나 뵙게 된다면 그분의 눈부심에 아마 눈을 뜨지도 못했을 것입니다.

책 속에 계신 광덕스님을 뵙고도 어쩔 줄 몰라 했는데 막상 뵙고 스님처럼 지도를 받았다면, 감히 상상이 미치지 못할 일입니다. 마냥 스님이 부러울 뿐입니다. 그렇게 좋으신 분을 스승으로 모셨다는 것 말입니다. 그리고 저의 무지함과 어리석음, 부족함을 광덕스님을 통해 깨닫게 되었음을 감사드리고 싶습니다. 아주 많은 부분에서 제 자신을 돌아보게 되었으니 말입니다. 사실 이 세상 어디에서 그런 분을 다시 뵐 수 있을까요?

이 세상에는 무수한 인연들이 있습니다. 그 중에서 가장 값진 인연은 단연 스승의 인연이 아닐까요. 송암스님은 훌륭한 스승님이신 광덕스님의 제자의 인연을 맺었으니 다만 부럽기만 합니다. 그리고 광덕스님과 인연을 맺은 많은 불자분들. 그 역시 제가 부러워하는 부분입니다.

저는 지금 이 순간 광덕스님을 생각하며 기도드리고 싶군요. 다음 생에는 저를 제자로 받아달라고 말입니다. 송암스님은 광덕스님과의 고귀한 인연을 잘 간직하여 훌륭한 스님이 되시기를 바랍니다.

대지의 풍요로움은 이 세상의 모든 생명을 가꾸고 옹호한다. 또한 그 너그러움과 인자함만으로도 우리에게 안식처가 되어준다. 이렇듯 광덕스님께서도 우리에게 안식처가 되어 주셨고, 어쩌면 그 평온함이 우리가 사는 세상을 더욱 아름답게 만들어 주었는지도 모른다. 광덕스님의 인자하심, 그리고 너그러우심, 그 모든 것을 아낌없이 남에게 베푸시는 것을 우리가 깨닫는 것. 바로 이러한 일을 광덕스님께서 진정 바라시던 것이 아닐까 하는 생각이 든다.

별난 교수님의 리포트

백기찬 | 동국대 경영학부 재학

처음 이 책을 대하며 '우리 교수님도 참 별나시구나. 이 책을 읽고 리포트를 쓰라니, 나 참!' 이렇게 생각했다. 그리고 나는 원체 책을 읽지 않는 성격이라 과연 내가 다 읽을 수 있을지도 의문스러웠다.

그리고 나는 무신론자라서 종교에 별다른 관심도 없었다. 불교 역시 어머니를 따라 절에 가며 한두 번 접한 것이 전부였다. 결론적으로 말해 그런 나에게 이 책은 많은 생각의 변화를 가져왔다. 그중 이제까지 가장 크게 착각한 것은 스님이란 직업, 아니 신분이 아주 편한 것인 줄 알고 있었던 것이다. 나중에 세상에서 할 일이 없거나 실패하면 절에 가서 스님노릇이나 한번 해볼까 하고 생각했다. 지금 돌이켜보면 참으로 건방진 생각이었고 비뚤어진 사고였다. 광덕스님의 삶의 아주 작은 부분을 알고 난 지금, 스님이라는 것이 얼마나 힘들고 어려운 것인지를 비로소 알게 되고 깨닫게 되었다.

그리고 시간의 소중함을 알게 되었다. 이 글 구석구석에 광덕스님이 얼마나 삶을 치열하게 살아왔는지 잘 드러나 있었다. 여기서 치열하다는 것은 생활이 전쟁처럼 투쟁적이고 살벌하다는 것이 아니다.

촌각도 결코 헛되이 낭비하지 않는 스님의 성실한 삶의 자세를 두고 한 말이다. 이 글을 읽으며 나는 왜 그리도 시간을 헛되이 보냈나 하는 반성을 줄곧 했다.

'내일이면 늦으리', 내가 자라면서 많이 들었던 말. 그 말의 의미는 익히 알고 있으나 전혀 실천되지 않아 내 머릿속 어느 구석에 조용히 잠들어 있던 그 말이 지금 광덕스님이라는 선지식에 의해 깨어나기 시작했다. 내 자신이 한없이 부끄럽기만 하다. 왜? 비록 육체는 병들고 지쳤지만 정신만은 맑은 호수처럼 잔잔하고 밝고 빛나는 광덕스님. 그 강한 정신력으로 육체의 고통을 이겨가며 하루, 한 시간, 아니 단 일초도 부질없이 보내지 않는데 하물며 나는 건강한 육체를 가졌으나 나약하고 병든 정신으로 단 한 시간도 그처럼 정열적으로 살지 못했기 때문이다.

이 책에서 가장 기억나는 내용은 광덕스님이 제자 송암스님에게 꽃구경을 오라고 하는 부분이다. 왜 이 부분이 가장 기억에 남는가? 이 글의 제목과 같은 대사가 나와서인가? 그럴 수도 있다. 하지만 그보다 더 근본적인 이유는 나도 비슷한 경험이 있기 때문이다. 그렇다고 여기서 특별히 나를 내세우거나 자랑하려는 것은 아니다. 나는 가끔 아주 하찮은 것에 애정을 느꼈다. 남들은 무심코 넘겨버리는 것들, 눈길조차 주지 않는 것들……

나의 고향에 가면 내가 특별히 관심을 갖는 가로수가 있다. 그 가로수는 언제나 푸르고 싱싱하단 의미에서 이름이 푸름이다. 물론 내 임의로 지은 이름이었다. 난 이 나무 곁을 지나갈 때면 항상 손으로 쓰다듬는다. 주변에 사람들이 늘 있기 때문에 나무 곁에 서서 쓰다듬진 못하고 그냥 우연히 부딪친 것처럼 어루만지며 지나간다. 가끔은 마음속으로 말도 걸고 인사도 나눈다. 누가 알면 날 정신병자 취급할지도 모른다. 내가 이런 행동을 하게 된 것은 '만물은 모두 의식이 존재한다'라는 믿음 때문이다. 그래서 저 나무도 의식이 있지만 아직 나랑 말이 통하지 않을 뿐이라고 여겼다.

물론 광덕스님이 진달래꽃을 보고 느낀 점과는 다른 의미일 것이다. '내일이면 늦으리'라는 그 대목을 보며 고향의 가로수가 떠올랐기에 잠깐 적어 보았다. 광덕스님께서 한 가지 특이한 것은 제자들을 이끌어 가는 가르침의 방법이다. 내가 이제껏 받아보지 못한 그런 생경한 가르침을 하시는 분이셨다. 교육자로서 스승으로서 그 어떤 상황에서도 마음의 평정심을 잃지 않는다. 거기서 우러나오는 미소. 그 미소는 아마 억만 금을 주고도 살 수 없는 미소 중의 미소가 아닐까?

일반적으로 아랫사람이 어떤 잘못을 하면 화를 내거나 꾸중을 하기 쉽다. 그러나 광덕스님은 그러지 못했다. 아니 그러지 못한 것이 아니라 그러지 않았다. 오히려 따스한 말투와 미소만으로 스스로 깨닫게 만들었다. 또 광덕스님은 대자대비의 마음으로 살아오신 것 같다. 주변의 어려움을 내일같이 여기시고 함께 고뇌하고 애써가며 사셨다. 그리고 남을 한번 믿기로 하면 그 사람의 허물마저 받아들이시는 게 너무나 존경스러운 한편 부럽다. 누군가를 그렇게 확실히 믿는다는 것은 정말 힘든 것 같다. 진실로 사랑하는 사람끼리는 서로의 허물도 덮어줄 수 있다고 한다. 그렇기에 스님은 모든 사람을 진실로 사랑한다? 그럴 것이다. 글 중간에도 그런 얘기가 몇 번 있었지만 모든 사람이 스님의 눈에는 부처님으로 보이나 보다. 그래서 아무 거리낌없이 사람을 진실로 대할 수 있나보다. 우리 사회 모두가 광덕스님처럼 서로를 사랑한다면 보다 더 불국토에 가까이 가지 않을까.

'내일이면 늦으리,' 그렇다. 정녕 그렇다.

무엇이 늦느냐고 묻는다면 부모님께 효도하는 것이 늦는다고 말하겠다. 광덕스님의 효행심은 참으로 대단한 것 같다. 은사나 부모님의 기일을 그렇게 정성들여 지낼 수가 없기 때문이다. 누구나 자신의 부모님 기일에는 정성을 많이 들이기 마련이다. 하지만 광덕스님은 노쇠와 병약으로 자신의 몸도 제대로 가누지 못하면서 그 몸을 이끌고 기일날 제를 올리는 모습은 어쩌면 나는 평생 올라가지 못하는 나무일지도 모르겠다. 나는 이 책을 읽으면서 그동안 내가 부모님께 해온 것을 곰곰 돌이켜보았다. 어려서는 어린이날 비싼 장난감을 사달라고 부모님이 성가실 정도로 졸라댔고, 기껏 다 자라서는 어버이날 카네이션 한송이 가슴에 달아드리는 것으로 모든 도리를 끝냈다. 조금 더 철이 들었을 때는 어버이날 편지를 썼다. 내용은 매년 똑같았다. '앞으로 공부 잘하고 착한 사람 되겠습니다……' 이제 더 나이 든 지금은 어버이날을 아예 잊어 버렸다. 부모님 건강하시라는 말 한마디 올리지 않고 뻔뻔스럽게 살고 있다.

나는 그동안 무얼 보고 무얼 배워왔던가? 내 자신이 한없이 작아진다. 부모님은 화려한 옷보다는, 값비싼 손목시계보다는 '길러 주셔서 고맙습니다'라는 이 한마디를 매년 기다려 왔는지도 모른다. 나는 감사하는 것을 잊어버렸다. 감사하는 법을 잊어버리면 인간이 아니라는 광덕스님의 말씀이 자꾸만 머릿속을 맴돈다. 지금에나마 깨닫고 반성하게 해준 광덕스님에게 감사한다. 그 덕분에 살아 계신 부모님께 더욱 열심히 효도를 해야겠다.

'힘들거든 머리를 만져라'. 어떠한 경우라도 본분을 잊지 말라는 뜻에서 광덕스님이 하신 말씀이다. 출가자의 본분은 무상대도(無上大道)를 구하는 일. 중간에 고난이 닥치더라도 굳게 견뎌내라는 것이다.

문득 고3 수험생 시절이 떠올랐다. 저녁에 공부하다가 잠이 쏟아지면 자고 나서 문제를 풀면 더 잘 풀리겠지 하는 마음으로 항상 어려운 문제를 만나면 그렇게 다음으로 미뤘다. 그리고 늘 피해 왔다. 또 대학에 와서는 부지런히 놀러만 다녔다. 당구 치고 오락하고 술이나 맨날 퍼마셨다.

나는 왜 여기 있는가? 왜 부모님이 고생해가며 날 여기 보내셨나? 난 어느새 나의 본분을 그렇게 잊어가고 있었다. 그렇다, 나의 본분은 열심히 공부하는 것, 많은 사람과 사귀는 것, 폭넓은 생각을 익히는 것 등이다. 사람에겐 살아가며 여러 차례 시련을 겪게 된다. 그 고비를 얼마나 잘 넘기는가에 따라 앞으로의 삶이 변하게 된다. 매번 포기하는 사람이 멋진 삶을 살기를 바라는 것은 불가능할 것이고 또 잘못일 것이다. 나도 시련이 닥치면 스님처럼 부처님을 떠올리며 참고 견뎌 극복할 것이다.

광덕스님이 열반에 드셨다. 꼭 한번 뵙고 싶은데 그러지 못해 너무나 애석하다. 참으로 이상하다. 나와 그 스님과는 한번도 만난 일이 없는데 이런 기분이 드니 말이다. 그렇다면 이 책을 통해 만난 것도 인연이랄 수 있을까?

처음 이 책을 읽고 과제물을 내라는 지시를 받았을 때는 다른 교수님 밑에서 수업 듣는 친구들이 부러웠는데 지금은 아니다. 이 책을 통해서 광덕스님과 대할 수 있어서 너무나 다행스럽다. 워낙 글 읽는 것을 싫어해서 내가 읽은 책은 무협지가 아니면 손으로 꼽을 정도였다. 더욱이 이런 종교적인 책은 언감생심이었다. 그러나 이 책을 통해서 종교 관련 책도 재미있고 쉽게 읽을 수 있다는 것을 새삼 깨달았다. 혹시 이것도 광덕스님의 법력 때문이 아닐까? 광덕스님의 일생은 후세에 밝은 등불이 되어 많은 사람들을 바른 길로 인도해 주실 것이다.

이 글을 읽고 참 많은 것을 배웠다. 사람을 소중히 여기는 마음, 부모님께 효도하는 마음, 모든 일에 열정을 갖고 최선을 다하는 것 등.

이제 남은 것은 내가 이 배움을 계속 이어나가는 것이다. 광덕스님은 아직도 우리에게 가르침을 주신다. 이 글 속의 광덕스님 말씀 하나하나에 그분의 열정과 혼이 담겨 있다. 한번도 뵌 적이 없는 스님 삶의 부분을 읽고 내가 이 정도의 가르침을 얻을 수 있으니 말이다.

아, 이렇게 한참 쓰다 보니 그만 독후감이 되고 말았다. 하지만 교수님도 그 점을 바랐는지도 모른다. 이 책을 통해 불교의 원리나 이론적 접근을 하기보다는 광덕스님의 삶을 통해 많이 느끼고 불교라는 종교에 좀더 쉽게 친숙해질 수 있길 바랐을 것이다. 다만 이 책을 겨우 한번 읽고 글을 써서 미안한 생각이 든다. 다시 한번 이 책을 통해서 광덕스님을 알게 된 것을 감사한다.

나는 무늬만 불자

나윤정 | 원광대 일어교육과 재학

나의 종교는 불교이다. 언제나 염주를 손목에 차고 다닌다. 하지만 불교의 교리나 불자의 행실 등에 대해서는 거의 모른다. 단지 어렸을 때부터 부처님 오신 날이 되면 가족들과 함께 집 근처에 있던 용주사에 갔던 기억이 남아 있다. 중등생이 되고, 고등학생이 되자 부처님 오신 날에나마 갔던 발걸음도 끊겨졌다.

하지만 대학생이 되고는 본의 아니게 사정이 달라졌다. 그것은 우리 대학이 원불교 종단이라서 종교에 대한 수업이나 행사들이 많다. 그래서 대학에 와서 다시 부처님 오신 날만은 꼭 절에 가려고 작심을 했다. 내가 절에 가려고 하는 가장 큰 이유는 절에 가면 맛있는 떡과 비빔밥을 그날은 돈 한푼 내지 않고 배부르게 먹을 수 있기 때문이다. 이 말은 대학생으로서 유치한 고백이지만, 나의 불교에 대한 수준이 그 정도라는 것을 미리 말하고 싶어서이다.

내가 이 책을 읽고 난 후 가장 놀란 일은 '스님도 군대를 간다'는 것이다. 대한민국 남자라면 누구나 가는 것이라고 생각했지만 스님들도 군대에 가다니……. 다만 놀라울 따름이다. 그리고 보통 군인들

과 똑같이 생활했다는 것은, 군대 안에서의 종교활동도 기독교였다
는 것을 의미하는 것인가? 보통 군대에서는 강압적(?)으로 군인들에
게 교회에 가게끔 한다는 얘기를 들은 적이 있어서이다.

아무튼 '내일이면 늦으리'라는 부분에서는 광덕스님께서 꽃의 아
름다움을 제자들에게 보여 주려 했던 것만이 아니라 꽃들이 자기가
있는 곳에서 자기 일을 다했을 때, 주위도 기쁘게 한다는 것을 알려
주려 한 것은 아닐까 하는 짐작도 해 보았다.

그리고 이 책에 씌어진 여러 가지 일화들, 그 속엔 큰스님을 그리
워하는 제자의 마음이 잘 담겨져 있고, 또 큰스님의 소년 같은 천진
함이 그대로 느껴져 무척 좋았다. 하지만 실제 이 책을 쓴 송암스님
의 나이를 보면 상당히 늙었는데도 어떻게 이 같은 글을 썼는지 놀
랍기만 하다. 나는 이 책을 읽는 내내 글의 행간마다에서, 또는 책갈
피마다에서 큰스님의 때묻지 않은 아이 같은 마음을 엿볼 수 있었는
데 그 표현이 송암스님에 의해서라는 이야기다. 근엄하고 뭔가 일반
인들과 다른, 그래서 신기하고 이색적이라기보다는 너무나 손쉽고
친근함이 가슴에 깊이 와 닿는 느낌이 역시 좋았던 원인은 늙은 제
자 송암스님의 효성 덕분이라는 것이다.

역시 나다운 생각일지 모르겠지만 이 책을 다 읽고 난 뒤 가장 먼
저 떠오른 생각은 우리 할머니와 동생들에게도 이 책을 권해야지 하
는 것이다.

오늘날의 사제지간과 교육 현실의 거울

이선미 | 원광대 일어교육과 재학

'시봉일기', 이 책은 불교 교육학이다. 아니, 인생의 교육학이다. 큰스님을 옆에서 모시면서 하나하나의 행동까지도 자기 자신의 본보기로 삼고 또 거울로 삼아 자신을 비추어 보고, 따라 배우는 과정에서 자연스럽게 스승을 특별한 존재로 존경하며 수행한 지난날들을 글로 옮긴 책이다. 그러한 제자가 바라볼 때 스승은 사랑과 열정이 넘쳤다. 자신의 모든 것들을 다 태워버리면서까지 제자를 위하여 묵묵히 걸어가는 스승의 그 모습에서 다시 한번 스승이라는 존재의 참 모습을 보는 것 같고, 그 길을 바라보는 것 같다.

이 책을 떠나서 요즘의 사제지간과 교육현실은 어떠한가?

옛말에 '스승의 그림자도 밟지 않는다'라는 말이 있다. 이러한 글귀를 오늘날 지나가는 사람에게 어떻게 생각하느냐고 묻는다면 과연 뭐라고 대답할까? 예전에 비하면 오늘날은 경제적으로나 문화적으로 많은 성장을 했고 그러한 과정에서 사람들의 가치관 또한 크게 변해왔다.

인간이 살아가면서 거치는 배움의 과정에서 우리는 누구나 스승이

라는 존재와 만나게 된다. 그러기에 스승은 제2의 부모라고 해도 과
언이 아닐 것이다. 그런데도 요즘 우리가 현실적으로 접하는 스승과
제자 사이는 과연 어떠한가?

지면이나 방송 뉴스에서 부모가 자녀의 일로 학교까지 찾아가 아
이들 앞에서 교사에게 폭력을 행사했다는 내용을 접하는 것은 한두
번이 아니고 어제오늘의 일도 아니다. 그와 비슷한 내용들도 다반사
다. 교사의 권위가 추락한 지 이미 오래인 요즘, 과연 바람직한 스승
과 제자 사이는 있는 것일까? 있다면 어떤 것일까? 경건한 마음으로
우선 내 자신에게 되물어보지 않을 수 없다. 왜냐하면 나는 교육자의
길을 가기 위해 준비하는 사람이기 때문이다. 이런 특별한 입장에서
작금의 상황을 생각해 보면 우선 한숨부터 나온다.

어려운 학생에게 적은 돈이지만 학비를 보태주던 헌신적인 선생님
들, 선생님을 진심으로 존경하고 삶의 표본으로 순수하게 따르던 학
생들, 불과 얼마 전까지만 하더라도 학생을 가르치는 교사는 사회에
서 부러움을 받는 직업 중의 하나였다. 최근의 조사에 의하면 선생님
들 자신이 비록 교사직은 맡고 있지만, 사실 하고 싶지 않은 직업 중
의 하나라는 통계가 나왔다. 나는 이 소식을 듣고 무척 큰 충격을 받
았다. 그렇다면 지금이라도 다른 과로 전과를 해서 전공을 바꿀까 하
고 생각을 했다.

그렇다면 선생님들이 왜 교직에 만족하지 못할까? 물론 아직도 많
은 곳에선 참교육을 실천하며 자신의 교직에 보람을 느끼며 열심히
헌신하는 선생님들이 많다. 부모들의 교육에 대한 간섭, 사교육의 극
성으로 인한 공교육의 무시 현상, 신세대인 학생들의 예전과 다른 사
고방식, 교사의 권위를 지켜주지 못하는 교육정책과 불합리한 제도
등, 많은 요소들이 선생님들과 학생들 사이를 갈라놓고 있는 것은 사

실이기도 하다. 제자를 진심으로 사랑하고 스승을 진심으로 존경하는 것이 바람직한 예전의 사제간이었다면, 요즘은 높은 점수 받게 해주는 족집게 선생님과 시키는 대로만 하는 학생이 바람직한 사제간이 아닐까 하고 생각해 본다.

존경과 신뢰가 바탕이 되어 산을 보고 가는 교육은 없어지고 현실만을 만족시켜 주는 나무만 바라보는 교육이 이뤄지고 있어 그것이 걱정이다. 그리고 달라진 세태에 어떻게 적응해야 할지도 걱정이다.

예전에 스승의 날을 맞이해 방영하는 모 방송국 프로그램을 본 적이 있다. 한 선생님이 삐뚤게 가는 제자를 데리고 같이 살면서 다시 공부를 하도록 격려하고 도와주어, 기본적인 수학문제도 풀지 못하던 학생을 해군사관학교에 보낸 일을 이야기하면서 눈물짓는 모습을 보았다. 물론 그 선생님은 그 제자의 결혼식 주례까지도 맡아주었고, 제자는 그런 스승을 부모님 이상으로 존경하고 새 삶을 찾아준 빛 같은 존재로 인식하고 있었다.

우리 학생들은 급변하는 사회와 사방에 노출된 위험한 유혹들 속에서 살아가고 있다. 학생이기를 포기하기 쉬운 환경에서 시간이 갈수록 더 많은 학생들은 학교로부터 외면당하고, 이들을 끝까지 도와주는 교사의 모습은 쉽게 찾아볼 수 없다. 자기 반의 한 학생이 결석이 잦고 불량한 행동으로 학업에 임한다면, 그 아이가 그렇게 되기까지의 원인을 찾아 함께 해결책을 찾기보다는, 형식적으로 "요즘 왜 그러니? 무슨 일 있니?" 등의 상투적인 질문으로 그 제자를 포기하는 교사가 적지 않다. 그렇게 서로 간의 문은 닫혀지고 신뢰의 계단까지 사라져 서로가 서로에게 관심이 없는 사이가 되어 가는 것이다. 물론 교사들이 그렇게 되는 과정에는 위에서 말한 공교육의 무시, 제도의 문제, 교육정책의 혼선 등이 장애가 되어 의욕으로 가득 찬 교사들의 힘을 쏙 빼놓은 것이 사실이다.

하루가 다르게 변하는 시대의 아이들·신세대·N세대라고 불리는 그들과, 그야말로 전통적 사회의 사고방식·보수적 성향을 띤 교사가 허물없이 지내기 위해서는 서로를 진심으로 생각하는 마음이 필요하다고 생각한다.

어느 문제아 학생이 대학생이 된 지금, 자신이 그 자리까지 오게 된 것이 "넌 잘할 수 있단다"라는 선생님의 말 한마디 때문이었다고 고백한 것을 기억한다. 날로 변화하는 시대에 교육제도를 다시 바꾸고 학생을 더욱 채찍질하는 것보다 서로를 생각하는 마음, 즉 진심이 있다면 학생과 교사 사이의 간격은 얼마든지 줄어들 수 있을 것이다. 교사는 단순히 교사가 직업이 아닌 봉사의 마음으로, 또한 학생을 자신의 가족처럼 생각해야 할 것이라고 본다.

마지막으로, 세상은 변화하는데 교육은 언제나 그 자리에 머물러 있다면 그것은 분명 문제이며, 그로 인해 또 다른 문제가 연속적으로 생겨날 것이다. 교사와 학생 간의 생각의 변화도 필요하지만, 교육의 큰 테두리인 정책과 직접적으로는 일선 학교의 교육 관리자·학부모 등, 전 국민적인 교육인식이 새로워져야만 교육입국의 대의가 바로 설 것이다. 이런 측면에서 이제 이 책 '시봉일기'에서 모범 답안을 찾아보도록 하자. 그래서 나는 모든 교육자들이, 또는 국민 모두가 이 책을 한번 읽어보았으면 한다. 그래서 문제의 해결을 밖에서 찾기에 앞서 교육자나 학부모 또는 기성세대 자신에게서 찾아보면 어떨까. 우선 자신부터 살폈으면 한다. 그것이 이 책의 비결이며 현실 교육의 한계를 벗어나는 해결책이라는 생각이 든다.

인간 광덕스님

이철훈 | 원광대 일어교육과 재학

열심히 최선을 다해 살았다 해도 생의 의미조차 깨닫지 못하고 죽는 것처럼 바보스럽고 허무한 게 또 어디 있을까? 더군다나 짧은 삶을 살면서도 이것저것에 집착하고 욕심을 부리는 것 또한 얼마나 어리석은 일인지, 인간 누구나 그렇겠지만 적어도 자신의 육신이 갖는 생로병사(生老病死)와 존재의 이유에 대해서는 한번쯤은 고민해 봤을 것이다.

이 엄청난 문제를 바로 우리들 눈앞에서 즉답의 길을 가르쳐 주는 불교의 매력에 끌리는 건 어쩌면 당연한 일일 수도 있다. 하지만 속세의 부귀영화와 안락을 등지지 못하고 그 속에서 얻는 쾌락의 힘으로 살아가는 나와 같은 인간들은, 제자의 애절한 마음이 담긴 『광덕스님 시봉일기』를 읽으며 조금이나마 구도자(求道者)의 넓은 마음을 엿본다는 것만으로도 위안이 되기도 하고 큰 공부가 되기도 한다.

『광덕스님 시봉일기』는 제자 송암스님의 눈으로, 광덕스님을 관찰하여 쓴 책이다. 불교적인 세계에서 광덕스님보다는 인간적 모습으로 스승과 제자의 모습, 제자의 깊은 정과 사모의 마음이 글자 하나 하나에까지 배어 나오는 듯하다. 스승은 스승이되 아버지와 같고, 우러르고 사랑하는 마음은 속세(俗世) 연인들의 그것에도 비할 바가 못 되는 한없는 무게를 느꼈다. 참으로 진실하고도 충성스러운 마음이 느껴진다. 스승인 광덕스님이 했던 말 한마디 행동 하나하나를 통해 제자는 스스로를 반성하고 뒤돌아본다. 스승의 가르침을 거스르려 하지 않으려는 제자의 겸허한 모습이 형편없는 나를 반성시키려고 혼내고 야단치는 것만 같다.

한편으로는 어떻게 인간이 한 인간에 대해 절대적인 믿음과 사모를 이렇게도 절실히 할 수 있을까 하는 의문과 동시에 많은 부러움도 생겼지만, 그만큼 넓고 깊은 광덕스님의 도량과 그 제자의 바른 마음이 일치된 것이 아닐까 하고 나름대로 결론도 내려보았다. 무릇 그릇이란 자기의 용량만큼만 담는다라고 했던 말이 나를 돌아보며 새삼 떠오른다.

이 책은 흐트러질 대로 흐트러진 현 사회 사제지간의 모습에 많은 훈계를 하고, 내지 새로운 길을 제시하고 있다고 생각한다. 그것도 조용하면서 냉엄하게 꾸짖고 있는 것과 같다. 생전 광덕스님이 제자들에게 하셨던 것처럼 스스로 깨닫고 뉘우치도록 말이다. 여러 면에서 볼 때 이 책은 가르치는 직업의 교직을 목표로 공부하고 있는 우리 사범대 학생들이라면 누구나 한번쯤 꼭 읽어봐야 될 필독서라는 생각마저 든다.

재미도 있고 교훈도 있고 속세에서는 알지 못하는 호기심도 있는 이 책을 다 읽고 마지막 책장을 덮는 순간, 문득 삐딱한 제자에게 기대를 저버리지 않으시던 어릴 적 스승님이 생각났다. 이런저런 생각을 하다가 참으로 '스승이란 아무나 할 수 있는 일이 아니구나'라는

자각을 새로 하게 된다. 선생은 될 수 있으나 스승이 되기란 어렵다
는 말을 이제서야 깨달으며 무정하고 은혜 모르며 살아가는 내 자신
을 되돌아본 뜻깊은 이 책을 손 가까운 서가에 잘 모셔 두었다.

불교 수행은 선생님 길을 닦는 것

이주예 | 원광대 일어교육과 재학

교수님의 권유로 읽게 된 이 책은 나에게 여러 가지 생각을 하게 끔 한다.

집안이 불교였던 나는 어려서부터 스님들을 따라 산이며 절이며 기도를 다니는 일이 많았다. 어린 나이에 뭐가 그리도 즐거웠는지, 기도라는 단어가 마냥 좋아 누구든지 같이 가자고 권하면 짐을 싸서 따라 나서곤 했다. 그렇게 오랫동안 기도생활을 했던 나는 이 책을 읽으면서 스님이라는 역할에 대해 다시 생각하게 되었고, 불제자라는 것에 대해 심각하게 고뇌하게 되었다.

나에게도 특별하고 신기한 불교 인연이 있다. 세 살쯤 되던 무렵, 할머니를 따라 간 절에서 난 옛날(과거생) 아빠를 만나게 되었다. 그 절에는 많은 스님들이 계셨는데 난 그중 한 스님께 달려가서 "아빠, 오랜만이야" 하며 덥석 안겼다고 한다. 그 광경을 지켜본 사람들이 깜짝 놀라며 물어보자, 난 "옛날 전생에 아빠였는데 오늘 만났어"라는 말을 했다고 한다. 너무나도 어릴 적 일이라, 자세히 기억나지는 않지만 그것이 인연이 되어 그 스님과 난 지금까지도 좋은 관계를 유지하고 있다.

나 역시 힘들 때는 항상 절을 찾았고 지금도 불경을 손에서 놓지 않고 있다. 그렇지만 나는 스님이 된다는 것, 불제자가 된다는 것이 어떤 것인지 잘 알지 못한다. 얼마나 많은 고뇌와 자신과의 싸움에서 벗어나야 그 길을 걸을 수 있는지 역시 잘 모른다. 한때 난 불제자의 길을 걷고자 스님께 찾아가 비구니가 되겠다고 받아달라고 부탁드렸으나, 스님은 매몰차게 거절했다. "지금 너의 생활이 얼마나 행복한지를 왜 깨닫지 못하고 있는가? 그 길이 얼마나 힘들고 고된지를 생각이라도 해 보았는가?" 하면서 얼른 돌아가라고 호되게 꾸짖었다. 난 그때까지만 해도 스님이 되어 부처님을 모신다는 일이 얼마나 힘든 일인지 전혀 알지 못했다.

교수님이 권해 주신 이 책은 나의 그런 궁금증을 풀어주기에 충분한 책이었다. 스승이 제자를 생각하는 마음, 제자가 스승을 공경하는 그 마음은 정말이지 나에겐 이해하기 어려운 부분이었다. 어떻게 하면 스승에 대한 존경심이 그렇게 대단할까? 줄곧 기도하는 마음을 흐트리지 않는 것이 신기했다. 이 책을 읽으면서 난 마치 그 두 분(스승과 제자)이 서로 사랑하고 있는 사이처럼 느꼈다. 스승과 제자도 아닌 친구도 아닌 부모 자식 간의 사랑도 아닌 묘한 정이 두 분 사이에 느껴졌기 때문이다. 남들이 말하는 타인에서 스승과 제자가 되었고, 혈육이 아니면서도 부모 자식 간의 정을 나누며 살아가는 그분들이 너무나 존경스러웠다.

광덕스님의 말씀 중 가장 기억에 남는 부분은, 책머리에 써 있는 글귀인 '내일이면 늦으리'이다. 인생사가 모두 그렇지 않을까 한다. 이 말은 너무 간단한 것 같으면서도 많은 뜻을 함축하고 있어서 그 구절이 내 마음 속에 깊이 각인되었다.

광덕스님의 인격에 가장 놀란 것은 모든 사람에게 정을 주는 방법을 알고 계신다는 것이다. 대부분 스님들의 특징이 사람에게 정을 주지 않는다는 것이다. 그러나 광덕스님은 모든 사람에게 정을 베푸시는 방법을 아셨고, 사람의 모든 것을 감싸안을 줄 아셨다. 나 역시 훌륭한 분을 만나 그분 밑에서 기도하고 있으나, 송암스님 역시 훌륭한 스승을 만나 좋은 경험을 했다고 생각하니, 나만 특별한 사람이 아니었구나 하는 생각을 했다. '시봉일기'는 인생의 교과서이며 선생님학의 필수과목이라는 생각이 자꾸만 든다.

책을 덮으니 더 큰 감동이

이춘강 | 원광대 일어교육과 재학

얼마 전에 원성스님이 쓴 『풍경』을 읽었는데, 그때 책을 읽으면서 내 마음속에 따뜻함과 순수성이 일어나 잔잔한 감동을 받은 적이 있다. 그때의 느낌이 이 '시봉일기'를 읽으면서 다시 살아났다. 교수님으로부터 소개받은 이 책 역시 스님이 쓴 책이라서 그런지 읽기 전에 먼저 호감이 갔고 나에게 감동과 마음의 여유를 줄 것이라는 기대가 생겼다. 역시 책을 다 읽고 마지막 책장을 덮을 때 나의 가슴은 진한 감동으로 가득 찼다.

송암스님은, 범어사 행자생활 때부터 여러 곳에서 광덕스님을 모시면서 직접 받은 교훈, 보고 느낀 감명 깊은 현장이라든지, 광덕스님께서 다른 사람들과 나눈 인연담 등을 그때그때마다 적어 두었던 것을 근거로 방대한 분량의 책을 펴내어 일반인에게 잘 알려지지 않았던 스승인 광덕스님의 내면세계와 불교를 위한 서원, 제자와 신도를 지도하는 수연담 등을 생생하게 전하고 있다.

불교의 스승과 제자 사이에 벌어진 108가지의 일화를 차례차례 읽어가노라니 그 일화 하나하나마다 뜻이 있고 교훈과 믿음이 있었다.

그리고 기존에 가지고 있던 내 잘못된 습관에 브레이크를 거는 내용도 있었고 광덕스님의 생활태도를 보고 놀라움에 입을 다물 수가 없었던 일화도 있었다.

그리고 송암스님이 스승인 광덕스님의 다락방에 있던 꿀을 기회 있을 때마다 퍼먹기 시작해서 나중에는 들키고 마는 이런 일화는 옛날 동화책에서나 나옴직한 이야기다. 또 송암스님은 자신이 글 쓰는 재주가 없다고 여겨 스승님께 엉터리 글을 써서 올린 일 등은 송암스님의 잔머리 굴림에 미소를 지으며 읽었던 장면이다. 광덕스님께서 아침이면 병든 몸을 일으켜 찾아온 신도들을 맞이하여 그들의 고민을 몇 시간씩 싫은 내색 한번 하지 않고 끝까지 귀기울여 듣고, 저녁에는 다시 앓아 눕고마는 내용에서는 내 맘이 너무 안타까울 뿐만 아니라 무겁게 느껴졌다.

불자인 나에게 가장 마음 닿은 내용은 '절은 돈 버는 곳이 아니다'라는 일화에서다. 모든 스님들이 기본적으로 인식하고 있어야 할 부분이라는 생각이 든다. 지금 내가 다니고 있는 절의 한 스님이 개인적으로 절 돈을 모아 떠난 것을 보고 스님에 대한 실망이 매우 컸는데, 이 책을 읽으면서 그런 스님은 일부분에 지나지 않는다는 생각을 다시 하게 되어, 잃었던 스님에 대한 믿음이 다시 생겨났다.

하여튼 이 책은 정말 책장을 한 장씩 넘기는 순간마다 감동과 교훈을 주지 않는 내용이 없었다. 생활 하나하나에서 어떻게 이런 교훈을 얻을 수 있는지, 내 생활을 반성해 보고 비춰 보는 좋은 거울이 되었다.

이 책을 다 읽고 나서 어떤 분야가 되었건 간에 스승이 제자에게 어떤 가르침을 줘야 하는지를 다시 한번 알게 되었고, 내가 만약 교사가 된다면 나의 제자에게 광덕스님처럼 큰 교훈은 아니더라도 작

은 모범이 될 수 있는 그런 스승이 되어야겠다는 마음가짐을 다지게
되었다. 아마 이 '시봉일기'는 예전에 읽었던 『풍경』처럼 오랫동안
내 마음속에 여운을 남기고 거울이 되리라.

이제, 내 안의 부처를 일으켜 세워야

백리향 최영아 | Hawaii Community College에 재학

수년 전 무용가 홍신자 선생님과 함께 건축관계로 우연히 용설리 호수 넘어 불광원(佛光院)을 들르게 되었고, 그때 홍 선생님을 알아본 한 보살님의 안내로 내 평생 잊지 못할 광덕 큰스님과의 소중한 만남을 갖게 되었다. 난 그때 광덕 큰스님이 누구신지, 또 어떤 분인지 전혀 몰랐지만 그 자태에서 흘러나오는 고고하면서도 겸손한 몸가짐을 통해 예사롭지 않음을 느꼈다. 다만 큰스님과 홍 선생님께서 대화하시는 동안 내내 나는 따뜻하고 밝은 빛에 감싸인 동안(童顏)의 할아버지를 멍하니 바라보았다. 이것이 큰스님과 나와의 극히 짧은 만남이었다.

이번에 잠깐 귀국하였다가 송암스님의 애틋한 마음이 담긴 『광덕스님 시봉일기』를 눈물과 웃음으로 읽으면서 두 스님의 삶 자체가 마치 한편의 아름다운 시처럼, 그림처럼, 그리고 설법처럼 다가왔다. 책을 통해서 접하게 된 큰스님의 가르침은 바로 '세상의 모든 것들은 이미 그 자체가 완성된 존재들이며 그래서 부처'라는 말씀이셨다.

세상의 모든 것들을 부처로 대하고 나 자신 또한 부처임을 받아들

이라는 말씀에 내 마음속 이리저리 자리했던 세속의 부질없는 감정들이 눈 녹듯이 녹아 내림을 느꼈다.

또한 "깨달음은 멀리 산속에서만 찾을 수 있는 것이 아니라 바로 내가 있는 가장 가까운 곳에서 찾을 수 있다. 이는 바로 나 자신이 이미 깨달음 그 자체이며, 깨달음이 바로 나 자신 그 자체이다. 그러니 이 모든 것은 오로지 나의 생각과 의지를 통해 찾을 수 있다"는 스님의 정곡을 꿰뚫는 가르침 앞에 그만 눈물이 쏟아지고 가슴은 꽉 미어졌다. 나는 많은 날들을 'Who am I'라는 질문을 가슴에 안고 나 자신은 물론 주변의 모든 상황들과 거칠게 부닥치면서 삶을 방황했다. 그동안 나는 부처님을 찾아 법당 문만 열었지 내 마음의 문을 열어 보지 못했다.

내 안의 이미 완성된 존재에 대해서는 까맣게 모르고 살아왔기에 삶이 힘들었고, 그 속에 휘말려 나 자신을 제대로 보지 못했다. 불자가 아닌 내게 스님의 가르침이 이렇게 깊이 와 닿은 것은 바로 종교를 뛰어넘은 자유로운 사랑과 자비심 때문이 아닐까? '시봉일기'의 마지막 장을 넘기며 나는 용기와 자비로 내 마음을 다스려 내 안의 부처를 일으켜 세워야 하겠다고 다짐했다.

지금 내가 살고 있는 하와이 집 정원에 오래된 꽃나무가 있다. 일 년에 서너 번씩 진달래꽃 같은 분홍색 꽃들이 한밤을 훤히 밝힐 정도로 나무 한가득 피는데 그 모습이 마치 광덕 큰스님의 환한 미소 같다는 생각이 든다.

옷깃만 잠깐 스쳐도 인연이라는데 그 짧았던 스님과의 우연한 만남을 통해 나는 참으로 소중한 마음공부를 했다. 마음속 깊이 감사하는 뜻으로 큰스님께 큰절을 올린다. 또 그냥 지나 갈 뻔했던 이 인연을 책으로 이어주신 송암스님께도 감사해 마지않는다.

열반 후에도 중생들을 깨달음으로

박민아 | 원광대 일어교육과 재학

나는 불교 신도가 아니다. 그래서 우리나라에 들어온 지 수천 년이 된 불교에 대해 아는 것이 거의 없다. 어떻게 보면 종교를 떠나 불교를 문화적으로나 역사적으로 관심을 갖지 않았기에 매우 무식하다고 말할 수도 있겠다. 그것이 내 자신의 부족에서 비롯된 것일 수도 있지만 국민의 한 사람으로서 당연히 알아야 할 사항을 알게끔 제도화하지 않았던 것도 문제가 아닐까 생각해 본다.

솔직히 나는 『광덕스님 시봉일기』를 읽으면서도 시봉이라는 말이 무엇인지도 알 수 없었다. 그래도 이야기 자체에 흥미가 끌려 읽어가다 보니 불교의 스승과 제자의 관계에 대해서 조금은 알 것 같기도 했고 나름대로 감이 잡히기도 했다.

스승의 언행 하나하나 놓치지 않고 그대로 보고 느끼고 배워 가는 제자의 모습이 마치 눈앞에 대하듯 선명하게 느껴졌다. 제자가 스승을 존경하는 모습에서 내 마음을 저절로 따뜻하게 녹아들게 했다.

송암스님의 『광덕스님 시봉일기』를 읽다 보면 꼭 불자가 아니더라도 스승에 대한 존경과 그 애틋한 인간애, 그리고 일상생활에서 느끼게 되는 스승에 대한 경외심은 어쩌면 요즘 이야기 같지가 않고 옛날 그림을 보는 것 같은 느낌마저 들었다. 그러나 그 어떤 이야기나 그림보다 훨씬 감동이 컸다.

생각해 보면 나도 학창시절 선생님을 무지무지 좋아하고 따르고 흉내내었다. 누구나 학생기에 좋아하는 선생님의 영향을 무조건 받아들이게 되겠지만 나는 말씀 하나하나에 온 정신을 쏟았다. 마른 스폰지가 물을 빨아들이듯이 선생님의 말씀, 몸짓, 글씨체 등등 무엇 하나 놓치지 않으려고 발버둥을 쳤다. 그 선생님의 수업시간만 되면 잔뜩 긴장하여 설명을 듣느라 불과 사오십분의 시간이지만 강의가 끝나면 지칠 정도로 몰입했던 적이 있었다. 마치 선생님 말씀이 그대로 세상의 법전인 양 생각했으니 말이다. 물론 불교에서는 그 정도가 더 강하다고 볼 수 있지만 세속에서의 스승과 제자도 마찬가지란 생각이 든다.

나는 이 책을 읽으면서 처음부터 마지막 책장을 덮을 때까지 스승의 말과 행동에 민감한 제자들을 위해서 스승은 양심을 저버리지 말고 올바른 태도로 본보기를 보여 주어야한다는 생각을 수없이 했고, 내 스스로도 다짐을 계속하곤 했다. 바로 이것이 책이 갖고 있는 힘이 아닐까 하는 생각이다. 더욱이 나는 사범대 학생으로서 앞으로 남의 스승이 된다는 부푼 꿈을 안고 있기에 이 책이 남의 이야기로만 끝나지 않고 시종 내 일처럼 느껴졌다.

'불교의 스승은 열반 전이나 그리고 열반 후에도 중생들을 깨달음으로 인도한다.'

정말 이 말은 감명 깊은 구절이 아닐 수 없다. 그리고 책 내용에서 어느 것 하나 예사로운 것이 없었다. 모든 이야기가 교육학 원론처럼 새기고 익혀야 할 것으로 느껴졌다.

처음 불교의 자비라는 용어가 나에게는 무척 낯설기만 했는데『광덕스님 시봉일기』를 통해서 불교에 한 발 가까이 다가간 듯한 느낌을 숨길 수 없다. 그리고 내가 느낀 주요한 부분은 인간의 삶이 아무리 육체적으로 힘들다 해도 정신적인 힘으로, 열정으로 얼마든지 극복할 수 있다는 것. 그러기에 불교의 지혜와 자비 열정, 그것은 나에게 전적으로 새로운 세계였고 충분한 호기심을 불러일으킨 것들이며 추구해 보고 싶은 이상으로 자리하였다.

나는 이 책을 통해 보다 깊은, 참된 불교에 대해 알고 싶은 것도 무척 많아졌고, 불교가 종교 중에서도 아주 매력 있는 가르침이라는 것도 얻은 소득 중에 하나다. 그리고 무엇보다 이 책을 통해 새삼 느낀 것 하나.

즉 모든 것은 자비를 매개체로 하여 오로지 통한다는 것, 이루어진다는 것이다. 스승의 제자에 대한 사랑, 그것이 내리사랑이라고 하든 뭐라고 표현되었든 말이다. 그리고 제자의 스승에 대한 존경, 내지 인간 모두의 가슴의 강에 흐르고 있는 강물. 이 강물에 대한 표현을 뭐라고 하든 결국 이 강물로 사람은 살아가고 있는 것은 아닐까.

예전엔 개신교 신자였던 나는 무척이나 오랜만에 '사랑'이라는 가르침을 다시 한번 새겨보며 이 책을 덮었다.

비록 한번도 광덕스님을 뵐 수 있는 인연은 없었지만 그렇게 지극하신 송암스님의 스승, 아니 모두의 스승인 광덕스님께 경의를 표한다. 그리고 스승에 대한 생각을 다시금 일깨워 준 저자 송암스님에게도 감사를 전하고 싶다. 정말 오랜만에 읽은 책인데 무척 좋은 책을 읽었다는 뿌듯함이 지금 내 가슴 안에 가득하다.

스승의 그림자도 밟지 말라

이희사 | 원광대 일어교육과 재학

'스승의 그림자도 밟지 말라'는 옛말이 정말 옛날 일이 되어 버린 요즘, 이 책은 불자들을 이끌고 있는 스님들에게 스승으로서, 제자로서의 자세를 배울 수 있을 뿐만 아니라 깊은 인연으로 맺어진 사제 지간의 참 모습을 보여 주고 있다. 그리고 하나의 전범(典範)처럼 가까이 두고 그때마다 읽고 생각하며 배울 수 있는 훌륭한 지침서인 것 같다.

현대 불교포교의 대명사로 칭송 받고 있는 금하당 광덕스님을 범어사 행자 시절부터 20년 넘게 가까이에서 시봉했던 송암스님이 곁에서 보고 들은 스승의 법어와 동정을 기록한 이 책 속에는 무려 백여 가지의 일화가 들어 있다. 그 일화를 통해 감동과 기쁨, 진리가 자연스럽게 배어 나와 읽는 이의 가슴에 잔잔히 스며든다. 때로는 벅찬 감동에 눈시울을 붉히거나 울컥 눈물이 솟은 적도 있다.

'속가의 아들은 제 아비를 닮고 출가의 제자는 스승을 닮게 마련이다' 라고 한다. 여기 이 책 속에서 광덕스님은 한결같이 사람을 신뢰하고 자비와 지혜를 베푸셨다. 그런 한결같은 신뢰의 힘(道力)을 송암스님은 존경심으로 높이 우러러보며 헌신으로 시봉하며 수행자로 성장할 수 있었던 것 같다. 스승은 제자에게 칭찬과 꾸지람, 지혜와 자비로 수행자다운 기품을 갖출 수 있게 다듬어갔던 것이다. 그렇게 인자하기만 했던 스승은 제자의 어리석음에 적절한 훈도와 꾸짖음을 통해 제자가 스스로 잘못을 깨닫고 느껴서 행동을 고치고 더 큰 깨달음을 얻도록 인도해 주고 있다.

특히 몇 가지 일화가 인상적이었다. 출가한 지 얼마 되지 않은 철야정진 때 좌선을 거듭 수행하는 동안 잠을 이기지 못하고 꾸벅꾸벅 조는 제자에게, 스승은 "이 잠꾸러기 같은 녀석, 잠자러 절에 왔냐? 밥값도 못하는 녀석!"이라고 죽비를 들어 인정사정없이 대하는 장면에서는 무섭기까지 했다. 제자의 짧은 생각에서 비롯된 우쭐함과 교만에, "수행자의 죽음은 육신의 소멸이 아니라 정신의 교만이다"라는 일언의 말로 조용히, 그러나 따끔하게 겸손의 덕을 가르쳐 생각이 깊고 넓은 수행자로 만들어 가는 장면은 하나의 극치를 보는 것 같았다.

스승님이 제자에게 준 가르침 하나하나가 스님들뿐만 아니라 모든 사람들에게 귀감이 되고 있다. 세상을 살아가는 모든 이들이 마땅히 귀기울여야 할 값진 가르침이란 생각이 책을 읽는 동안 내내 사라지지 않았다. 그래서 나는 그 가르침들을 내가 교단에 서게 되는 날, 그 학생들에게 자비와 사랑으로 전하고 싶다.

스승이 체험을 통해 얻은 진리를 손에 꼭 쥐어주었는데도 미욱하여 알아듣지 못했다며 후회하고 가슴을 친 제자는 스승을 한없이 그리워하고 아쉬워하고 있다. 그런 모습을 보면서 과연 나도 그런 스승으로 남을 수 있을까 생각해 보았다. 그리고 앞으로 교단에 서서 학생들을 가르치고자 하는 나는 예비교사로서의 자질을 얼마나 갖추었나를 생각하게 했으며, 그런 나 자신을 되돌아볼 수 있었다.

金河堂 光德大禪師 年譜

作成, 2001년 2월 1일
1차 수정·보완, 2001년 10월 16일
2차 수정·보완, 2002년 12월 1일

연도	연령	연 보
1864	甲子	후일, 翁師가 되신 새 佛敎運動 大覺敎의 開創祖 龍城震鐘 祖師 誕生(朝鮮 高宗 1年).
1886	丙戌	龍城祖師, 경북 선산 모례원에서 勇猛精進 結社로 悟道(당년 23세).
1890	庚寅	후일, 恩師가 되신 淨化佛事의 大功德主 東山慧日 大宗師 誕生(용성조사, 27세).
1897	丁酉	후일, 法師가 되신 韶天大禪師 誕生.
1905		제2차 韓日協約(을사보호조약) 체결.
1910		① 3월, 안중근 義士, 여순 감옥에서 순국(死刑). ② 8월 22일 韓日合邦條約 調印.
1912		① 東山慧日 大宗師 出家(당년 23세). ② 후일, 拈華知音의 師兄이 되신 淨化佛事의 完成者이며 禪佛敎의 思想家 退翁性徹 大宗師 誕生.
1919		① 光武帝의 國葬을 계기로 전국 각지, 방방곡곡에서 기미년 독립운동(3.1운동)이 요원의 불길로 勃發. ② 龍城祖師 독립운동으로 수감(상좌인 東山 대종사 3년간 옥바라지).

1919		③ 上海 임시정부 수립. ④ 韶天禪師 3.1 독립운동 참가 후, 김좌진 장군 휘하에 入隊(당년 23세).
1921		龍城祖師 大覺敎 創立.
1927 (丁卯)	1	① 東山 大宗師 金泉 直指寺에서 悟道(당년 38세). ② 4월 4일(음 3.3), 경기도 화성군 오산읍 내리에서 아버지 高公 準學, 어머니 金氏 東娘의 2男3女 중 넷째로 출생. 본관 제주, 본명 秉完.
1935	9	退翁性徹 大宗師 東山 門下로 出家(당년 24세). (당시 東山 大宗師 46세, 海印寺 白蓮庵 住錫).
1939	13	兄, 秉烈 死亡.
1940	14	4월 1일(음 2.24) 龍城祖師 入寂(世壽 77세, 法臘 61세).
1941	15	아버지, 高公 準學 別世.
1945	19	日帝 强占에서 解放.
1946	20	어머니, 金氏 東娘 別世.
1947	21	① 韓國大學(현 서경대학의 前身)에 進學, 폐결핵 感染. ② 둘째 누이 死亡.
1950	24	① 韓國戰爭 勃發, 가을 釜山 梵魚寺 入山. ② 東山선사와의 만남을 통해 인생관, 세계관의 일대 전환을 맞이하여 범어사 선방(청풍당), 관음전, 지장전, 미륵암, 금강암, 송도, 죽도, 삼천포, 함안 장춘사 등에서 발분 정진.
1951	25	칠월칠석(양 8.9), 東山 大宗師를 戒師로 沙彌十戒 수계식 도중, 受 十戒를 受 五戒로 복창하고 스스로 거사의 신분으로 낮추어 겸허하게 수행함.

1953	27	韶天大禪師의 覺運動과 그 思想에 깊이 契合한바 '金剛經讀誦救國願力隊'에 참여 전국 순회.
1954	28	① 釜山 東萊 온천장 金井寺에서 悟道. ② 부산 범일동에서 최초의 法燈家族 특별법회 시작(1년간 매주 실시). ③ 한국불교 淨化佛事 시작됨.
1956	30	대각회 창립, 초대회장에 취임(9.16).
1959	33	가을, 범어사 禪院에서 性昊·眞常·日陀 등 선사들과 現代禪學硏究會를 결성하고 취지문을 작성, 발표한 뒤 『벽암록』 및 여러 禪典을 현토함.
1960	34	① 범어사 보살계 때(음 3.15) 東山大宗師를 恩師와 戒師로 受戒 ② 4.19 혁명 ③ 大韓佛敎譯經院을 설립하여 『벽암록』·『선문촬요』·『선문염송』·『선관책진』·『선문단련설』등 출판(현토).
1961	35	① 佛國寺에서 現代禪學硏究會 주최, 雪峰 師, 초청, 『벽암록』 최초 강의. ② 5.16 군사정변
1962	36	①『벽암록』(성호 현토본) 간행(편집·현대선학연구회, 발행·대한불교역경원). ② 曹溪宗 서무국장으로 宗憲·宗法 제정과 불교재산관리법을 주도적으로 成案하고 기타 종단 法令 마련으로 종단의 법률적 틀을 만듦.
1963	37	한국대학생불교연합회 창립(9.22, 초대 지도법사 취임).
1965	39	① 恩師, 東山大宗師 入寂(음 3.23, 양 4.24. 오후 6시 무렵 世壽 76세, 法臘 53세). ② 서울 奉恩寺 結社(주지취임)로 대학생 수도원 설립(9.12).

1965	39	③『보현행원품』(프린트본) - 한국대학생불교연합회 교본으로 발행(6.5). ④ 학교법인 대동학원 이사 취임(8.18~1974.2.6).
1966	40	학교법인 원효학원 이사 취임(~1979.3.4).
1967	41	『선관책진』 간행(진수당, 10.15).
1968	42	『보현행원품』 간행(해인사판, 성철스님 서문).
1971	45	① 조계종 총무부장 취임(~1973.1.25). ② 조계종 총무원장 직무대행(청담스님 입적시, 11.25).
1972	46	① 自號 運海 사용(진리의 태양을 좋아하고 추종한다는 뜻의 高運海). ② 10월 維新 政治 쿠테타 敢行.
1974	48	① 財團法人 大覺會 理事長 就任(3.25~1976.6.29). ② '한마음헌장' 선포(4.2), 월간「불광」창간호에 게재. ③ 大覺寺에서 佛光會 創立(9.1). ④『반야심경 강의』완성 - 禪智와 般若眼의 究極을 밝힌 佛光敎典. ⑤ 月刊「佛光」創刊, 發行人 登錄(11.1, 불광회를 모체로 함). ⑥ 순수불교 선언(월간「불광」창간호 - 새불교결사운동).
1975	49	① 대각사에서 佛光法會 創立(10.16, 불광회를 모체로 함). ②『法寶壇經』刊行(대각출판부).
1976	50	사리불법등(대학생법회) 창등(2.5).
1977	51	① 普賢行者의 誓願 발표. ② 救國救世의 보살을 양성하기 위해『菩薩聖典』간행(10.30). ③ 學校法人 東國學園 理事 就任(11.23~1993.11.13).

1978	52	① 法師 韶天大禪師 入寂(4.15, 세수 82세). ② 禪智와 般若眼의 寶庫『禪門要典』 간행(10.9).
1979	53	① 파라미타 합창단 창단(3.29). ② 연꽃마을 이야기 출간(5.30). ③ 佛光出版部 開設(10.10), 發行人 登錄. ④ 12.12 新軍部 쿠데타 敢行.
1980	54	① 실달법등(중고등학생법회) 창등(9월). ② 新軍部 政權의 10.27法難 恣行.
1982	56	① 잠실 벌판에 佛光寺 竣工 奉獻(10.24.) - 불광 제2기 잠실시대 개막. ② 마하보디 합창단 창단(11월).
1983	57	① 活功救國救世運動을 위한 正法護持 發願(8월 3일 호법발원) 시작. ② 불광의식집『불광법회요전』 발간(3.10).
1984	58	대웅전(후불탱화) 금판 금강경 주조 봉안(2.11).
1986	60	① 佛光幼稚園 設立(10.19). ② 佛光布敎院 設立(10.19).
1987	61	① 回甲記念 불교 시론집『빛의 목소리』 간행(3.20). ② '판소리 불타전' 공연 - 상수불학운동(5.5). ③ 6.29 시민항쟁 승리선언.
1991	65	월간「불광」 200호 발행(6.1).
1992	66	① 創作 國樂交聲曲 '普賢行願頌' 발표 공연으로 새불교운동을 거듭 제창함과 아울러 불교음악의 새로운 지평을 여는 계기가 되었음(4.2, 세종문화회관 대강당). ② 財團法人 大覺會 理事長 就任(5.12~1999.9.10).

1992	66	③ 圖書出版 한강수 開設(10.27), 發行人 登錄. ④ 佛光敎育院 設立(10.26, 석촌동 160-2의 건물 매입).
1993	67	① 財團法人 普德學會 理事 就任(3.30~1996.3.30). ② 分坐知音 退翁性徹 大宗師 入寂(11.4, 海印寺 堆雪堂에서 世壽 82세, 法臘 59세).
1996	70	창작 국악 교성곡 '父母恩重頌' 발표공연(5.11, 국립중앙극장).
1998	72	週報(일요정기 법회용) 제1,000호 발행(8.9).
1999	73	① 佛光寺 法主室에서 2월 27일(음 1.12) 오후 2시 무렵, 大圓寂 般若寂光三昧에 듦(爲法忘軀의 大慈大悲가 化歸本空 함). ② 入寂 100일(6.6) 추모재(도피안사) 奉行. ③『광덕스님 시봉일기 1』(내일이면 늦으리) 출판(6.6). ④ 광덕스님 속환발원기도 - 티베트 수미산 순례단 출발(7.8).
2000		광덕스님 속환발원 - 1,000일기도 입재(2.27) 資 송암 奉行精進(도피안사).
2001		①『광덕스님 시봉일기 2』(징검다리) 출판(2.27, 대원적 2주기). ② 범어사에 行蹟碑와 부도 제막(10.21). ③『광덕스님 시봉일기 3』(구국구세의 횃불) 출판(12. 30).
2002		①『광덕스님 시봉일기 7』(사부대중의 구세송) 출판(7.1). ② 입적 3주년 및 도솔산 개산 10주년 '환생' 전시회 개최(11.22, 서울 불일미술관), 도록『환생』발간.

門人 松庵至元 錄

무연자비(無緣慈悲)

　중생의 자비는 까닭이 있어야(부모 형제) 베풀게 되고, 불보살의 자비는 모든 까닭을 뛰어 넘어 베풀어진다고〔無緣慈悲〕 했다. 그래서 성현의 마음은 한량없는 자비다.

　스님께서 교화의 원력으로 사바에 내생(來生)하시어 한평생 얼마나 많은 인연을 맺었을까? 아마 부지기수일 것이다. 어찌 고작 내 열 손가락을 꼽아가며 헤아려 보는 우(愚)를 범하겠는가. 아득하여 미치지 못하리라. 스님의 그러한 불가사의 무수한 인연(化緣)들을 모두 찾아서 이야기를 듣거나 글로 적어 받는다고 하는 것은 내 힘으로는 도저히 불가능하다. 그러기에 이 책에 실린 이야기는 마치 빙산의 일각과도 같다.

　그러나 저 유명한『벽암록(碧巖錄)』제1칙의 수시(垂示)를 보면, '산 너머에 연기가 피어오르면 불이 난 줄 알고 담장 밖에 뾰족한 뿔이 보이면 소인 줄을 알 수 있다(隔山見煙早知是火 隔牆見角便知是牛)'고 했고, 또 '한 방울의 바닷물을 맛보고도 모든 바다 물맛을 아는 것'이라고 했다. 이로 미루어 보건대 스님의 한량없는 교화인연도 굳이 다 들어 보아야 구구절절 아는 것은 아니라는 자위 어린 생각을 해본다.

　그리고 여기서 잠깐 다른 이야기를 하나 하고 넘어가야 하겠다. 한

참 전의 일이긴 하지만 스님께나 나에게나 무관한 일이 아니기에 이 책의 교훈으로 삼고 싶어서다.

당대에 기라성 같은 수많은 제자를 회하(會下)에 두었고 또 불교사를 따로 써야 할 만큼의 위업(偉業)을 이루었던, 대한민국 시대 인천의 사표〔人天之師表〕이자 불세출의 고승이었던 옹사(翁師), 동산대종사(東山大宗師)에 대한 기록은 거의 없다시피 했다. 대종사의 위업으로나 회하의 기라성 같은 인물들의 면면을 보나 도시 걸맞는 일이 아니다. 이점 못내 안타까운 일이었다. 그러나 그 안타까운 심정은 나보다 바로 대종사의 상좌들인 윗대, 즉 스승의 사형사제 스님들이 더욱 컸을 것이다.

한 해, 두 해 세월이 지날수록 대종사의 일상은 주변의 기억에서 점점 희미해져 가고 상좌들도 나이 들어 그전 같지 못함을 누구보다 당사자들이 절실하게 느꼈으리라는 것은 가히 짐작하고도 남음이 있다. 그러던 차 부산에 있는 몇몇 대종사의 상좌들이 모여 더 늦기 전에 대종사에 대한 기록을 남기려고 뜻을 같이했다. 비록 때늦은 감이 있다 해도 고대하던 일이었으니 참으로 다행스러운 일이라고 생각했다. 그 자리에 함께 모였던 스님들은 바로 소매를 걷어붙였고, 쇠뿔도 단김에 뺀다는 세속의 이야기를 이런 곳에 써도 될지는 모르겠지만, 즉석에서 '동산대종사 문집' 편찬 실무자까지 선정했다. 그러니까 지체 없이 곧바로 편찬작업에 들어갔던 것이다.

이와 같이 서둘렀던 것을 보면 그동안 얼마나 스승에게 죄의식을 느끼고 살았나를 짐작할 수 있게 하는 일이다. 그때 실무자로 뽑힌 백운 사숙(師叔)은 일미스님과 함께 제일 큰 사형이던 해인사 백련암(性徹宗正)을 참방하여 그 사유를 여쭙자, 대뜸 벼락같은 일갈(一喝)이 머리 위에 떨어졌다고 했다.

"자네들이 뭘 안다고 종사(宗師)의 면모를 넘보려고 하느냐! 종사를 그렇게도 자네들의 하찮은 언구 속에 가두고 싶은가. 지금 당대에는 아무도 종사에 대한 면모를 넘볼 사람이 없고 제대로 감당할 사람도 없어."

사숙은 백련암의 대호일성(大虎一聲), 무서운 질책을 듣는 가운데도 참으로 눈앞이 환해지는 느낌을 받았고 가슴속까지 후련했다고 한다. 막상 그렇게 무서운 호령을 내려놓은 뒤, 다시 부드러운 표정으로 "광덕이에게 맡겨봐, 원고 교정은 내가 볼게" 하셨다 한다.

여기서 옛 어른들이 조종(祖宗)과 선대(先代)에 대해 가졌던 마음가짐을 살필 수 있고 또 어떻게 위의와 예절을 갖추었나를 알 수 있게 해준다. 출가문의 법도를 살펴보면 반드시 세속의 깎듯한 격식의 예가 전부는 아니었다. 사뭇 초출한 격 밖의 위의였고 언구 이전의 근본이었음을 느끼게 한다.(『東山大宗師文集』은 1998년 7월 15일 초판이 나왔다)

역시 이와 같다. 내가 하고 있는 『시봉일기』 출판은 분수에 넘치고 스님의 뜻에 못 미치는 개미 살림 같은 하찮은 일이다. 아무리 좋게 생각해도 스님을 나의 서투른 언구 속에 가두는 일이 된다는 허물을 벗어나거나 면하기는 어렵다. 어쩌면 그러한 사실을 당사자인 나 스스로가 너무나 잘 알고 있는 일이라고 보아도 좋을 것 같다. 그런데도 부득부득 온갖 고집을 부려가며 책을 열 권이나 펴내려고 하는 저의는 어디 있고, 또 그것은 대체 무슨 이유란 말인가? 이렇게 의심해 볼 수도 있다.

그렇지만 여기에는 분명한 내 나름의 이유가 있다. 아전인수(我田引水) 같은 제 좋을 대로의 생각이라고 비난받을지 모르겠지만, 나름의 여러 사연을 한꺼번에 뭉뚱그려 단 두 가지로 줄여서 말하면 이렇다.

첫째는 만약 이 책으로 말미암아 내가 스님께 큰 죄를 짓는다면, 그 죄연(罪緣)으로라도 다음 생에 스님을 뵙게 될 터이니, 그것은 오히려 내가 고대하던 일이 아닌가.

둘째는 후세 사람들은 지혜롭고 착하여 스님에 대한 언구를 보되 언구에 매달리지 않고 반드시 언구 밖을 보게 될 것이라는 믿음이 앞서서이다.

나는 크게 이 두 가지 생각에 힘입어 '시봉일기' 작업을 계속해 나가기로 결심을 거듭 반복했고, 그 결과 이 책도 나왔다. 그러나 지금 당장은 이 책으로 말미암아 스님의 무연자비를 유연자비로 만든 불효의 일이 된 것을 부정할 수 없게 되었고, 그로 말미암은 참회의 심정 또한 금할 수 없다.

나는 내가 하고 있는 이 일련의 작업이 어떤 결과를 초래할까, 내심 조심스러워서 나나 스님을 전혀 모르던 사람들에게 이 책을 읽게 하여 평가(書評)를 받고 싶었다. 하나의 얄팍한 계산일 수도 있지만 그래도 이러한 과정으로 미래를 예측해 보고 싶었고, 또 내가 몸담고 사는 이 세상에 조금이나마 도움이 되었으면 하는 조바심이 일기도 해서 미리 반응검사를 시도해 본 것이다. 그래서 내가 보기에 어리다고 할 정도의 젊은이들이지만 그들의 글을 모아 '아, 광덕스님'이라는 제목으로 묶었고 또 그대로 서평으로 실었다. 처음 원고 들어온 것을 읽으면서 거의 비슷비슷하다는 느낌(大同小異)을 받긴 했지만 솔직하고 새로운 분위기는 역시 젊은이다워 좋았기에 망설이지 않고 전재했다.

흔히 서평이라고 하면 사회적으로 중량감 있는 인사들의 글을 실는 것으로 생각하겠지만, 이 책에서는 그런 모양과 격식을 떠나서 현직 일선 학교의 선생님들과 학생들의 글이 대부분이다. 왜냐하면 이 책이 불교의 스승과 제자의 이야기이기 때문이다. 그리고 거의 대부분의 필자들이 이 책을 읽고 글(書評)을 쓰면서 자기 자신을 되돌아보고 있다는 것, 즉 이 책이 읽는 사람들에게 거울이 된다는 것에 나는 놀라기도 했고, 자부심도 가졌다. 그러나 이 점은 전혀 생각지 못한 뜻밖의 일이었다.

'시봉일기'의 권수가 차츰 많아질수록 나의 느낌이 깊어 가는 것은 세상에 대한 은혜이다. 수많은 사람들의 동참과 노고에 의해 이루어지는 불사, 그것을 어찌 한두 마디의 찬사나 덕담으로 다 표현이 되겠는가. 그러기에 부산스럽게 호들갑 떨지 말고 진중하게 내 가슴속에 고마우신 여러 은혜를 간직해야 하겠다는 결심을 했다.

이제 스님께서 생전에 그토록 좋아했던 『벽암록』 이야기를 한 구절 더 소개하면서 끝마무리를 해야겠다.

『벽암록』 제73칙은 마조백비(馬祖百非)다. 거기 설두스님 송, 끝구절은 이렇다.

'사구(四句)를 여의고 백비를 끊음이여,
천상 인간에 오직 나만이 아노라.'

나무마하반야바라밀.

2002년 8월 18일 제2회 金河孝行賞 시상식을 마치고

門人 松菴至元 謹誌